DUMONT

Köln, 1992: Seit Monaten verfolgt die junge Gynäkologin Monika Hauser die Berichterstattung über den Bosnienkrieg. Doch ein Artikel über die systematische Vergewaltigung von Frauen erschüttert sie besonders – wenige Wochen später bricht die Ärztin auf nach Zenica, mitten ins Kriegsgebiet. Sie will den misshandelten und traumatisierten Frauen die Hilfe zukommen lassen, die sie benötigen. Denn mit der Tat ist das Leid der Frauen nicht vorbei. »Die Nachwirkungen des Traumas, der körperlichen und seelischen Verletzung, verfolgen die Frauen oft jahrelang – manchmal ein ganzes Leben.«
So baut Monika Hauser in Zenica das weltweit erste Therapiezentrum für kriegstraumatisierte Frauen auf. Das Projekt *Medica Zenica* entwickelt sich schließlich zu der international tätigen Hilfs- und Menschenrechtsorganisation *medica mondiale*, die Opfern sexualisierter Übergriffe eine neue Perspektive ermöglicht. 2008 erhält Monika Hauser für ihr Engagement den Alternativen Nobelpreis.

Chantal Louis, geboren 1969, hat Journalistik und Politikwissenschaften studiert und ist seit 1994 als Autorin und Redakteurin für die Zeitschrift EMMA tätig. Als freie Journalistin arbeitet sie u. a. für WDR und Deutschlandfunk.

Chantal Louis

Monika Hauser

Eine Ärztin im Einsatz für kriegstraumatisierte Frauen

August 2010
DuMont Buchverlag, Köln
Alle Rechte vorbehalten
© 2008 rüffer & rub Sachbuchverlag, Zürich
Umschlag: Zero, München
Umschlagabbildung: © *medica mondiale*
Gesetzt aus der Bembo und der Officina Sans
Satz: Angelika Kudella, Köln
Druck und Verarbeitung: CPI – Clausen & Bosse, Leck
Gedruckt auf säurefreiem und chlorfrei gebleichtem Papier
Printed in Germany
ISBN 978-3-8321-6121-7

www.dumont-buchverlag.de

Inhalt

Vorwort

Seit dieses Buch im Juni 2008 erstmalig erschien, ist viel passiert. So stand Monika Hauser fünf Monate später, am 8. Dezember 2008, in Stockholm vor dem Komitee des Right Livelihood Award und sprach in Mikrofone und Kameras aus aller Welt über die »kriegsstrategische Bedeutung von Vergewaltigung« – und ihre Vision, »eine bessere Welt für Frauen und Mädchen zu realisieren«.

Als die Nachricht vom Alternativen Nobelpreis für die *Medica-mondiale*-Gründerin durch die Abendnachrichten ging, war die Freude in der Kölner *Medica-mondiale*-Zentrale riesig: Nicht nur, weil die Ehrung aus Stockholm eine internationale Anerkennung für 15 Jahre unermüdlichen – und nicht selten angefeindeten oder belächelten – Einsatz für kriegstraumatisierte Frauen bedeutet. Sondern vor allem, weil – das war allen Feiernden an jenem Abend bewusst – der Preis diesen so oft vergessenen Frauen mehr Aufmerksamkeit schenken würde. Und weil er die Organisation und ihre Gründerin, die für diese Frauen kämpfen, bekannter machen und ihr mehr politisches Gewicht verleihen würde. Darauf stießen die *Medica-mondiale*-Frauen an diesem Abend an. Und in der Tat: Die Interview-Anfragen an die Geehrte rissen nicht ab; so manche Tür für ihr Anliegen öffnet sich jetzt leichter; so manche Spende wäre ohne den Preis nicht geflossen. Und so manches süffisante Politiker-Lächeln ist inzwischen einer gewissen Nachdenklichkeit gewichen.

Keine Frage: Die öffentliche Wahrnehmung der sexuellen Gewalt gegen Frauen hat sich verändert. Wer die Berichterstattung über das Erdbeben in Haiti seit Januar 2010 beobachtet hat, dem dürfte nicht verborgen geblieben sein, dass die Übergriffe auf Frauen und Mädchen im Chaos der Flüchtlingslager immer wieder Thema in den Medien waren. Auch die internationalen Hilfsorganisationen nahmen das Problem ernst und versuchten, die Frauen zu schützen – nicht zuletzt deshalb, weil potenzielle SpenderInnen gezielt nach solchen Schutzmaßnahmen fragten. Das war im Winter 2004, als ein Tsunami die indonesische Küste überrollte, noch ganz anders gewesen. Damals waren die Alarmrufe von *medica mondiale*, die auf die Vergewaltigungen der Frauen in den Lagern und die Entwicklung des Krisengebiets zu einem Paradies für Menschenhändler aufmerksam machten, nahezu ungehört verhallt.

Auch die grauenvolle Lage der Frauen im Kongo, die tagtäglich Opfer von Soldaten aller Kriegsparteien werden, wird nicht mehr als zu vernachlässigende Größe behandelt. So klagte US-Außenministerin Hillary Clinton bei ihrem Besuch in der kongolesischen Provinz Nord-Kivu die Massenvergewaltigungen als »eine der schlimmsten Grausamkeiten der Menschheitsgeschichte« an und stellte 12 Millionen Dollar für Prävention und Hilfsmaßnahmen bereit.

Solche Worte und Taten vermisst man leider bei Bundeskanzlerin Angela Merkel. Dabei hat selbstverständlich auch Deutschland die UNO-Resolution 1820 unterzeichnet: Seit Juni 2008 gelten Kriegsvergewaltigungen als »Bedrohung für den Weltfrieden«, auch deshalb, weil ihre traumatischen Folgen für Frauen und Familien den Aufbau der Nachkriegsgesellschaft massiv bedrohen. »Auf dieser Basis ist es Zeit, wirtschaftliche Sanktionen zu verhängen, Reiseverbote gegen Verantwortliche auszusprechen und die Zusammenarbeit zu verweigern«, forderte deshalb Monika Hauser, als sie am 1. September 2009, dem Antikriegstag, in Berlin 7000 Postkarten mit der Aufschrift »Ihr Einsatz, Frau Merkel!« an die Kanzlerin übergab.

Die Resolution ist ein Meilenstein im Kampf gegen sexuelle Kriegsgewalt, für den sich auch Monika Hauser lange eingesetzt hat. Der Erfolg wird allerdings so manches Mal getrübt. Nicht nur, wenn die Kanzlerin das Problem ignoriert, sondern auch, wenn Aktivistin Hauser von einem deutschen Diplomaten – dem früheren Menschenrechtsbeauftragten des Auswärtigen Amtes – gefragt wird, ob »es sich bei 1820 um eine Cognac-Marke« handle.

Nichtsdestotrotz sorgt *medica mondiale* dafür, dass das Thema Kriegsvergewaltigungen und ihre Folgen eines bleibt. So lud die Organisation im September 2008 rund 50 Expertinnen aus aller Welt zur Tagung »Recht und Gerechtigkeit«, um Bilanz zu ziehen: Was haben die Verfahren vor den Internationalen Strafgerichtshöfen den betroffenen Frauen gebracht?

Die gleiche Frage stellte die Historikerin Gabriela Mischkowski schließlich den Zeuginnen selbst. In einer international einmaligen Studie befragte sie im Auftrag von *medica mondiale* rund 50 Frauen, die in Den Haag oder Sarajewo mutig gegen ihre einstigen Peiniger ausgesagt haben.

Als Monika Hauser am 8. Dezember in Stockholm den Alternativen Nobelpreis entgegennahm, war sie nicht allein: Mitstreiterinnen aus allen Ländern, in denen *medica mondiale* 15 Jahre nach ihrer Gründung wirkt, waren mit zur Preisverleihung gekommen: Sabiha Husic aus Zenica in Bosnien, wo 1993 alles begann; Neta Lohja aus Albanien und Anita Varney aus Liberia. Humaira Rasuli aus Afghanistan, wo die Aktivistinnen aus Angst vor Anschlägen nicht wagten, den Preis publik zu machen. Und Veprore Shehu aus Gjakova im Kosovo, wo Monika Hauser selbst zur Feier des Preises zugegen war. Was sie besonders berührte: Bei der »Riesenfete« feierten auch ehemalige Klientinnen mit. Unmittelbar nach Kriegsende hatte Monika Hauser diese traumatisierten Frauen sprachlos und völlig lethargisch erlebt. Jetzt tanzten sie zum ersten Mal wieder – auf den Tischen.

Es sind solche Erlebnisse, die Monika Hauser jene »Unermüdlichkeit« und »Unerschrockenheit« erhalten, für die sie die Stockholmer Jury geehrt hat. In diesem Sinne hoffe und glaube ich, dass dieses Buch – trotz aller Schrecklichkeiten, die es bisweilen beschreibt – ein ermutigendes Buch ist.

Köln, 24. April 2010
Chantal Louis

Right Livelihood Award 2008

Dankesrede von Monika Hauser
8. Dezember 2008

Dear Madam Speaker, dear Recepients, honorable Guests, Members of Parliament, your Excellencies, Lady and Gentlemen, dear Friends,

mit großer Freude nehme ich heute diese Auszeichnung entgegen. Für mich ist sie Anerkennung für fünfzehn Jahre Unbeirrbarkeit, ohne die wir von *medica mondiale* unsere Arbeit nicht hätten tun können – angesichts der täglichen und zahllosen Widerstände. Für diese Ehrung danke ich der Jury des Awards. Und ich danke meiner Familie und meinen Kolleginnen auf der ganzen Welt, dass sie unsere gemeinsame Vision mittragen, um eine bessere Welt für Mädchen und Frauen zu realisieren. Zehntausende traumatisierter Frauen konnten wir zurück ins Leben begleiten. Während ich zu Ihnen spreche, stehe ich hier nicht alleine – in meinen Gedanken sind hier bei mir: die Frau im Ost-Kongo, die von Rebellen oder Regierungssoldaten vergewaltigt wird; das 12-jährige afghanische Mädchen in der blauen Burka, das von seinem eigenen Vater an einen alten Mann verkauft wird; die Bosnierin, die in Den Haag gegen ihren Vergewaltiger aussagt, nur um innerhalb und außerhalb des Gerichtssaals erneut gedemütigt zu werden. Meine Verbundenheit mit Frauen und Mädchen, deren Würde mit Füßen getreten wird, führte mich 1993 während des Krieges nach Zentralbosnien. Angesichts des Ausmaßes sexualisierter Gewalt in diesem Krieg war es für mich damals schlicht unbegreiflich, dass es die Organisation, die wir selber später gründen sollten, noch gar nicht gab.

Als angehende Gynäkologin, die sich stets dafür Ärger einhandelte, wofür Sie mich heute auszeichnen, folgte ich einfach einem inneren Ruf. Damit Sie besser verstehen, wovon ich hier spreche: in den deutschen Kliniken, in der Schulmedizin, war damals wenig Raum für empathische Begleitung von Patientinnen, schon gar nicht für die drogenabhängige, HIV-positive Schwangere, für Frauen, die vergewaltigt worden waren, oder alte Frauen, die noch immer an den Gewaltfolgen des Zweiten Weltkriegs litten. Und auch kein Raum für eine wie mich, die diese patriarchalen Gewaltstrukturen und ihre Reproduktion im medizinischen Apparat nicht akzeptieren wollte.

In Bosnien fand ein Krieg vor den Augen der Weltöffentlichkeit statt, und wir alle nahmen medial daran teil. Die Meldungen über Massenvergewaltigungen überschlugen sich, doch der Fokus richtete sich auf die einzelne, vergewaltigte Frau, nicht auf die Struktur dahinter. Vergewaltigungen und sexualisierte Folter sind auf unterschiedliche Weise und in unterschiedlichem Ausmaß Bestandteil eines jeden Krieges. Sie haben stets eine kriegsstrategische Bedeutung, egal, ob sie direkt geplant oder »lediglich« ermuntert oder einfach nur geduldet werden. Und diese Funktion kann sich nach innen wie nach außen richten. So dient die sexualisierte Versklavung von Frauen und Mädchen – zum Beispiel während des Zweiten Weltkriegs in Europa und Asien, zum Beispiel in einigen heutigen Kriegen in Afrika – gleichermaßen der Aufrechterhaltung der eigenen Kriegermoral wie der Terrorisierung des Gegners. Sexualisierte Gewalt ist Zerstörung und Ausübung von Macht gegenüber dem unmittelbaren Opfer, immer und überall. Im Krieg multipliziert sich ihr Zerstörungspotenzial und sie kann jederzeit zu einer triumphalen Machtdemonstration gegenüber der anderen Seite kulminieren. Fatalerweise setzt die eigene Gesellschaft fast immer das Werk der gegnerischen Vergewaltiger fort – sie stößt die vergewaltigten Frauen und Mädchen als Schandfleck männlich-nationaler Ehre von sich oder zwingt sie, für immer darüber zu schweigen, wenn sie sozial überleben wollen. Die Nichtanerkennung von Vergewaltigung als Folter und schwere Menschenrechtsverletzung ist eine Fortsetzung des Gewaltaktes selbst. Beides, der sexualisierte Gewaltakt wie die Ächtung des Opfers beruht letztendlich auf dem bewussten oder unbewussten patriarchalen Glaubensbekenntnis männlicher Eigentumsrechte am weiblichen Körper. So verwandelt sich ein Angriff gegen Frauen in einen Angriff auf männliches Eigentum und Ehre.

Bevor wir voreilige Schlussfolgerungen ziehen: Die Nichtanerkennung von Vergewaltigung als schwere Menschenrechtsverletzung und die damit einhergehende soziale Ausgrenzung betroffener Frauen ist kein Markenzeichen Afrikas. Das zeigt allein die hohe Dunkelziffer von Vergewaltigungen auch in Ländern mit formeller Geschlechtergleichheit. So verwundert es nicht, dass in Kenia stationierte britische Soldaten bis heute ungestraft Samburu-Frauen vergewaltigen konnten, genauso wie zahlreiche UN-Soldaten und internationale Helfer die prekäre Lage vor allem afrikanischer Mädchen im wahrsten Sinne des Wortes schamlos ausbeuten.

Darüber hinaus reichen die Folgen der sexualisierten Gewalt in heutigen Kriegen Afrikas bis vor unsere europäische Haustür. Frauen und Mädchen, die der Gewalt zu entkommen suchen, enden oft genug in der offenen oder versteckten Prostitution westlicher Metropolen. Das lukrative Geschäft mit ihnen funktioniert, weil es ausreichend männliche Kundschaft gibt, die weder sieht noch sehen will.

Medica mondiale hat es neben der fachlichen Unterstützung von Anfang an als Auftrag verstanden, die Frauen zurück zu holen, in die Mitte der Gesellschaft. Wir wollten dazu beitragen, dass die Kriegsvergewaltigungen enttabuisiert und geächtet werden. Dabei gab es keine universelle Strategie, keine für diese Frauen bewährte Fachlichkeit, wir mussten sie immer im Kontext neu entwickeln.

Das bedeutete zu Beginn unserer Arbeit: zwanzig bosnische Fachfrauen bei *Medica Zenica* – das seit einigen Jahren autonom agiert – und eine Handvoll Aktivistinnen in Deutschland. Heute ist ein mittelständisches Unternehmen daraus erwachsen: 29 Kolleginnen im Kölner Head Office, rund 130 ehrenamtliche Helferinnen, fast 100 lokale Mitarbeiterinnen in den Projekten in Kosovo, Albanien, Afghanistan und Liberia. In vielen weiteren Ländern unterstützen wir Partnerinnen-Organisationen, wie zum Beispiel in Guatemala, Indonesien, Indien, Uganda, Sierra Leone oder der Demokratischen Republik Kongo.

Ich möchte die Gelegenheit wahrnehmen und meine heute hier anwesenden Kolleginnen aus unseren Projekten vorstellen:

Anita Varney von *medica mondiale* Liberia
Humaira Rasuli von *medica mondiale* Afghanistan
Veprore Shehu und Zejnete Dylatahu von *Medica Kosova*
Neta Lohja von *Medica Tirana* in Albanien
Sabiha Husic von *Medica Zenica* in Bosnien

… und bitte nun kurz alle *Medica-mondiale*-Frauen, sich zu erheben.

Ich freue mich besonders, dass eine meiner Begleiterinnen, die Begründerin unserer Partnerinnen-Organisation PAIF aus Goma, hier ist: Immaculée Birhaheka. Sie ist, wie viele andere Aktivistinnen in Konfliktgebieten, ständig bedroht. Sie, die jeden Tag an der Seite der Frauen steht, muss selbst um ihr Leben fürchten, denn sie gehört zu den Mutigen, die kompromisslos für Frauenrechte eintreten und Täter und ihre Taten furchtlos beim Namen benennen.

Lassen Sie mich die Anwesenheit von Frau Birhaheka und auch Frau Aneeri aus Kabul zum Anlass für einige Fragen nehmen: Erstens, warum sehen die internationalen Entscheidungsträger es nicht als ihre oberste Pflicht und Aufgabe an, Frauen wie sie zu schützen – wie überhaupt alle zivilen, auf Herstellung von Frieden gerichtete Kräfte, effektiv zu schützen? Welchen Wert hat die UN-Resolution 1325, die kategorisch die Beteiligung von Frauen an allen Friedensprozessen fordert, oder die Resolution 1820, die Vergewaltigungen als Kriegswaffe sogar als Verletzung des Weltfriedens definiert, wenn sie nicht sofort ernsthaft und effektiv umgesetzt werden? Und wer könnte UN und Regierungen dabei besser beraten als die kongolesischen Frauenrechtsaktivistinnen, die sich erst kürzlich wieder in einem gemeinsamen Aufschrei an die internationale Gemeinschaft um Hilfe gewendet haben?

Geschlecht ist eine soziale und kulturelle Konstruktion. Um aus ihr herauszufinden, bedarf es bestimmter Konzepte und Instrumentarien und Macht. Wir halten diese Konzepte bereit, uns fehlt jedoch die Macht, sie universell einzusetzen und zu Standards werden zu lassen. Schweden kann hier international ein Vorbild sein. Ich wette, hier würde es mir nicht passieren, dass mich – wie in Deutschland – ein politischer Gesandter fragt, ob 1820 eine Cognac-Marke sei! Dieser diplomatische Beamte war übrigens ein früherer Menschenrechtsbeauftragter des Auswärtigen Amtes in Berlin. Dabei hätte es ihm gut zu Gesicht gestanden, zu wissen, dass er als Menschenrechtsbeauftragter auch für die Menschenrechte von Frauen zuständig ist. Frauen gehören an jeden Verhandlungstisch, nicht als Alibi, sondern in gebührender Zahl. Stattdessen – siehe Beispiel Afghanistan – werden sie als Gruppe vorgeführt, um Kriege zu legitimieren, aber sie werden ausgeschlossen, wenn es um den Aufbau einer neuen, friedvollen Gesellschaft geht. Noch immer haben Männer auf dieser Welt die Macht, sie davon auszuschließen. Frauen werden nicht mitgedacht, ihre Realitäten ausgeblendet und oft genug einfach vergessen. Warum werden ihre Erfahrungen, Kompetenzen und Visionen bei der Konstitution einer friedvollen Politik noch immer ausgeklammert? Asha Hagi hat es uns so vortrefflich vorgelebt, als sie sich mit anderen Frauen über ihre eigenen, trennenden Stammesgrenzen hinweg verbündete, damit sie als neuer, sechster Clan an den Friedensverhandlungen in Somalia gleichberechtigt teilnehmen konnten. Als Erste in ihrem Land bewiesen sie damit ihre hohe Friedensfähigkeit, anders als ihre Männer. Ich freue mich sehr, dass ebendiese Kompetenz auch durch den Alternativen Nobelpreis ausgezeichnet wird. So vermag dieser Preis Fähigkeiten zu würdigen, denen sich der diesjährige Friedensnobelpreisträger bisher verschlossen hat.

Gender ist kein Synonym für Frauen. Gender bezeichnet ein hierarchisches Geschlechterverhältnis, basierend auf Geschlechterstereotypen, unter denen letztlich die freie Entfaltungsmöglichkeit aller Individuen in ein Zwangskorsett geschnürt wird, die von Männern, Frauen, Lesben, Schwulen, Transsexuellen etc. Schließlich wissen wir nicht erst seit Abu-Ghuraib, dass auch Männer vergewaltigt werden und daher auch von einem ernst gemeinten Gender-Verständnis profitieren würden.

»Auch wenn der Körper langsam heilt, werden die seelischen Verletzungen ein Leben lang ihre zerstörerischen Auswirkungen haben« – so drückt es die US-amerikanische Trauma-Therapeutin Judith Herman aus. Für kriegstraumatisierte Frauen bedeutet dies, auch wenn der äußere Anlass der Bedrohung längst nicht mehr existent ist, empfinden sie sie trotzdem weiterhin als real. Dies gilt umso mehr für Frauen in Nachkriegsgebieten, wo die Lebensbedingungen weiterhin ohne Perspektive und damit re-traumatisierend sind. Mich berührt in dieser Hinsicht besonders das Schicksal der Frauen aus Srebrenica: Sie können nicht zur Ruhe kommen, bevor die sterblichen Überreste ihrer Männer nicht gefunden wurden. Sie werden jeden Tag aufs Neue von Schuldgefühlen regelrecht zerfressen, weil sie selbst überlebt haben. Für ihren inneren Frieden bleibt noch viel zu tun.

Im Krieg vergewaltigte Frauen erfahren dadurch, dass sie politisch und gesellschaftlich ausgegrenzt und ihre Verletzungen immer noch tabuisiert werden, eine zusätzliche Traumatisierung. Durch ihre Isolation verlieren sie den eigenen Kontakt mit der Welt. Die fachliche Begleitung durch die *Medica*-Kolleginnen vor Ort erst gibt ihnen die Kraft, zurück ins Leben und damit in die Gesellschaft zu kommen. Eine Gesellschaft, die Frauen und Mädchen aufgrund der ihnen angetanen Gewalt ausgrenzt, ist eine traurige und trostlose Gesellschaft, die auch weiterhin auf Verdrängung und Gewalt setzt. Der holistische Ansatz von *medica mondiale* mit unserer politischen menschenrechts- und multidisziplinären Facharbeit ermöglicht es Frauen und Mädchen, aus ihrem Opferstatus herauszutreten und selbstbewusst ihre Rechte bei der Neugestaltung der Gesellschaft einzufordern sowie selbstverantwortlich eine Lebensperspektive in Würde für sich zu entwickeln.

Die Unterstützung dieser Entwicklungen ist nicht nur eine Frage von Solidarität und Wohltätigkeit. Sie ist vielmehr eine Frage von politischer Verantwortung, weil wir alle in einer Welt leben – eine Verantwortung also, die wir alle gemeinsam tragen.

Ich habe das Privileg eines europäischen Passes, ich habe eine gute Ausbildung genießen können, ich bin stark. Ich muss diese Privilegien nutzen, um andere Frauen, die auf der Schattenseite leben, zu unterstützen. Und mit *medica mondiale* können wir sehr vielen Frauen helfen. Uns geht es ja auch darum, die Frauen nicht nur medizinisch und psychologisch zu unterstützen, sondern wirklich darum, dass sie ihr Schicksal, ihr Leben in die eigenen Hände nehmen können. | Monika Hauser

1 | »Esmas Geheimnis« wird gelüftet –
ein Goldener Bär gegen das Schweigen

20. Februar 2006. Kameras aus aller Welt haben ihre Objektive scharf gestellt auf eine junge Frau mit dunkler Hornbrille und rötlich braunen Strubbelhaaren, die für diesen bedeutenden Anlass erstaunlich ungekämmt aussehen, sich wahrscheinlich aber nur jedem Glättungsversuch hartnäckig widersetzen. Wie auch ihre Besitzerin, die soeben die Berlinale-Bühne betreten hat, all jenen eine Abfuhr erteilt, die jetzt einfach gerührte Worte des Dankes und verbalen Zuckerguss à la »Mein Produzent hat immer an mich geglaubt« erwarten. Selbstverständlich bedankt sich Jasmila Žbanić dafür, dass ein »kleiner Film aus einem kleinen Land mit einem kleinen Budget« soeben einen der bedeutendsten Preise der Filmwelt erhalten hat. Aber während sie ihren Goldenen Bären im Arm hält, bringt die junge Regisseurin, die nicht aus Glamourland, sondern aus Bosnien stammt, ein Thema zur Sprache, das auf dieser Bühne noch nie Gegenstand einer Siegesrede war: Vergewaltigung. Vergewaltigung als Kriegsstrategie.

»Mit der Vergewaltigung wird die Frau vollständig vernichtet. Und das Problem ist, dass unsere Gesellschaft diese Frauen nicht unterstützt. Sie sind sehr alleingelassen«, spricht der Star des Abends vor Scharen von Fotografen und Fernsehteams ins Mikrofon. »Ich möchte diese Gelegenheit nutzen, um uns alle daran zu erinnern, dass der Krieg vor elf Jahren zu Ende ging und die Kriegsverbrecher Radovan Karadžić und Ratko Mladić, die für die Vergewaltigung von 20 000 Frauen in Bosnien verantwortlich sind, noch immer frei in Europa leben.« Monika

Hauser erfährt von alledem erst am Tag danach. Sie kann es nicht fassen.

Am Freitagnachmittag zuvor klingelt in ihrem Büro im Kölner Agnesviertel das Telefon. Monika Hauser ist eigentlich schon mit gepackter Tasche auf dem Sprung ins Wochenende, aber das muss jetzt warten. Am anderen Ende ist Dr. Ute Watermann von den Internationalen Ärzten zur Verhütung des Atomkriegs (IPPNW). Die beiden Ärztinnen kennen sich auch persönlich, schon öfter hat Monika Hauser auf Fachtagungen der Organisation Vorträge gehalten. Wie jedes Jahr haben die Anti-Atomkriegs-Ärzte die Schirmherrschaft über die Verleihung des Friedensfilmpreises übernommen, der im Rahmen der Berlinale vergeben wird. »Stell dir mal vor«, verkündet die IPPNW-Pressesprecherin begeistert, »da bekommt ein Film den Friedensfilmpreis, in dem es um die Situation der vergewaltigten Frauen im heutigen Bosnien geht!« Watermann soll am nächsten Tag die Preisverleihung moderieren und erhofft sich von der *Medica-mondiale*-Gründerin einige Hintergrundinformationen zum Thema. Monika Hauser erzählt: von der stummen Isolation, in der die Frauen oft leben; von der Allgegenwart des Traumas, das jederzeit durch bestimmte Schlüsselreize an die Oberfläche durchdringen kann; von den körperlichen Krankheiten, die die schwer verletzte Seele hervorbringt. Nicht wenige der vergewaltigten Frauen sind arbeitsunfähig und knapsen unter dem Existenzminimum. Aber anders als die Soldaten, deren Kriegsverletzungen meist äußerlich für jedermann sichtbar sind, bekommen die weiblichen Kriegsversehrten keine Rente. Ihre Verletzungen schwelen schambesetzt im Verborgenen.

Am nächsten Tag wird Ute Watermann diese Fakten beim Festakt in der Berliner Akademie der Künste in ihre Moderation einfließen lassen. Und Schauspieler Ulrich Matthes wird in

seiner Laudatio das »Wunderbare an diesem Film« loben, nämlich »dass er es mühelos schafft, ein großes politisches Thema: die
Wunden, die Narben, die dieser Krieg im ehemaligen Jugoslawien in den Körpern und den Seelen so vieler Menschen aller
Generationen hinterlassen hat, durch eine ganz kleine Geschichte zu erzählen. Ich möchte allen Beteiligten, der Regisseurin, den wunderbaren Schauspielerinnen, dem ganzen Team
von Herzen für diesen Film danken. Das europäische Kino hat
ein kleines, stilles Meisterwerk mehr«.

Inzwischen hat Monika Hauser eine E-Mail aus Bosnien im
Posteingang, genauer gesagt: aus Zenica, jener Stadt, in der sie
1993 das erste Frauentherapiezentrum für vergewaltigte Frauen
gründete und wo der Grundstein für *medica mondiale* gelegt wurde. Die Psychologin und Traumatherapeutin Marijana Senjak
schreibt ihr und freut sich ungeheuer über den Friedensfilmpreis.
Nicht nur, weil die *Medica*-Frau der ersten Stunde weiß, dass ein
solcher Preis das Thema, das so leicht in Vergessenheit gerät, wieder in die Köpfe der Menschen katapultiert; sondern auch, weil
Marijana Senjak und ihre Kolleginnen maßgeblich dazu beigetragen haben, dass dieser Film »Grbavica« entstehen konnte und
dass er so wurde, wie er jetzt ist.

Grbavica bedeutet »Frau mit Buckel« und ist ein Stadtteil von
Sarajevo. Während des Krieges errichteten serbische Soldaten
dort ein Lager, in dem gefoltert und vergewaltigt wurde. Jasmila Žbanić, die bei Kriegsausbruch 17 Jahre alt war, konnte vom
Fenster ihrer Schule aus die Busse beobachten, aus denen die
verstörten und gebrochenen Frauen und Mädchen stiegen, die
aus diesem oder anderen Lagern zurückkehrten. »Als Teenager
war ich hauptsächlich an Sex interessiert gewesen oder mehr
noch am Reden über Sex als größte Erfüllung der Liebe. Aber
1992 war plötzlich alles anders, und ich begriff auf einmal, dass

ich mich in einem Krieg befand, in dem Sex als Kriegsstrategie benutzt wurde. Ich wohnte damals 100 Meter von der Front entfernt und hatte schreckliche Angst vor dieser Art Krieg. Seitdem wurden für mich das Thema Vergewaltigung und die daraus entstehenden Konsequenzen zu einer Obsession.«

Im Mai 2003 initiiert *Medica Zenica* anlässlich ihres zehnjährigen Bestehens einen runden Tisch, bei dem es um psychologische und gynäkologische Folgen der Kriegsvergewaltigungen geht, um die soziale Lage der Frauen und den ihnen verweigerten Status als zivile Kriegsopfer. Jasmila Žbanić fragt beim Frauentherapiezentrum an, ob sie teilnehmen dürfe, um sich für ihre filmische Arbeit über das Thema zu informieren. Dies ist der Beginn einer äußerst fruchtbaren Zusammenarbeit. *Medica Zenica* übernimmt die Beratung für den Film.

Marijana Senjak und ihre Kolleginnen erzählen der jungen Regisseurin und Drehbuchautorin von ihren Klientinnen im Therapiezentrum, deren Alltag auch Jahre später von den schrecklichen Erlebnissen während des Krieges geprägt ist. Sie berichten ihr von Traumatheorie und Triggermechanismen: jenen Reizen, die das Grauen in Sekundenschnelle wieder ins Gedächtnis und Gefühl rufen können. Und sie stellen den Kontakt zu Frauen her, denen »es« passiert ist. Eine davon wird mit ihrer Geschichte als Vorlage für die Filmprotagonistin dienen und Hauptdarstellerin Mirijana Karanović bei der Darstellung ihrer Figur beraten.

Schnell wird klar: Jasmila Žbanić will keine Vergewaltigungsszenen zeigen, um der Gefahr der Pornografie zu entgehen. Statt das Grauen von damals zu wiederholen, möchte die Filmemacherin die Schrecken von heute sichtbar machen. Žbanić, selbst Mutter einer Tochter, tut dies am Beispiel von Esma. Deren zwölfjährige Tochter Sara weiß nicht, dass sie kein Kind der

Liebe, sondern in einem Akt des Hasses entstanden ist: Sie wurde bei der Vergewaltigung ihrer Mutter gezeugt. Schon eine der ersten Szenen zeigt, dass das traumatische Ereignis jederzeit und mit einem Schlag wieder da sein kann: Als Esma und Sara ausgelassen miteinander toben, hält die Tochter spielerisch die Arme der Mutter fest, worauf die erstarrt und das Spiel abrupt und mit steinerner Miene abbricht. Ein anderes Mal, Esma sitzt in der Straßenbahn, lösen der Geruch und die behaarte Brust eines Fahrgastes einen Flashback aus: Esma stürzt an der nächsten Haltestelle aus der Tür. »Esmas Geheimnis«, so der deutsche Titel, droht gelüftet zu werden, als Sara ankündigt, dass sie auf Klassenfahrt gehen wird und die Kosten, 250 Euro, in ihrem Fall vom Staat übernommen werden. Denn Sara glaubt, was ihr ihre Mutter erzählt hat: Sie sei das Kind eines Shaheed, eines gefallenen Kriegshelden. Schüler, die eine Bescheinigung über ihre Heldenväter beibringen, müssen nicht zahlen. Kein Problem, denkt die Tochter – die Mutter hingegen gerät in Erklärungs- und finanzielle Nöte. Sie leiht sich Geld, nimmt nachts einen Zusatzjob in einer Bar an. Doch am Ende fliegt das so verzweifelt gehütete Geheimnis auf. Wie Tochter und Mutter mit der Offenbarung des Schrecklichen umgehen werden, lässt Regisseurin Jasmila Žbanić offen.

Am Sonntag nach der Verleihung des Friedensfilmpreises klingelt erneut Monika Hausers Telefon, diesmal zu Hause in ihrem Reihenhaus in einem Kölner Vorort. Es ist wieder Ute Watermann, die von Monika Hauser beim Telefonat am Freitag gebeten worden war, sich noch einmal bei ihr zu melden und von der Veranstaltung zu berichten. Statt nun gesittet mit ihrem Bericht zu beginnen, schreit die IPPNW-Sprecherin der *Medica-mondiale*-Gründerin ins Ohr: »Wahnsinn, Wahnsinn, Wahnsinn! Wer hätte das gedacht?« Hauser, die am Vortag weder Radio noch Fernseher angeschaltet hatte, ist völlig ahnungslos, und es dauert mehrere Minuten, bis sie begreift: Jasmila Žbanić hat für »Esmas Geheimnis« nicht nur den Friedensfilmpreis bekommen, sondern den Goldenen Bären. Wahnsinn.

Ein Thema, für dessen Enttabuisierung Monika Hauser seit nunmehr 15 Jahren kämpft, hat plötzlich und unerwartet die Schlagzeilen der Welt erobert.

Bis dahin war es ein weiter Weg. Für Monika Hauser begann er im Winter 1992. Damals brach die Frauenärztin auf, um im bosnischen Kriegsgebiet ein Therapiezentrum für vergewaltigte Frauen zu gründen. Mehr als 40 000 Frauen haben dort seither gynäkologische und psychologische Unterstützung erhalten, haben in einem der *Medica*-Häuser gewohnt oder ambulante Hilfe in Anspruch genommen. Die Frau, die Regisseurin Jasmila Žbanić zu ihrer Esma inspiriert hat, war eine von Monika Hausers ersten Klientinnen. Der Kreis hat sich geschlossen.

2 | Am Anfang war die Wut –
eine junge Ärztin bricht auf nach Bosnien

November 1992. Seit über einem Jahr herrscht Krieg auf dem Balkan. Mitten in Europa. Die deutschen Medien sind voll davon, berichten über Frontverläufe und Flüchtlingsströme. Über eines aber haben sie monatelang geschwiegen – sei es, weil es den Kriegsreportern nebensächlich erschien, sei es, weil die Betroffenen selbst die Kameras und Mikrofone der Weltöffentlichkeit mieden: Frauen und Mädchen werden in diesem Krieg vergewaltigt. Systematisch und massenhaft; bei der Eroberung der Dörfer, in den Lagern, in eigens errichteten und mit »Kriegsbeute« bestückten Bordellen.

Erst im Herbst 1992 beginnen die Medien langsam, ihren Fokus auch auf das zu richten, was bisher stets als eine Art Kollateralschaden eines jeden und so eben auch dieses Krieges gehandelt wurde. Den Anfang macht »EMMA« in ihrer September-Ausgabe: »Der Aufruf kommt an einem Frühlingsmorgen über den serbischen Rundfunk: ›An alle Arbeiterinnen der Textilfabrik Prijedor: Sofort in die Fabrik zurückkommen! Wir nehmen die Produktion wieder auf.‹ Die Arbeiterinnen aus allen drei Schichten machen sich auf den Weg in ihre Fabrik im bosnischen Prijedor, auf halbem Weg zwischen Zagreb und Split. Hinter ihnen schließen sich die Tore. Seither haben diese Frauen die Fabrik nicht mehr verlassen. Sie werden gewaltsam dort festgehalten. Serbische Soldaten machen aus der Textilfabrik ein gigantisches Bordell, sie erniedrigen, benutzen und vergewaltigen die Frauen. Tag für Tag. Nacht für Nacht.«[1]

Die Filmemacherin Helke Sander bestätigt mit ihrer Recherche aus österreichischen Flüchtlingslagern, dass es diese Vergewaltigungslager gibt. Die Bosnierinnen, die dort vor dem Krieg in ihrem Land Schutz suchen, erzählen Sander von ihren Erlebnissen. Die hört solche Berichte nicht zum ersten Mal. Ihr epochaler Dokumentarfilm »BeFreier und Befreite«, der als erster das Ausmaß der Massenvergewaltigungen deutscher Frauen nach Kriegsende durch die Rote Armee beschreibt, hatte im Februar 1992 Premiere auf der Berlinale gehabt und startet nun, im Oktober 1992, in den Kinos. Sander beginnt ihre filmisch-historische Aufarbeitung eines Kriegsverbrechens, das in den Augen der Welt zu diesem Zeitpunkt noch gar keines ist, mit der bedrückenden Aktualität: der Tatsache, dass die Eroberung des weiblichen Körpers auch in diesem Krieg um »Ex-Jugoslawien« wieder als Herrenrecht der Sieger gilt. Und sie fährt in die Flüchtlingslager, um nun auch die Geschichten dieser Frauen filmisch zu dokumentieren.

»Guten Abend – aber es wird kein guter Abend werden.« So begrüßt Maria von Welser am 15. November die Zuschauer der sonntäglichen Ausgabe ihres ZDF-Frauenmagazins »Mona Lisa«. Zwischen Schock und Ungläubigkeit über die Berichte aus Bosnien hatte die Redaktionsleiterin eine Kollegin mit einem Fernsehteam nach Zagreb geschickt, die ihr aus einem Lager vor den Toren der Stadt berichtet: Unter den Flüchtlingen sind Hunderte von Frauen, die von serbischen Soldaten vergewaltigt wurden. Kurzerhand kippt von Welser das ursprünglich vorgesehene Thema und lässt stattdessen zum ersten Mal im deutschen Fernsehen bosnische Frauen von ihren grauenhaften Erlebnissen erzählen. Drei Millionen Zuschauerinnen und Zuschauer sind bestürzt.

Monika Hauser gehört nicht zu ihnen. Seit Monaten verfolgt sie die Berichterstattung über den Krieg, aber ausgerechnet diese Sendung, die eine Lawine der Betroffenheit und eine überwältigende Spendenbereitschaft auslöst, verpasst sie. Dafür liest sie zwei Wochen später, als sie sich an einem ungemütlichen Wintertag in die Sauna geflüchtet hat, einen Artikel im »Stern«: »Vergewaltigung als Waffe«. Dieser Bericht, für den Autorin Alexandra Stiglmayr Frauen in Bosnien und Kroatien interviewt hat, entsetzt die 33-jährige angehende Gynäkologin auf doppelte Weise: Sie ist angeekelt von der reißerischen Aufmachung des Artikels, der die weinenden Frauen in Großaufnahme zeigt und sie die Vergewaltigungen so detailliert schildern lässt, dass der Verdacht auf Voyeurismus naheliegt. Vor allem aber hat die Ärztin Hauser in ihrer Ausbildung und während ihrer Tätigkeit an einer Klinik im Ruhrgebiet die körperlichen und seelischen Folgen sexueller Gewalt besser kennengelernt, als ihr lieb ist. Sie weiß, dass mit der Tat selbst das Leiden der Frauen nicht vorbei ist: Die Nachwirkungen des Traumas, der körperlichen und seelischen Verletzung verfolgen die Frauen oft jahrelang – manchmal ein ganzes Leben. »Ich verfaule innerlich«, werden ihr die bosnischen und viele andere Frauen später anvertrauen.

Ob eine Frau je wieder Zugang zu ihrem Körper, ihrer Seele findet, hängt von der Hilfe ab, die sie bekommt. Sie muss über das Grauen sprechen können und auf verständnisvolle und therapeutisch geschulte Ohren stoßen. Sie darf nicht an Ärzte geraten, die durch unsensibles Verhalten bei ihren gynäkologischen Untersuchungen dafür sorgen, dass die Frau sich erneut missbraucht fühlt. Sie darf nicht gezwungen werden, das Kind auszutragen, das bei den Vergewaltigungen entstanden ist. Monika Hauser ist sicher, dass die Frauen in den Flüchtlingslagern diese Hilfe nicht bekommen. »Es ist etwas in mir aufgebrochen – und ich bin aufgebrochen. Von einer Woche auf die andere hab ich alles mobilisiert.«

Der Moment zur Mobilmachung könnte passender nicht sein. Drei Monate zuvor hat die Medizinerin nach vier erschöpfenden Jahren in der Klinik im Ruhrgebiet ihre Stelle als angehende Gynäkologin gekündigt und ist gerade dabei, sich im Ausland zu bewerben. In diesem Augenblick wird ihr klar, wo die Reise hingeht: in jenes Gebiet, von dem Monika Hauser zu diesem Zeitpunkt nicht viel mehr weiß als »wo es etwa liegt und dass dort seit Längerem Krieg ist«. Die komplizierten und für Nichtexperten kaum überschaubaren Verwicklungen in diesem Krieg, die Rolle der verschiedenen Kriegsparteien, die historischen Balkan-Altlasten Deutschlands aus nationalsozialistischen Zeiten interessieren die Ärztin in jenem Augenblick nicht.[2] Monika Hausers Interesse gilt in diesem Moment den Frauen. Zu denen will sie; und ihre medizinische Erfahrung und ihre Erkenntnisse über eine »traumasensible« Unterstützung in den Dienst einer der internationalen Hilfsorganisationen stellen, die seit Beginn der Kampfhandlungen auf den Balkan ausgeschwärmt sind. Zu ihrer großen Überraschung muss sie feststellen, dass ihre Dienste nicht erwünscht sind.

»Fragen Sie in zwei oder drei Monaten noch mal nach. Dann machen wir da vielleicht was, wobei wir Sie brauchen können«, bescheidet ihr beispielsweise die offenbar noch untätige Deutsche Gesellschaft für Technische Zusammenarbeit (GTZ), neben dem Deutschen Entwicklungsdienst eins der beiden großen Bundesunternehmen unter dem Dach des Entwicklungsministeriums. Rupert Neudecks Organisation Cap Anamur winkt ab, als Monika Hauser die Frage, ob sie denn der Landessprache mächtig sei, mit Nein beantwortet. »Aber ich war mir sicher, dass ich dort Frauen treffe, die Deutsch oder Englisch sprechen.« Eine Vermutung, die sich als richtig erweisen wird. Beim UNHCR, dem Internationalen Flüchtlingskomitee der Vereinten Nationen, erklärt man das Vorhaben der Ärztin von vornherein für zwecklos: »Geschändete muslimische Frauen«, muss sie sich dort erklären lassen, seien »sowieso nicht mehr resozialisierbar«. Auch das Deutsche Rote Kreuz hat keinen Bedarf, und nach einer ergebnislosen Telefon-Odyssee beschließt die verblüffte, aber immer noch wild entschlossene Monika Hauser: »Dann musst du eben selbst runtergehen und gucken, ob du irgendwo mitarbeiten kannst.«

Aber wie könnte das gehen? Nachdem der »Stern«-Aufmacher die Initialzündung für den Entschluss gewesen war, aufzubrechen, führte die Lektüre eines »taz«-Artikels zum nächsten Schritt. Der Text, der am 7. Dezember unter dem Titel »Alle wollen helfen – aber wie?« erscheint, stammt von einer gewissen Gabriela Mischkowski. Die Historikerin, die nach dem Golfkrieg das internationale Frauennetzwerk Scheherazade gegründet hat, warnt darin vor den nationalistischen Tönen, die sich in die Debatte eingeschlichen haben. Vokabeln wie »großserbischer Aggressor« und »serbische Bolschewisten« gehören inzwischen zum guten Ton und legen den Verdacht nahe, dass die offensive Publikmachung der Vergewaltigungen durch die Kriegsgegner nicht so sehr den Frauen, sondern vielmehr der Stimmungsmache dienlich sein solle. Gabi Mischkowski weist darauf hin, dass die sexuellen Gewaltakte keine nationale oder ethnische, sondern eine Machtfrage seien und »auf allen Seiten« vorkommen, wo Soldaten vordringen. Die Frauenaktivistin Mischkowski fordert deshalb, die mittlerweile in Deutschland aufgelaufenen Spendengelder für alle Frauen jenseits von Nationalität und Ethnie einzusetzen. »Sonst tragen wir durch noch so wohlgemeinte Hilfe dazu bei, dass die vergewaltigten Frauen als Instrument nationalistischer Kriegspropaganda missbraucht werden.«

Die Verfasserin des Artikels lebt, wie Monika Hauser der Autorenzeile entnehmen kann, in Köln. Kurzentschlossen ruft Monika Hauser an: Weiß Gabi Mischkowski, wo eine Gynäkologin gebraucht werden könnte? Nein, weiß sie nicht. Aber sie fährt in einer Woche nach Zagreb, um selbst die Lage zu sondieren, und bietet der Ärztin in Aufbruchstimmung an, für sie nachzufragen. Dennoch brodelt es in Monika, nachdem sie den Telefonhörer aufgelegt hat. Eine Stunde später klingelt bei Gabi Mischkowski erneut das Telefon. »Ich will nicht so lange warten«, erklärt Monika Hauser am anderen Ende. »Ich will selbst runter.« Vorsichtig wendet die erfahrene Aktivistin ein, dass sich Monika in Zagreb nicht auskenne. »Ich weiß«, antwortet diese. »Aber ich muss was tun.« Rückblickend auf ihren ungebremsten Aktionismus ist sich Monika Hauser heute sicher: »Sie muss mich für verrückt gehalten haben.«

Zumindest erkennt Mischkowski, dass hier vernünftiges Zureden fehl am Platz, weil völlig sinnlos ist. Ihr Flug ist schon ausgebucht, daher verweist sie die tatendurstige Frau an den Journalisten Martin Fischer, der als Initiator der Kampagne »Den Winter überleben« deutsche Familien motiviert hat, bosnische Flüchtlinge bei sich aufzunehmen. Am 15. Dezember wird er sich auf den Weg nach Zagreb machen, und es kommt, wie es kommen muss: Monika Hauser fährt mit.

Auf dieser nächtlichen Autofahrt in die kroatische Hauptstadt klärt ihre Mitfahrgelegenheit sie über das komplexe Kriegsgeschehen auf: »Als wir am Morgen in Zagreb ankamen, war mir klar: Ich muss nach Bosnien rein.« Also mitten ins Kriegsgebiet. Denn dorthin, wo die Bevölkerung unter Dauerbeschuss durch Granaten und Heckenschützen steht, wagt sich keine Hilfsorganisation.

In den Zagreber Flüchtlingslagern, die Monika Hauser besucht, erkennt sie die Frauen, denen »es« passiert ist, an ihrer Apathie und den leeren Gesichtern. Hier, in diesem Teil Kroatiens, in dem keine Kriegshandlungen stattfinden, erhalten die traumatisierten Opfer aber wenigstens Hilfe: In Projekten wie der Zagreber Frauenlobby werden die Frauen betreut, wenngleich das, was Monika Hauser vorschwebt – die Verbindung aus medizinischer und psychologischer Hilfe –, nicht existiert. In Bosnien dagegen dürfen die Frauen auf keinerlei Unterstützung hoffen. Als sie ihre Absicht den Hilfsorganisationen in Zagreb verkündet, sind auch deren Vertreter geneigt, diese eigenwillige Person für nicht ganz zurechnungsfähig zu halten. »Ein Frauenprojekt in Bosnien?«, fragt ein Mitarbeiter der Deutschen Humanitären Hilfe entgeistert, als ihm die Ärztin von ihren Plänen berichtet. »Haben Sie noch alle Tassen im Schrank?«

Doch Monika Hauser lässt sich nicht entmutigen; sie ist in einem Zustand zwischen besessen und beseelt. Ihre verblüffende Naivität paart sich mit ihrer »absoluten Überzeugung, dass es etwas Sinnvolles wäre, was ich da starten könnte«, zu einem unbeirrbaren Willen. »Meine Unbedarftheit hat mich davor geschützt, Zweifel zu hegen. Hätte ich damals das Wissen gehabt, das ich heute habe – ich wäre da nie allein hingegangen.«

Wohin genau die Ärztin gehen will, stellt sich heraus, als sie bei ihren Recherchen Jusuf Kulović kennenlernt. Kulović ist Mitarbeiter des Dokumentationszentrums zur Erfassung von Kriegsverbrechen und Verbrechen gegen die Menschlichkeit in der bosnischen Stadt Zenica; ihre 125 000 Einwohner leben gewissermaßen im Auge des Orkans: Sie sind eingekreist von kroatischen und serbischen Frontlinien. Die Kriegslegende besagt, dass Serbenführer Slobodan Milošević und Kroatenpräsident Franjo Tudjman Bosnien, auf einer Serviette aufgezeichnet, unter sich aufgeteilt und das zentralbosnische Gebiet, das bezeichnenderweise die Form einer Mokkatasse hat, als letztes und einziges Rückzugsgebiet für die bosnische Bevölkerung vorgesehen haben. Ob Zenica tatsächlich verschont bleiben soll und wird, weiß natürlich niemand so genau. Noch aber scheint die westlich von Sarajevo gelegene Stadt an der Bosna ein sicherer Ort, an den es die Flüchtlingsströme zieht. Jusuf Kulović kennt die Zahlen genau: 35 000 Menschen sollen in der Stadt selbst Zuflucht gesucht haben und noch einmal dreimal so viele in der näheren Umgebung. 70 Prozent von ihnen sind Frauen. Monika Hauser beschließt: Dort will sie ein Frauentherapiezentrum aufbauen.

Allerdings gibt es für diesen ehrgeizigen Plan noch keinerlei Ressourcen – außer ihr selbst. Manchmal aber scheinen sich, wenn man auf Start- oder Wendepunkte zurückblickt, die Dinge auf wundersame Weise zu fügen. Das gilt auch für die Geburtsstunde beziehungsweise die Geburtswochen von *medica mondiale*. »Es fügte sich alles ineinander. Es war logisch, klar, nahtlos – und ohne Frage.«

Noch von Zagreb aus ruft Monika Hauser eine ehemalige Arbeitskollegin im Ruhrgebiet an und berichtet ihr von ihrem Vorhaben. Die Psychologin verbreitet die Nachricht über ihre lokalen Kanäle und landet schließlich bei Karin Schüler, Frauenreferentin der Arbeiterwohlfahrt. Karin Schüler hat etwas, das Monika Hauser für ihr geplantes Therapieprojekt dringend benötigt: Geld. Unter dem Dach des AWO-Bundesverbandes hatte Maria von Welser einen Spendenfonds eingerichtet, nachdem erschütterte »Mona Lisa«-Zuschauer nach der Sendung vom 15. November bereits eine Million Mark für die Unterstützung der vergewaltigten Frauen gespendet hatten. Ein paar Tage nach dem Telefonat mit Gaby Hess rattert bei der Zagreber Frauenlobby ein Fax von Schüler für Hauser durchs Gerät; sie solle sich umgehend mit ihr in Verbindung setzen, am 27. Dezember werde über die Vergabe der Gelder entschieden. In der Nacht auf Heiligabend fährt Monika Hauser mit dem Zug zurück nach Köln.

Ihre Freundinnen sind nicht erreichbar. Und so verbringt sie den Weihnachtsabend bei Klaus-Peter Klauner, einem WDR-Tontechniker, mit dem sie eine langjährige platonische Freundschaft verbindet. Für eine Woche schlüpft sie bei ihm unter, eine Zeit, in der der Keim für mehr als freundschaftliche Zuneigung gelegt wird. Mit größter Selbstverständlichkeit akzeptiert Klaus-Peter, dass sich in der Beziehung mit dieser Frau die traditionellen Rollen verkehren. Sie, die ebenso Erschöpfte wie Getriebene, in deren Kopf Kriegsbilder und Hilfspläne schwirren, findet bei ihm, dem fürsorglichen Mann, praktische Haushaltshilfe und ein offenes Ohr für ihre Ideen. Als sie immer weiter von ihrem Vorhaben fantasiert, stellt Klaus-Peter ihr seine Schreibmaschine vor die Nase und sagt: »Schreib das alles auf!« – »Er hat mich in allem bedingungslos unterstützt, vom Wäschewaschen bis zum emotionalen Rückhalt, er war einfach da.« Er bleibt auch, als Monika Hauser am 29. Dezember wieder aufbricht. Diesmal nach Bosnien, nach Zenica, mitten ins Kriegsgebiet.

Zwei Tage zuvor hatte Karin Schüler in Sachen Finanzen grundsätzlich grünes Licht gegeben; aber die Verwalterin des Spendenfonds benötigt noch eine detaillierte Projektdarstellung und einen genauen Bedarfsplan, bevor sie das Geld auszahlen kann. Ein erstes Konzept zum »Aufbau eines interdisziplinären Therapiezentrums für die Unterstützung kriegstraumatisierter Frauen« verfasst Monika Hauser mit der inzwischen aus Zagreb zurückgekehrten Gabi Mischkowski in einer Kölner Eckkneipe. Den beiden Aktivistinnen ist ohne große Diskussionen klar, wie die Sache aussehen soll: ein Haus mieten, einen gynäkologischen OP-Raum und einen Beratungsraum einrichten und

Räume bereitstellen, in denen die Frauen wohnen können. Das alles muss vor Ort organisiert werden – was in dieser eingekesselten Stadt nicht ganz einfach sein dürfte. Vor allem will die Ärztin in Zenica bosnische Fachfrauen kennenlernen: Gynäkologinnen, Psychologinnen, Krankenschwestern, die sie für die Arbeit in dem Projekt gewinnen möchte.

Erneut ergibt sich eine praktische Mitfahrgelegenheit. Mit zwei evangelischen Pastoren aus Kassel, die einen Laster mit Hilfsgütern nach Zenica bringen wollen, und einem ortskundigen bosnischen Fahrer startet Monika Hauser drei Tage vor dem Jahreswechsel 1992/93. Auf abenteuerlichen und verschlungenen Wegen, vorbei an den serbischen Linien und kroatischen Kontrollpunkten, kommt der Trupp am Silvestertag in Zenica an.

Bei den bosnischen Fachfrauen sorgt die Ärztin aus Deutschland für Verblüffung. Die erste, die Monika Hauser gleich am Neujahrsmorgen in der Wohnung von Jusuf Kulović trifft, ist Zilha Hadžihajdić, eine ebenso robuste wie warmherzige Deutschlehrerin, die Übersetzungsdienste zwischen Kulović und Hauser leisten soll. Die junge Frau aus Deutschland fasziniert sie; kaum zu glauben, dass diese quirlige Person, 20 Jahre jünger als sie selbst, die offenbar mitten im Krieg ein visionäres Projekt auf die Beine stellen will, tatsächlich Gynäkologin sein soll: Die Ärzte, die die Dolmetscherin kennt, sehen anders aus, und sie benehmen sich auch nicht so wie diese nahbare, lebendige Frau, die zur Begrüßung ohne jeden Standesdünkel einfach sagt: »Hallo, ich bin Monika.« Zilha Hadžihajdić wird in den nächsten drei Wochen unentbehrlich. Sie begleitet Monika Hauser zum Bürgermeister, ins Lokalfernsehen, in die islamische Gemeinde, und sie wird, wie ihre späteren Kolleginnen heute liebevoll erklären, »die Seele von *Medica Zenica* werden«.

Auch die Psychologin Marijana Senjak ist erstaunt über diese junge Ärztin: »Gut, sie hatte einen Doktor, aber sie sah beim besten Willen nicht so aus!« Statt den üblichen Insignien – gedecktes Kostüm und steifgebügelte Bluse – trägt diese Medizinerin äußerst farbenfroh gemusterte Hosen und eine fransige Kurzhaarfrisur; die bosnische Psychologin, die bei sich und anderen erheblich damenhafteres Auftreten gewohnt ist, nimmt dieses Outfit mit einer Mischung aus Irritation und Amüsiertheit zur Kenntnis. »Sie sah einfach nicht aus wie jemand, der seriös genug für eine solche Aufgabe sein könnte.« Noch heute lacht Marijana Senjak darüber, mit welcher Chuzpe Monika Hauser mit ihrem »feministic hairstyle« und ihren »colourful trousers« ungerührt zu sämtlichen Autoritäten der Stadt marschierte, um für ihr Therapiezentrum zu werben und die notwendigen Papiere zu bekommen. Eines nämlich spürt Marijana Senjak trotz aller äußerlichen Differenzen: »Monika has a fire.« Dieses Feuer, das Monika Hauser in sich trägt, ist in dem Vorstellungsgespräch zwischen Psychologin und Ärztin zunächst jedoch eher hinderlich. »Als Monika mich fragte, warum ich in dem geplanten Zentrum mitarbeiten wollte, habe ich geantwortet: ›Eine psychotherapeutische Behandlung für Kriegsvergewaltigungsopfer zu etablieren wäre eine professionelle Herausforderung für mich.‹ Daraufhin war sie sehr enttäuscht und meinte: ›Ich hätte erwartet, dass du den Frauen helfen willst.‹ Sie mochte einfach diese theoretische Herangehensweise nicht, weil sie eine totale Praktikerin war.« Doch Marijana Senjak, die vor dem Krieg als Betriebspsychologin im Stahlwerk von Zenica gearbeitet hatte, kann Monikas Skepsis ausräumen. »Ich habe betont: ›Monika, ich habe mich mit 19 Jahren entschlossen, Menschen zu helfen, als ich mich für mein Psychologiestudium entschied. Und jetzt müssen wir eine Behandlung finden, die den vergewaltigten Frauen hilft.‹«

Auch Edita Ostojić weiß, dass angesichts der gespenstischen Gestalten in den Flüchtlingsunterkünften etwas passieren muss. Als diese Ärztin aus Deutschland jedoch von ihrem Projekt berichtet und die Psychologin an der Polyklinik von Zenica bittet, in ihrem Team mitzumachen, schüttelt diese den grauhaarigen Kopf. Sie glaubt schlicht und einfach nicht, dass sie diese junge Wilde, die ihnen ein komplett ausgestattetes Therapiezentrum verspricht, jemals wiedersehen wird, wenn sie das Kriegsgebiet einmal verlassen hat und wieder im friedlichen Deutschland sitzt. »Sie war für mich eine von den vielen Besuchern, die kommen, uns alle furchtbar bedauern, ihre Notizen machen und wieder gehen.« Die zweifelnde Psychologin wird sich dem Team erst anschließen, als Monika Hauser sechs Wochen später ihr Versprechen einlöst.

Bis dahin aber ist noch ungeheuer viel zu tun. Das inzwischen 20-köpfige Team, zu dem noch Marijana Senjaks Stahlwerk-Kollegin und Psychologin Mirha Pojskić, die Ärztin Zemira Hasić, mehrere Krankenschwestern und eine Köchin gestoßen sind, macht sich als Erstes auf die Suche nach einem passenden Gebäude. Nach etlichen Fehlschlägen kann ein ehemaliger Kindergarten angemietet werden. Der einzige Wermutstropfen: Der Vermieter, die Stadt Zenica, verlangt den stolzen Preis von 2000 Mark pro Monat dafür. Monika sagt dennoch zu, ebenso dem Bauunternehmen, das die Renovierung des Gebäudes übernimmt und sich nun auf dem bosnischen Schwarzmarkt auf die Suche nach allen möglichen Utensilien wie Kacheln und Waschbecken machen muss – zunächst ohne Bezahlung. Was niemand weiß: Zu diesem Zeitpunkt hat die Projektleiterin noch keinen Pfennig Geld in der Tasche. »Das war wirklich eine unglaubliche Hochstapelei, die ich da betrieben habe.« Es herrscht eben Ausnahmezustand – um Monika Hauser herum und in ihr selbst.

Sie hat nun in Zenica das Projekt so weit vorangetrieben, dass sie Karin Schüler in Deutschland die gewünschten Informationen liefern kann. Mittlerweile ist es nahezu unmöglich geworden, aus der völlig eingeschlossenen Stadt hinauszukommen. Monika Hauser gelingt es dennoch. Am 27. Januar fährt sie mit einem der letzten Busse eines Unternehmers, der die Reise durch das Kriegsgebiet noch wagt, zurück nach Köln. Nicht ohne vorher der heimatlichen Taskforce, bestehend aus Gabi Mischkowski, die dem Projekt ihr Büro im Keller ihres Hauses zur Verfügung stellt, Klaus-Peter Klauner und ein paar weiteren Unterstützerinnen, per Fax die ersten Einkaufsaufträge für ihren geplanten Großtransport durchgegeben zu haben. Weil es in Zenica so gut wie nichts mehr gibt, wird so gut wie alles gebraucht: von Kugelschreibern bis zum Klopapier.

In Köln beginnt für Monika Hauser der bis dato »verrückteste Monat«. Mit den 250 000 Mark, die Karin Schüler nach vorgelegtem Bedarfsplan jetzt tatsächlich freigibt, kann und muss alles Notwendige beschafft werden: gynäkologischer Stuhl, OP-Tisch, Anästhesiegerät; Computer, Schreibtische, Büroausstattung; Zahnbürsten, Shampoo, Tampons. Insgesamt 20 Tonnen Material kommen für das Zentrum im Lauf des Februar zusammen; gesammelt werden die Berge in einem Lager in Gelsenkirchen, der Partnerstadt von Zenica. Monika Hauser rotiert, die Medien werden aufmerksam und wollen die Pionierin für ihre Sendungen. Das erste Fernsehinterview ihres Lebens gibt sie der WDR-Sendung »Frau-TV«, die damals noch »Frauenfragen« hieß. Monika Hauser nutzt jede Gelegenheit, um ihr Projekt publik zu machen. Nach einem Benefiz-Auftritt des Kabarett-Duos Missfits bitten Gerburg Jahnke und Stefanie Überall die Ärztin auf die Bühne. Diese berichtet dem überwiegend weiblichen Publikum von dem, was sie in Zagreb und Zenica gesehen hat und was sie plant. Und beobachtet, wie die Frauen, die sich eben noch vor Lachen geschüttelt haben, nun in ihren Handtaschen nach Taschentüchern greifen. Noch ist die Aktivistin nicht gewohnt, so heftige Reaktionen auszulösen. »Ich war völlig überrascht von der Wirkung, die meine kleine Rede hatte.« Dass sie von der unbekannten Ärztin innerhalb weniger Wochen zur gefragten Medienfigur wird, ist Monika Hauser in all ihrem Arbeitseifer gar nicht bewusst. »Eines ergab organisch das andere und war irgendwie völlig selbstverständlich.« Zeit zum Innehalten besteht ohnehin nicht.

Währenddessen sorgt auch die potenzielle Besetzung des Therapiezentrums in Zenica dafür, dass das Projekt unter seinen Adressatinnen bekannt wird. Marijana Senjak und ihre Kolleginnen besuchen die Flüchtlinge, die in Schulen, Turnhallen, Kinos und sogar in Schaufenstern hausen müssen. Die Stadt platzt aus allen Nähten. Das Team erzählt den verstörten Frauen und Mädchen von dem sicheren Ort, den es in wenigen Wochen für sie geben wird. Das Wort »Vergewaltigung« vermeiden sie, um die traumatisierten Frauen nicht abzuschrecken, lieber sprechen sie von »Gewalt« oder »Kriegsgewalt«. Die Betroffenen wissen, wovon die Rede ist.

Auch die Renovierung des Kindergartens läuft auf Hochtouren. In regelmäßigen Abständen versichert Zilha Hadžihajdić der nervösen Monika Hauser durchs ständig gestörte Telefon: »Mach dir keine Sorgen. Das Haus ist schon fast fertig umgebaut.«

Am 4. März setzt sich der LKW, der ein Therapiezentrum beherbergt, in Gelsenkirchen rumpelnd in Bewegung. Den Transfer übernehmen zunächst die Johanniter, die das Gefährt bis zum bosnischen Handelshafen Ploce bringen. Dies ist der Umschlagplatz der wenigen Hilfsorganisationen, die noch Güter ins Kriegsgebiet bringen. Monika Hauser fliegt nach Split und fährt mit dem Bus nach Ploce, wo sie den Lastwagen in Empfang nimmt. Von hier an soll das Transportunternehmen Zenicatrans übernehmen; Monika wartet vier Tage, doch niemand kommt. Schließlich macht sie sich auf die Suche nach einem Ersatzfahrer. Sie findet einen Kroaten mit bosnischen Vorfahren, der mit ihrem Vorhaben sympathisiert, was ihn nicht davon abhält, 2000 Mark für die 250 Kilometer lange Fahrt zu verlangen. Monika zahlt; die Frauen in Zenica warten, außerdem riskiert der Fahrer bei dieser Reise tatsächlich Kopf und Kragen. Die Straße, als Frontlinie unter Beschuss, ist zerbombt. Mit seinen 20 Tonnen Gewicht knallt der LKW durch die Krater. »Bei jedem Schlagloch dachte ich: Mein armes Anästhesiegerät. Es war aber glücklicherweise gebraucht und schon so alt, dass es nicht über die neue hypersensible Technik verfügte.« An die 20 Checkpoints muss der Transport passieren. »Warum machst du das für die muslimischen Huren?«, fragen die Posten den Fahrer, wenn der erklären muss, warum er wohin mit seiner Ladung will. Der Mann lässt sich auf keine politischen Diskussionen ein, sondern antwortet cool: »Ich mache das für Geld.« Dieses Argument leuchtet sogar den Uniformierten ein.

Am 12. März 1993 rollt der LKW in der Pionirska Straße ein. Das gesamte Team steht winkend vor dem Kindergarten. Und Edita Ostojić kann es nicht fassen. Die junge Ärztin mit der Fransenfrisur und den knallbunten Hosen ist tatsächlich mit einem LKW voller Schätze zurückgekommen. Schon bald werden hier, in diesen geschützten Räumen, Frauen ihre Geschichten erzählen, die die meisten von ihnen haben verstummen lassen.

3 | Berge und Bücher – eine stille Kindheit in St. Gallen

Die erste Frau, die sich Monika Hauser aussucht, um ihr diese Art von Geschichten zu erzählen, die sonst niemand hören darf, ist ihre Großmutter. Das Südtiroler Ehepaar Hauser lebt mit seinen beiden Töchtern Monika und Gabriela im schweizerischen St. Gallen. Immer, wenn die Hausers auf Besuch im elterlichen Heimatdorf Langen sind, gehen Oma Elsa und ihre Enkelin spazieren. Es ist stets derselbe Weg, zwei Kilometer bergwärts zu einem kleinen Weiler. Ihr immergleiches Ziel ist eine Gaststätte, in der die beiden einkehren. Die Großmutter trinkt einen Kaffee, das Kind bekommt eine Limonade namens Spuma. Die Spuma ist »gigantisch« für Monika, denn die Hausers sparen eisern auf das Haus, das im Dorf gebaut werden soll, man leistet sich nichts Überflüssiges. »Ich kann mich nicht erinnern, dass ich als Kind jemals eine Cola bekommen hätte.« Beim Spazierengehen und Spumatrinken erzählt also die Großmutter; zum Beispiel davon, wie ihre Mutter 1918 an Kindbettfieber starb und sie als älteste Tochter den Haushalt führen muss, der aus dem Vater und sechs Geschwistern besteht. Als der Vater wieder heiratet, wird die Arbeit nicht weniger. Mit der neuen Frau, einer 18-Jährigen, bekommt er sieben weitere Kinder. Elsa erinnert sich, wie sie für den 16-Personen-Haushalt die Wäsche im Fluss waschen muss; besonders gegenwärtig ist ihr noch das Bild, wie sie einmal im Winter mit ihrem Ärmel am Ufer festgefroren ist. Als der Mann auftaucht, der später Monika Hausers Großvater werden wird, und die Aussicht besteht, dass eine Heirat das Mädchen aus ihrem harten Leben herausholen könnte, greift Elsa nach diesem

Strohhalm und lässt sich schwängern. Zuneigung oder gar Liebe war in diesen Zeiten und unter diesen Umständen ein Luxus. Und so wird Großmutter Elsa ihre Enkelin Jahrzehnte später eindringlich warnen vor dem, was sie aus Not über sich ergehen ließ. Nicht alles spricht die alte Frau deutlich aus, anderes in einer Sprache, die das Kind nur intuitiv versteht: »Pass bloß auf. Lass keinen drüber!« Die Botschaft an die Enkelin ist klar, und sie kommt an. »Ich habe schon früh verstanden, dass Frauen und Gewalt irgendwie zusammengehören.« Und da es ja der geliebte Großvater ist, der der Großmutter das angetan hat, begreift Monika noch etwas, das sich später immer wieder bestätigen wird. Nicht nur in Bosnien, wo ehemalige Nachbarn vergewaltigen und morden: Der Täter ist kein Monster, der Täter kann der nette Mann von nebenan sein.

Monika ist die Erste und lange Zeit die Einzige, der sich die Großmutter auf den gemeinsamen Ausflügen anvertraut. Vielleicht hat sie gerade dieses Mädchen aus ihrer Enkelschaft ausgewählt, weil sie spürt, dass es eine besondere innere Stärke hat. Oder ihre Wahl ist auf Monika gefallen, weil sie das einzige Enkelkind ist, das die enge Dorfwelt nach kurzer Zeit wieder verlässt. Es ist jedenfalls das erste, aber es wird nicht das letzte Mal sein, dass Monika Hauser eine solche Geschichte hört, verbunden mit der dringlichen Bitte um Verschwiegenheit. Und die Großmutter ist auch nicht die letzte Frau ihrer Familie, die ihr von Gewalterfahrungen erzählt.

Wenn Familie Hauser vom traumhaft schön gelegenen Bergdorf nach St. Gallen zurückfährt, wird die Welt für Tochter Monika gleichzeitig enger und weiter. Enger, weil sie in der Stadt die Südtiroler Berge vermisst, die sie bis heute liebt, und die ausgelassenen Dorfbälle, auf denen sie als Jugendliche die ersten Küsse erleben wird. »Langen bedeutete immer Freiraum, draußen spielen, viele Cousins und Cousinen haben.« St. Gallen dagegen besitzt Stadtflair. Es herrscht eine offenere Atmosphäre als in den klaustrophobisch engen und dusteren Dorfhäusern, in denen der eine oder andere Onkel zudringliche Blicke wirft. Die schmucke Stadt in der Ostschweiz verfügt nicht nur über ein Kino, sondern auch über eine Bibliothek, in der Monika unzählige Stunden verbringt, Berge von Büchern ausleiht und »liest wie eine Wahnsinnige«.

Mitte der 1950er Jahre war Klaus Hauser als Arbeitsmigrant in die Schweiz gegangen, seine Frau Franziska folgte nach einem Au-pair-Aufenthalt in Rom nach. »Es war ihnen wichtig, aus den engen und armen Verhältnissen des Vinschgau rauszukommen und Geld zu verdienen, damit es ihnen besser geht und sie ihren Töchtern eine gute Ausbildung garantieren können.«

Aber der Schritt aus der Enge ist ein kleiner, der Ausbruch bleibt ein halber. Wie Vater Klaus seiner Tochter später erzählen wird, wäre er gern weiter weggegangen. »Er wollte eigentlich nach Südafrika oder Kanada auswandern und hatte bei der Botschaft schon die entsprechenden Unterlagen bestellt. Er hat es dann doch nicht gewagt. Später hat er mir gebeichtet, dass er sich ärgert, sich damals nicht durchgerungen und gesagt zu haben: ›Wir fahren!‹« Auch beruflich kann von Selbstverwirklichung keine Rede sein. Klaus Hausers Traum, Architektur zu studieren, zerschlägt sich, als sein Vater früh stirbt. »Er musste Schneider werden, weil einfach kein Geld da war.« Der verhinderte Architekt arbeitet nun als Atelierleiter einer Skibekleidungsfirma. Oft ist er am Wochenende matt und müde, außerdem leidet er an einer Gleichgewichtsstörung im Ohr, die Schwindel und Übelkeit verursacht, und braucht Ruhe. Deshalb herrscht am Wochenende meist Stille in der Wohnung der Hausers. Ausflüge unternimmt die Familie nur selten. »Von den Wochenenden habe ich den kranken Vater in Erinnerung, auf den man Rücksicht nehmen musste. Er hat seine ganze Energie für seine Arbeit verbraucht.«

Wenn man von einem sogenannten Familienauftrag – also einer unbewusst an die Nachkommen weitergegebenen Botschaft – sprechen will, dann lautet der von Monikas Vater an seine Tochter: »Studiere und mach etwas aus deinem Leben!« Und auch die Sehnsucht des Vaters nach anderen Ländern, der er nicht nachgegeben hatte, gibt er an seine ältere Tochter weiter. »Er hatte ein Fernweh, das auch für meine jungen Jahre typisch war und es partiell bis heute ist.«

Mutter Franziska Hauser ist eine aktive und aufgeschlossene Frau. St. Gallen hat ihr einiges mehr zu bieten als das Heimatdorf. Sie schließt Freundschaften und nimmt Sprachkurse. Die gelernte Bürofachfrau arbeitet halbtags als Bürokraft bei der Schweizerischen Rentenversicherungsanstalt. Gleichzeitig steckt ihr das Leben mit zwei Kindern und einem chronisch erschöpften Mann enge Grenzen. »Ich kann mir vorstellen, dass sie in jungen Jahren ihr Leben gern interessanter und bunter gestaltet hätte. Es gab sicher Phasen, in denen sie ausbrechen wollte, sich das aber verboten hat.« Vielleicht hat sie gerade deshalb »konventionelle Vorstellungen« davon, wie ihre Töchter zu sein haben. Zwar ist das vorrangige Ziel nicht die Heirat und sollen die beiden Mädchen einen Beruf erlernen; aber ein solider und prestigeträchtiger soll es sein. Als Monika ihr diese Haltung in einem Anflug pubertierender Rebellion vorwirft, wiegelt die Mutter ab: »Du spinnst!«

Beide Eltern zahlen einen hohen Preis für die Begrenzungen, die sie sich auferlegen. Der Vater erkrankt in den 1970ern an Magenkrebs. »Magenkrebs ist eine typische Männer-Migranten-Krankheit«, weiß Ärztin Hauser heute. »Man kann in den

Gesichtern vieler türkischer oder italienischer Gastarbeiter diese typischen ›Magenfalten‹ beobachten.« Sie ist sicher: »Der Magenkrebs meines Vaters ist ein Tribut an die Zeit in der Schweiz.«

Die Mutter beginnt, an schweren Depressionen zu leiden, als Monika um die 15 Jahre alt ist. »Klimakterielle Depression« lautet die Diagnose der Ärzte, aber Franziska Hauser ist erst 40, also eigentlich zu jung für wechseljahrsbedingte Hormonspiegelabfälle. Rückblickend diagnostiziert Monika Hauser die Symptome als posttraumatische Belastungsstörung. Vieles ist unverarbeitet geblieben: die Kriegserlebnisse; die Todesangst, wenn die alliierten Tiefflieger Franziska und ihren kleinen Bruder beim Gänsehüten beschossen. Bis heute erinnert sie sich an den Tag, als feindliche Bomben fielen, während die Geschwister noch auf dem Weg zum Einkaufen waren; später fanden sie zu Hause die schluchzende Mutter auf dem Sofa vor, die bereits um ihre vermeintlich toten Kinder weinte. »Solche Geschichten kenne ich, solange ich denken kann. Ihre unverarbeiteten Kriegserlebnisse waberten in unserer Wohnung herum.« Tochter Monika lauscht den Erzählungen der Mutter mit »Riesenohren« und tritt die Flucht nach vorn an. Sie läuft in die Bibliothek und leiht alles aus, was sie zum Thema Krieg finden kann. Auch die »Horror-Bildbände aus dem Ersten Weltkrieg mit den halb weggeschossenen Gesichtern«. Die direkte Konfrontation mit dem Grauen ist besser als das unterschwellige Wabern. Monikas Strategie: »Dem Schrecken begegnen, indem ich ihn mir konkret anschaue. Alles andere machte mir noch mehr Angst.«

Und es schwelt noch mehr unter der Oberfläche. Auch Monikas Mutter hat ihre Erfahrungen mit dem, was man später »sexualisierte Gewalt« nennt. Bevor sie ihrem Ehemann in die Schweiz folgte, hatte die junge Frau mehrere Posten als Haushaltshilfe in Familien. Gleich bei ihrem ersten Job bei einer Unternehmerfamilie wird der Chef »übergriffig«. Als die junge Frau dies der Chefin erzählt, reagiert diese mit Unglauben: »Du spinnst!« »Das war dasselbe ›Du spinnst‹, das ich mir später von meiner Mutter anhören musste.« Ob es bei den anderen »Posten« der Mutter zu ähnlichen Vorfällen gekommen ist, weiß die Tochter nicht. Eine Verwandte jedenfalls hat bei ihren Diensten gleich mehrfach erlebt, dass die Familienoberhäupter die Grenzen der hübschen jungen Frauen überschritten.

Als die depressive Phase ihrer Mutter beginnt, spürt die pubertierende Monika, dass hier etwas aus dem Ruder läuft. Der kranke und überarbeitete Vater ist für die Rolle des Haltgebers nur bedingt geeignet, die kleine Schwester Gabi durch die Situation verstört. Deshalb muss die ältere Tochter Verantwortung für die Familie übernehmen. »Ich habe ganz früh Sensoren dafür entwickelt, dass ich dafür sorgen muss, dass alles weitergeht. Ein Höchstverantwortungsgefühl dafür, dass alles überlebt. Ich denke, auch das ist eine frühe Familienbotschaft an mich gewesen.« Eine Botschaft, die mit sich bringt, dass Monika Hauser in ihrem weiteren Leben manches Mal ihre Bedürfnisse hinter diejenigen der anderen zurückstellt. Die sie aber auch befähigt, mitten in den bosnischen Kriegswirren ein Frauentherapiezentrum aufzubauen und den Frauen beim Überleben zu helfen.

Monika ist eine sehr gute Schülerin. Bevor sie nach der Grundschule aufs Gymnasium geht, muss sie zwei Jahre lang eine katholische Mädchenschule besuchen. Das war bei Töchtern »aus katholischen bürgerlichen Haushalten eben so üblich«. Die Mädchen haben um 12 Uhr Schulschluss, die Jungen im Gebäude nebenan um 12.15, damit sich die Geschlechter auf dem Schulhof nach dem Klingeln nicht begegnen; nur einmal im Monat kommen sie zur gemeinsamen Messe zusammen. Für Monika ist diese Messe nicht so sehr wegen der Kontakte mit dem »verbotenen« Geschlecht von Bedeutung, sondern weil hier die sogenannten Fürbitten verlesen werden. Und ihr fallen viele verbesserungswürdige Dinge ein, um die sie die höheren Mächte bitten könnte. »Ich war eine der fleißigsten Fürbittenschreiberinnen der Schule und habe jedes Jahr den ersten Preis in dieser ›Disziplin‹ gewonnen.« Interessanterweise haben ihre Bitten fast immer mit der Situation der Frauen und Mädchen in der Welt zu tun. Auch ein erstes »feministisches Pamphlet« ist überliefert: »Das habe ich mit elf im Religionsunterricht geschrieben.« Es trägt den Titel »Nicht alle verrichten den gleichen Dienst« und ist eine frühe Anklage der Elfjährigen angesichts des Mangels an Frauen in Führungspositionen: »Sie haben die schöne Aufgabe der Mutter, der Ehefrau. Sie sind aber auch Hausfrau, Krankenpflegerin und so weiter …! Es ist aber komisch, dass sie keine höheren Leistungen erbringen können und dürfen!! Ich finde, das ist wirklich nicht recht!« Sodann zählt das empörte Mädchen Frauen auf, die bereits »höhere Leistungen« erbringen. Zum Beispiel: »Käthe Strobel, deutsche Gesundheitsministerin« oder »Golda Meir, Präsidentin«. Monika will zwar nicht Präsidentin werden, scheint aber dennoch einen für ein Mädchen ungewöhnlichen Weg einschlagen zu wollen: Unter der Überschrift »Mein ersehnter Dienst, der in der Zukunft in Erfüllung gehen soll« hat Monika drei Schultafeln gemalt. Auf ihnen steht: Mathematik, Physik, Chemie; dass es schließlich die Medizin werden wird, entscheidet sich erst später. Als sie älter wird, wird Monikas erster Berufswunsch Rechtsanwältin sein: »Ich wollte Anwältin der Frauen sein.«

Auch an dem pubertierenden Mädchen geht der Kelch der sexuellen Übergriffe nicht vorbei. Zuerst ist es der jüngere Bruder der Mutter, der an einem Wochenende zu Besuch nach St. Gallen kommt. »Es war Sonntag, und ich trug eine rosa schimmernde Polyesterbluse und einen blauen engen Rock. Es gibt Fotos von mir in diesen schönen Sachen, die ich immer damit verbinde, wie er mich begrabscht hat. Ich dachte: Das passt. Meiner Großmutter ist es passiert, meiner Mutter ist es passiert und einigen meiner Tanten auch.« In der dritten Generation gibt es allerdings einen Unterschied: »Ich war mir meiner Wehrhaftigkeit bewusst.« Monika stößt den Onkel zurück und lässt ihn stehen; ein anderer Verwandter wird es noch einmal probieren. Da ist Monika Hauser schon Anfang 20. »Sei nicht so kratzbürstig!«, lautet sein Kommentar, als die junge Frau ihn scharf zurückweist. Diese stete Präsenz der Gewalt, den Widerstand dagegen – auch dies betrachtet sie im Nachhinein als Familienauftrag, den ihr ihre »Vorfahrinnen durch ihre Gewaltgeschichten mitgegeben haben«.

Das Mädchen rebelliert. Gegen die Frauenrolle. Gegen die Enge. Ihrer Mutter wirft sie vor, dass sie ihre Töchter nicht genügend unterstützt, ihrem Vater seine ewige Schufterei und seine »Angepasstheit«. Die legt er auch dann an den Tag, wenn die Familie bei den Großeltern zu Besuch ist. Bei einem sonntäglichen Mittagessen wird der Teenager von einer Tante gefragt: »Monika, was willst du denn mal werden? Du bist doch so gut in der Schule.« – »Ich mach das Abitur und dann studiere ich!« – »Ah, dann bist du ja die Erste in der Familie, die studiert.« Ein Onkel wirft ein: »Ach komm, mit 16 wirst du sowieso schwanger, und dann ist das vorbei.« – »Und ich hab gesagt: ›Dann lass ich eben abtreiben!‹ Da hab ich von meinem Vater eine Ohrfeige gekriegt. Das ist nicht oft passiert, aber an diesem Tag war das eine richtige Watschen. Ich bin aus dem Raum gelaufen und hab noch gerufen: ›Und ob ich das mache!‹ Ab 12 oder 13 bin ich wirklich auf die Barrikaden gegangen.«

Bei der Rebellion gegen die Normen hilft ihr, dass sie als Südtirolerin mit italienischem Pass in der Schweiz selbst immer ein wenig außerhalb der Norm stand. Aber auch wieder nicht zu sehr: »Tschingge raus!« steht zwar eines Tages auf die Wohnungstür der Familie geschmiert. »Tschingge« ist das schweizerische Schimpfwort für Italiener. Aber Monika ist eben keine »richtige« Italienerin, sondern deutschsprachig und damit wiederum ausreichend privilegiert, um Diskriminierung nicht als bedrohliche Erfahrung wahrzunehmen. Das Außenseitertum, das zu moderat ist, um sie zu schwächen, stärkt sie. »Ich habe aus dem Anderssein, dem Ausländischsein ein gewisses Selbstbewusstsein bezogen.«

Aus alledem ist sie, sagt sie im Rückblick, mit »dieser Mischung aus Heilheit und Lädiertheit« herausgekommen, die den Keim zum Aufbegehren in sich trägt: »Wer in einer heilen Welt groß wird, hat normalerweise keinen Anlass zum Widerstand. Und wer zu gebrochen ist, hat nicht die Kraft dazu.« Monika Hauser ist in der Enge, aber auch in der Sicherheit aufgewachsen, die eine traditionelle Familie bietet. Die Brüche und Risse im Familiengefüge verbinden sich mit dem Selbstbewusstsein des intelligenten Mädchens zu dem festen Willen, es anders zu machen als die Eltern.

Mit 17 frönt Monika Hauser zum ersten Mal ihrem Fernweh. Sie geht für fünf Wochen in einen Kibbuz. Dort hat sie ein Erlebnis, das letztlich ihre Berufswahl endgültig entscheidet: Bei der Birnenernte stürzt ein Mann von einem Baum in die Erntemaschine. Die junge Frau steht hilflos daneben und muss zusehen, wie er an seinen Verletzungen verblutet. »Es war schrecklich, dass ich nicht helfen konnte. Ich habe mir gesagt: Das will ich nie wieder erleben! Ich kann Hilflosigkeit nicht ertragen. Ich bin immer eher aktiv geworden. Und was läge da näher, als Medizin zu studieren?« Auch die Krankheit des Vaters, die den

Alltag der Familie so stark geprägt hat, spielt bei der Entscheidung eine Rolle. Monika verbindet den Wunsch, helfen zu wollen, mit ihrem Fernweh: Sie möchte in die Entwicklungshilfe.

Noch ein Erlebnis ist in diesen Wochen in Israel von Bedeutung: Am dritten Tag ihres Aufenthalts trifft Monika auf der Straße zwei alte Frauen. Man kommt ins Gespräch, die beiden Damen laden die junge Besucherin zu sich nach Hause ein. »Und dann haben sie mir die ganze Nacht von Auschwitz erzählt.« Monikas Großvater, der geliebte Opa, war ein Mitläufer der großdeutschen Idee gewesen. Er trug ein Hitlerbärtchen, und als sich die Südtiroler während der sogenannten Optionszeit in den 1930er Jahren zwischen einem Leben in Hitlerdeutschland oder Italien entscheiden mussten, siedelte die Familie nach Bayern um. Über all das herrschte später Schweigen. Monika besucht die beiden alten Jüdinnen, die von dem Grauen sprechen, immer wieder. »Egal, wo ich hingehe – die Frauen erzählen mir ihre Geschichten. Ich suche nicht bewusst danach, aber ich bin hellhörig. Und so kommen wir immer wieder zusammen.«

Mit 19 macht Monika Hauser ihr Abitur und beginnt 1978 das Studium der Medizin in Innsbruck. Sie möchte zügig studieren und rasch den Abschluss machen; es treibt sie raus aus Innsbruck, rein ins Arbeitsleben.

Einen Vorgeschmack darauf, was es bedeutet, als Ärztin vor Ort tätig zu sein, bietet ein Praktikum in Sri Lanka, inbegriffen die Entzauberung der Entwicklungshilfe: Sie erlebt, wie Frauen unter katastrophalen Bedingungen entbinden, wie Männer ohne Anästhesie sterilisiert werden, weil gerade das Betäubungsmittel ausgegangen ist. Und sie wird in den örtlichen Lions-Club eingeladen, wo man sich sehr um die junge Medizinstudentin bemüht. Diese wiederum reagiert schockiert, als sie feststellt, dass noch keiner der anwesenden einheimischen Ärzte je einen Fuß in die Slums gesetzt hat, in deren Nähe Monika wohnt und in die sie schon öfter gegangen ist, um sich ein Bild von den Lebensumständen und den dringendsten Bedürfnissen der Bewohner zu machen und mit ihnen selbst zu sprechen. »Im Club hatte niemand auch nur die Spur einer Ahnung, wovon ich rede.«

Fünf Wochen dauert das Praktikum, insgesamt drei Monate ist Monika in Indien und auf einsamen Inseln im Pazifik unterwegs, gemeinsam mit ihrer Freundin Silvia und deren Freund. Silvia, die ebenfalls Medizin studiert, teilt Monikas »Reisehunger«. Gern fahren die beiden Studentinnen jeweils sofort nach ihren Prüfungen los. Weil Monika im Alphabet vor Silvia kommt, sitzt sie nach bestandener Prüfung oft bereits auf den für beide gepackten Koffern im Fakultätsflur und wartet, bis die Kommilitonin es auch geschafft hat.

Eine weitere spektakuläre Reise mit der Transsibirischen Eisenbahn führt Monika Hauser nach China und Tibet. Ihr Reisegefährte ist diesmal ihr Freund Freddy, ein Kameramann beim WDR, den sie im September 1984 auf der Internationalen Funkausstellung in Berlin kennengelernt hat. Er drehte einen Bericht fürs Fernsehen, sie verdiente als Hostess das Geld für eine weitere Reise. Das Gesprächsthema nach drei Minuten: Indien. Mit Freddy ist es etwas Ernstes. Drei Monate sind die beiden unterwegs. Als Monika im März 1985 zurückkehrt, ist sie von der Reise, die sie in bombastische Landschaften und tibetische Klöster geführt hat, »noch ganz entrückt«. Dieser schwebende Zustand währt allerdings nicht lange. Am 1. April 1985 knallt Monika Hauser vom Dach der Welt auf den Boden der Tatsachen.

4 | Die »rote Hexe« – eine renitente Gynäkologin in Südtirol

September 1985. Aus einem Haus im Dorf Langen dringt in dieser Nacht wütendes Geschrei auf die stillen Gassen. Es streiten heftig: Monika Hauser und der Dorfpfarrer. Vor wenigen Stunden ist Monikas Großmutter gestorben; der Geistliche war gekommen, um der streng katholischen Sterbenden die Letzte Ölung zu erteilen. Ihre Enkelin ist inzwischen Ärztin im Praktikum im Regionalkrankenhaus des kleinen Städtchens, das rund zehn Kilometer vom Heimatdorf ihrer Eltern entfernt liegt. Jetzt steht man beim tröstlichen Schnaps zusammen – und es fliegen die Fetzen. Der Pfarrer beklagt sich bitter. Die Frauen des Dorfes, ereifert er sich, weigerten sich, ihm bei der Beichte von ihren Familienproblemen zu erzählen; das habe es noch nie gegeben. »Wenn wir über unsere Probleme reden wollen, gehen wir lieber zur Frau Doktor Hauser nach Schlanders ins Krankenhaus«, erklärten sie. Er, der Pfarrer, erteile schließlich nur seine Absolution und tue nichts. Was man von Frau Doktor Hauser nicht behaupten könne; diese bestelle die Männer zu sich und lese ihnen die Leviten. »Sie wiegeln die Frauen auf!«, brüllt der Pfarrer. »Und Sie tun nichts, obwohl Sie wissen, wie diese Frauen leben. Die erzählen Ihnen das doch seit Jahr und Tag!«, brüllt Monika Hauser zurück. Das Wortgefecht wird so laut, dass schließlich eine trauernde Tante in der Küche steht und die beiden erbost auf die Totenruhe hinweist. Aber nach Ruhe steht Monika Hauser im Moment nicht der Sinn.

Nachdem sie im November 1984 ihr Studium in Innsbruck in Rekordzeit beendet hatte, beginnt die junge Ärztin am 1. April

1985 im Regionalkrankenhaus in Schlanders ein halbjähriges Praktikum. Es entspricht dem praktischen Jahr für Mediziner in Deutschland, und die Südtirolerin muss es absolvieren, um später ihre Abschlussprüfung in Bologna ablegen zu können. Mit dieser Prüfung in einem EU-Land dürfen Ärztinnen und Ärzte in der gesamten Europäischen Union praktizieren, und da Monika Hauser sicher ist, dass sie längerfristig weder in Südtirol noch in Österreich, noch in der Schweiz bleiben möchte, ist der EU-Titel unverzichtbar. Also Schlanders; die Zeit dort wird zu einer »Erfahrung der besonderen Art«.

Monika Hauser hat – bis auf die maximal vierwöchigen »Heimaturlaube« in Langen – de facto noch nie in Südtirol gelebt. Schneller, als ihr lieb ist, lernt sie sie nun kennen: die Welt der Chefärzte und der Bäuerinnen und die ungeschriebenen Gesetze, die in ihr herrschen. Der Chefarzt, der das Krankenhaus in der Nachkriegszeit gegründet hatte, gehört noch zu der Sorte Ärzte, »die nach Feudalherrenart regierten«, erzählt Monika Hauser. In der Region ist er eine bekannte Persönlichkeit, die Menschen begegnen ihm mit einer Mischung aus Dankbarkeit und Furcht. Sie halten es für normal, dass der »Halbgott in Weiß« seine Ärzteschar und seine Patienten in einem Ton befehligt wie Soldaten auf dem Kasernenhof. Der sensible Umgang mit Worten ist seine Sache nicht. Niemand begehrt auf, wenn der Chef tatenlos zusieht, wie der Oberarzt seine Operationen häufig genug mit nicht unbeträchtlichem Alkoholpegel absolviert. Keine Patientin beschwert sich, wenn ein ausgemusterter Arzt im Rentenalter, der aus naheliegenden Gründen über das Assistenzarztstadium nie hinausgekommen, dafür aber mit dem Krankenhausleiter verkumpelt ist, morgens stinkend auf die Wöchnerinnenstation getorkelt kommt, um ihnen nach einem Dammschnitt launig die Fäden zu ziehen: »Zappzapp, jetzt kommt der Mann mit der

Schere!« Auch dass der Chefarzt bei der Geburtshilfe – die inzwischen eigentlich den Gynäkologen obliegt – nicht zimperlich vorgeht, wird mit untertänigem Fatalismus hingenommen. »Wenn da nicht ein besonderer Name entbunden hat, sondern nur die Bäuerin XY aus dem Hintertal, dann hat er schon mal ein bisschen gezerrt oder die Zange schief angesetzt. Die Ergebnisse sind heute noch in den Tälern zu sehen.« Das geflügelte Wort von den »Idiötchen«, die den brachialen Methoden des Chefarztes zu verdanken sind, hat längst die Runde gemacht. »Jede Familie hatte etwas Schreckliches über ihn zu berichten«, erinnert sich Monika Hauser. Eine Cousine, die Anfang der 1980er Jahre ebenfalls in Schlanders entbindet, erlebt zum Beispiel noch, wie der Klinikleiter nur jenen Müttern gratuliert, die einen Jungen zur Welt gebracht haben. Die Cousine, die ein Mädchen bekommen hat, ignoriert er.

In diese hochherrschaftliche Atmosphäre platzt die junge Ärztin, die dem Chefarzt schon qua Geschlecht missfällt. »Er war der Ansicht, Frauen müssten keinen so anspruchsvollen Beruf ausüben.« Dass diese Frau zudem Jeans und kurze Haare trägt und an ihrem Hinterkopf ein kleines Zöpfchen baumelt, missbilligt der Klinikchef ebenfalls: »Wie man heutzutage Medizin studieren darf!«, äußert er sich Monika Hauser gegenüber mehr als ein Mal.

Es gibt auch andere, »stützende, freundliche, warme« Ärzte, vor allem Ärztinnen, am Krankenhaus, die offene Konfrontation wagt jedoch keine. Das Maximum an Widerspruch gipfelt in dem Versuch, den Chef charmant um den Finger zu wickeln, um ihm das eine oder andere Zugeständnis abzuringen. Monika Hauser ist vom ersten Tag an klar, dass sie hier schauen muss, wo sie bleibt. »Schleif deine Zähne«, sagt sie sich. »Geh in Angriffsposition.«

Es dauert nicht lange, da hört sie wieder Geschichten – diesmal von den Bäuerinnen –, die meist mit Sätzen enden wie: »Das erzähle ich nur Ihnen.« Oder: »Ich möchte, dass das erst bekannt wird, wenn ich gestorben bin.« Die Geschichten handeln von Prügel und Vergewaltigung, von Missbrauch und unmenschlich harter Arbeit. Der Vinschgau ist eine raue Gegend, viele Ehefrauen sind hier vor allem Arbeitskräfte. Eines Tages kommt eine Frau mit heftigen Unterleibsschmerzen auf die gynäkologische Station. Die niederschmetternde Diagnose: Eierstockkrebs, sie muss unverzüglich operiert werden. Ihr Ehemann protestiert: Zuerst müsse schließlich die Ernte eingebracht werden. Entgegen den Mahnungen der Ärzte holt er seine Frau aus dem Krankenhaus und schickt sie wieder aufs Feld – im Herbst ist sie tot. Für die Ärztin Hauser ist dieser Fall wiederum »ein Schlüsselerlebnis«: Die Medizinerin begreift bald, dass die Ursache für die Wirkung Krankheit manchmal im Verborgenen und Verheimlichten zu suchen ist. In dem, was sich in den eigenen vier Wänden zuträgt. In dem, worüber die Nachbarn tuscheln – oder auch nicht, weil sie es normal finden, dass der Herr des Hauses sich nimmt, was er braucht. »Viele Frauen haben mir – zuerst durch die Blume, dann immer direkter – von ihren Gewalterfahrungen erzählt. Mit der Zeit habe ich immer besser verstanden: Es gibt eine direkte Verbindung zwischen ihrem Gesundheitszustand, ihrem Alltag und ihren Gewalterfahrungen.«

Bei einigen der Frauen, die ihren Alltag nicht mehr aushalten, rebelliert der Körper, bei anderen die Psyche. Letztere landen auf der Inneren Abteilung des Krankenhauses, eine psychiatrische Station gibt es nicht, seit Italien mit seiner Psychiatriereform von 1978 die psychiatrischen Kliniken aufgelöst hat. Eine Patientin hat Monika Hauser noch heute besonders deutlich in Erinnerung. Die junge Frau ist zunächst nicht einmal in der Lage, ihre Geschichte zu erzählen. Zumindest nicht auf konventionelle Weise: Die Patientin gackert. »Das war ein junges Mädchen von 15 oder 16 Jahren. Sie glaubte, sie sei ein Huhn.« Auf der Inneren in Schlanders wird die junge Frau mit dem Stempel »Skurrilität« versehen. Einmal im Monat kommt ein italienischer Psychiater vorbei, der kaum Deutsch spricht, aber immerhin eine Ahnung hat von dem, was die merkwürdige Verwandlung ausgelöst haben könnte. »Dich schlagen dein Mann?«, fragt er in holprigem Deutsch. Die Patientin gackert zur Antwort, und man verabreicht ihr Psychopharmaka. Was soll man mit so einer auch sonst machen? Die spinnt halt.

Von Trauma, Abspaltung, Dissoziation oder der Entwicklung einer multiplen Persönlichkeit ist Mitte der 1980er Jahre noch nicht die Rede, schon gar nicht in Südtirol. Die Frauenbewegung hat eben erst begonnen, Inzest und häusliche Gewalt beim Namen zu nennen; über die Folgen ist kaum etwas bekannt. Dabei macht gerade ein Hollywood-Film Furore, dessen Protagonist sich als Folge eines Traumas für einen Vogel hält: »Birdy«. Der Vietnam-Veteran und Vogelliebhaber Birdy zieht sich nach einem grauenvollen Hubschrauberabsturz im Kriegseinsatz in seine Vogelwelt zurück, hockt nackt und stumm auf seiner Bettstange und ernährt sich von Körnern. Sein Freund Al (Nicolas Cage in seiner ersten großen Rolle), der bei dem Angriff schwer verletzt wurde und dessen Gesicht komplett bandagiert ist, versucht, ihn aus seinem inneren Rückzug zu befreien. Hier der körperlich, dort der seelisch Verkrüppelte; aber in »Birdy« geht es um Männer und um Krieg. 1980 hat die American Psychiatric Association als Folge des Vietnamkrieges und des Kampfes von Vietnam-Veteranen das »Posttraumatische Syndrom« als Kategorie in ihr Handbuch seelischer Erkrankungen aufgenommen. Erst zwölf Jahre später wird die amerikanische

Traumaexpertin und Harvard-Professorin Judith Herman in ihrem Werk »Die Narben der Gewalt« die Parallelen aufzeigen »zwischen Vergewaltigungsopfern und Kriegsveteranen, zwischen misshandelten Frauen und politischen Gefangenen, zwischen den Überlebenden der riesigen Konzentrationslager, errichtet von Tyrannen, die über Völker herrschen, und den Überlebenden der kleinen, versteckten Konzentrationslager, errichtet von Tyrannen, die über ihre Familie herrschen«.[3]

Während ihrer psychiatrischen Facharztausbildung Anfang der 1970er Jahre fiel Herman die große Zahl Frauen und Mädchen auf, bei denen man Schizophrenie oder andere psychische Störungen diagnostiziert hatte, ohne jemals nach deren Ursachen zu fragen. Herman fragte und stellte fest: Fast alle Patientinnen waren Opfer von Missbrauch geworden. »Erst die Frauenbewegung der 70er Jahre förderte die Erkenntnis zutage«, schreibt sie, »dass nicht Männer im Krieg, sondern Frauen im zivilen Leben am stärksten von posttraumatischen Störungen betroffen sind.« Die »New York Times« bezeichnete »Trauma and Recovery«, so der Originaltitel, als »eines der wichtigsten Psychiatrie-Bücher seit Freud«.[4] 1993, in dem Jahr, in dem es in Deutschland erscheint, wird *Medica* gegründet. Monika Hauser wird das Buch mit nach Bosnien nehmen, wo es die *Medica*-Psychologinnen in Zenica Seite für Seite handschriftlich übersetzen werden. Es wird zum Grundlagenwerk ihrer Arbeit.

1985 in Schlanders aber ist die junge Ärztin noch angewiesen auf ihre Intuition. Und auf das, was sie während ihrer Nachtwachen auf der Krebsstation in St. Gallen gelernt hat, wo ein Arzt, »eine Koryphäe«, sich schon früh mit dem Phänomen der Psychosomatik beschäftigt hatte. Später erfährt sie: »Inzest kann schizoide Reaktionen hervorrufen.« Also solche, die im Gehirn nicht physisch als Schizophrenie lokalisierbar sind, sondern lediglich denjenigen der Schizophrenie entsprechen, ohne dass die Krankheit tatsächlich vorliegt.«In vielen Ländern bekommen Frauen den Stempel Schizophrenie aufgedrückt, obwohl es sich eigentlich um schizoide Symptome als Traumafolge handelt.«

Monika Hauser spricht mit der jungen Frau, die schließlich aufhört zu gackern und erzählt: Es ist der Bruder, der sie quält. Und es ist nicht das erste Mal, dass sie auf dieser Station gelandet ist. Hier wird sie immer wieder aufgepäppelt, so gut es geht, und dann nach Hause geschickt. Sobald »es« dann erneut passiert, »ist sie wieder ausgerastet und zum Huhn geworden«. Die Schwester dissoziiert – angesichts des Unaushaltbaren flüchtet die junge Bäuerin in eine andere Existenz. Nur begreift das in Schlanders niemand. »Ich sehe noch heute dieses hübsche, frische, junge Mädchen vor mir, wie es gackerte. Und alles, was die Abteilung ihr zu bieten hatte, waren Psychopharmaka und ein italienischer Arzt, der kaum Deutsch sprach.«

Die Frau ist der extremste Fall, der Monika Hauser in dieser Zeit begegnet, aber weiß Gott nicht der einzige. Viele Frauen, die ausbrechen wollen, werden »psychiatrisiert«. Nicht selten bestellt Monika Hauser deren Ehemänner zu sich ein. Manchmal bitten die Frauen selbst darum: »Ach, können Sie nicht mal mit meinem Mann reden?« Manchmal beschließt die Ärztin von sich aus, dass hier klare Worte gesprochen werden müssen, damit die Patientin nicht in dasselbe Dilemma zurückkehrt, das sie krank gemacht hat. Einige Gatten senken beschämt den Kopf, wenn die Ärztin sie auf die häuslichen Unzulänglichkeiten anspricht. Zwar blitzt unter dem weißen Kittel der Anklägerin die verdächtige Jeans hervor, dennoch ist die Frau Doktor schließlich eine Respektsperson. Andere werden aggressiv, herrschen ihre Frau an: »Mit der sprichst du nicht mehr!«, und beschweren sich beim Vorgesetzten über die unverschämte Frauensperson. Nach der dritten oder vierten Beschwerde wird Monika Hauser zum Oberarzt zitiert. Nachdem sie ihrem Vorgesetzten erklärt hat, was sie zu den jeweiligen Einbestellungen veranlasst hatte, gibt dieser schließlich zu: »Na, die Frau hat ja wirklich ein hartes Leben …« Monika Hauser entgegnet: »Das haben sie hier alle!« Und wird fortan in Ruhe gelassen, auch wenn sie mit ihrem »penetranten Idealismus« kolossal nervt. »Wahrscheinlich haben die sich gedacht: Die ist eh in einem halben Jahr weg.« Außerdem sind die Kollegen froh, wenn sie sich nicht selbst mit den unschönen Fällen befassen müssen. Später, in einer anderen Klinik, wird es ein Arzt direkt und drastisch auf den Punkt bringen: »Den Dreck kann Monika machen.«

Ihren Spitznamen allerdings hat sie nun weg. Alles, was in Schlanders aus der Reihe tanzt, bekommt hier rasch das Etikett »superlinks« verpasst. Die renitente Ärztin ist die »rote Hexe«.

Und diese »Hexe« verursacht weiter einigen Aufruhr, auch wenn ihr klar ist, dass sie nicht mit dem Kopf durch die Wand kann, und sie daher immer versucht, streng medizinisch zu argumentieren: Der Erfolg der Behandlung sei eben nicht garantiert, wenn man nicht auch Faktoren wie die Lebensumstände einbeziehe. Die Patientinnen fragen gezielt nach ihr, und auch auf der Wöchnerinnenstation vereinbart man für das Fädenziehen jetzt lieber einen Termin mit Frau Doktor Hauser. Monika Hausers Ruf hallt bis in ihr Heimatdorf Langen. Nicht nur der Pfarrer ist außer sich. »Da kam dann schon der eine oder andere Onkel auf mich zu und schimpfte: ›Was machst du denn da unten? Ich denk', du sollst Pillen verteilen!‹« Hauser, deren Berufswahl sich trotz oder vielleicht gerade wegen ihrer zahlreichen Kämpfe bestätigt hat, begreift spätestens jetzt: »Dieser Beruf geht weit über das Medizinische hinaus. Es ist viel eher das

Präsentsein als Mensch, das Zuhören, das eine heilende Wirkung erzielt. Diese Erfahrung war sehr schön für mich.«

Schließlich geht die Zeit in Schlanders zu Ende. Im Herbst 1985 legt Monika Hauser ihr EU-Examen in Bologna ab. Was nun? Zwar schwebt der fernwehgeplagten jungen Ärztin eine Arbeit im außereuropäischen Ausland vor, aber zunächst tut sie das Naheliegende: Sie zieht zu ihrem Lebensgefährten Freddy nach Köln. Dort lebt sie mit ihm bis zur Trennung Ende der 1980er Jahre in seiner kleinen Wohnung im Belgischen Viertel mit seinen ehrwürdigen Altbauten und angesagten Kneipen. Dass sie auf ihre Bewerbungen für eine Klinikstelle eine Absage nach der anderen bekommt, lässt sich zunächst angesichts der bunten Kölner Frauen-, Polit- und Kneipenszene verschmerzen. Nachdem dieser Zustand allerdings fast ein Jahr angedauert hat, setzt langsam, aber sicher erheblicher Frust ein.

Eines Morgens klingelt das Telefon zu einer Zeit, zu der Monika Hauser nach einem Jahr Arbeitslosigkeit nicht mehr gewohnt ist zu telefonieren. Ein Professor Meyer von einer Klinik im Ruhrgebiet meldet sich am anderen Ende der Leitung. »Ich finde Ihre Biografie interessant«, sagt er. »Haben Sie Interesse an einer Stelle?« Monika Hauser hat.

Mitte der 1980er Jahre weht in Deutschland in Sachen Feminismus ein anderer Wind als in Südtirol oder in St. Gallen. Die Frauengesundheitsbewegung hat inzwischen erste Mauern ins Wanken gebracht: Das Image der »Halbgötter in Weiß« mit ihrem Herrscherhabitus, ihrem monotheistischen Glauben an die Schulmedizin und ihrer Angewohnheit, weiblichen Patienten ohne großes Federlesen Brüste und Gebärmütter zu entfernen, ist angekratzt. In Berlin hat 1974 das erste Frauengesundheitszentrum seine Pforten geöffnet, und in den Folgejahren ist in weiteren Städten ein ganzes Netz dieser Häuser entstanden.

Dass Monika Hausers Bewerbung im Ruhrgebiet Anklang findet, hat seinen Grund darin, dass Professor Meyer Ärztinnen in seiner Abteilung beschäftigt, die bereits von der neuen Bewegung geprägt sind. Ulf Meyer ist ein Frauenförderer, in den letzten Jahren vor seiner Pensionierung holt der renommierte Gynäkologe gezielt Frauen in seine Abteilung, die wiederum andere nachziehen. Zum Beispiel die »rote Hexe« aus Südtirol. Genau die Dinge, wegen derer andere Arbeitgeber Hausers Bewerbung sofort zur Seite legten – die Kurzhaarfrisur, das Praktikum in Sri Lanka, die Arbeit in Schlanders, kurz: alles, was auf eine unorthodoxe Person hinweist –, gelten im Ruhrgebiet als Pluspunkte. Die widerständige Ärztin bekommt die Stelle.

Sie muss allerdings bald feststellen, dass Renitenz nach wie vor vonnöten ist. Zwar sind Arbeit und Atmosphäre in der Abteilung von Meyer und seinen frauenbewegten Medizinerinnen ein Gegenmodell zu den Gepflogenheiten von Schlanders. Aber: Monika Hauser braucht für ihre Ausbildung zur Fachärztin nicht nur Operationen in der Abteilung Geburtshilfe, sondern auch in der Gynäkologie. Und die wird geleitet von einem Chefarzt, der dem Patriarchen von Schlanders nicht unähnlich ist. Professor Stuber hat offenbar weniger seine Patientinnen im Blick als vielmehr seine Forschungsprojekte. »Morgens habe ich als Stationsärztin eine Frau als neuen Fall aufgenommen. Dann wurde sie vom Oberarzt gynäkologisch untersucht. Und wenn es ein ganz interessanter Fall war, musste der Stuber abends auch noch seinen Finger reinstecken.« So müssen Frauen, die »schon seit morgens um acht durch die Mühle gelaufen waren«, noch bis abends um acht warten, bis der Professor seinen wissenschaftlichen Blick auf sie wirft, der weniger der kranken Frau gilt als seinem Erkenntnisgewinn. Wenn der Chefarzt mit seiner Entourage bei der Visite auftaucht und Monika Hauser die Patientin präsentieren muss, darf kein persönliches Wort über die Frau fallen. »Und dann musstest du eine Frau, zu der du eine Beziehung aufgebaut hattest, rein technisch präsentieren. Sobald ein Detail über die Person der Patientin fiel, hieß es: ›Das interessiert nicht. Wie lauten die Fakten?‹« Folgerichtig lässt auch dieser Arzt sprachliche Sensibilität vermissen. »Kloakenbildung in der unteren Vagina, fortgeschrittenes Stadium«, spricht er in Anwesenheit der Patientin in sein Diktiergerät. »Man hätte ihn bei jedem dritten Wort schlagen können.« Aber die Station schweigt. Auch die Berufsanfängerin Hauser, die neu ist und aufgeregt bei der Visite. Und sie nimmt sich ihr Schweigen übel.

Einmal schlägt eine Patientin zurück. Nachdem sie vom Untersuchungsstuhl heruntergestiegen ist und sich wieder angezogen hat, wendet sie sich noch einmal dem Chefarzt zu: »Ich möchte Ihnen noch etwas sagen: Sie haben mich vorhin untersucht, als wäre ich ein Schwein!« – »Wow, super!«, denkt Monika Hauser. Und: »Die Frau hat völlig recht. Ich muss den Mund aufmachen.« Was sie von nun an auch tut. Nicht immer, aber immer öfter. »Ich hab mich nicht täglich getraut, aber immer wieder versucht, dazwischenzugehen. Von da ab wurde es für mich einerseits schwieriger und andererseits leichter.«

Immer wieder stößt die Berufsanfängerin an die Grenzen einer technokratischen und frauenfeindlichen Medizin. Einen Rieseneklat gibt es, als Monika Hauser sich weigert, bei der Operation einer jungen Patientin mit dem Rokitansky-Küster-Syndrom zu assistieren. Das Syndrom tritt äußerst selten auf: Die Betroffenen haben aufgrund einer chromosomalen Störung keine Vagina. Nun soll die noch minderjährige Türkin verheiratet werden, weshalb man die Scheide operativ anlegen will. Die junge Frau zittert vor Angst, sie will weder heiraten noch eine Scheide. Ihr ist klar, dass es bei der Operation nicht um ihre Lust geht, sondern darum, die Bedürfnisse des künftigen Ehemanns zu befriedigen. Psychologische Unterstützung für die junge Türkin sieht der Krankenhausbetrieb nicht vor. Monika Hauser erklärt ihr, dass sie das Recht hat, Nein zu sagen. Schließlich sagt sie Ja, denn die Eltern – die ihre Tochter verheiraten wollen – und Chefarzt Stuber – der die seltene Rokitansky-Küster-OP zu gern auf seiner Operationsliste hätte – haben die junge Frau bald in schönem Einvernehmen »weichgeklopft«.

Ärztin Hauser wohnt der OP zwar bei, weigert sich aber immer noch zu assistieren. Sie weiß, dass das eigentliche Drama erst nach der Operation beginnt: Die künstlich geschaffene Öffnung muss erhalten und geweitet werden. Diese Prozedur, die »mit phallusartigen Instrumenten aus kaltem Metall« vollzogen wird, ist ungeheuer schmerzhaft. Monika Hauser übernimmt diese »Trainings«, weil »ich natürlich nicht wollte, dass es ein anderer macht«. Zu Recht, wie sich herausstellt. Als der Chefarzt einmal dazukommt und die vorsichtigen Dehnversuche der Ärztin beobachtet, übernimmt er verärgert das Gerät »und rammt es dem Mädchen so brutal in die Scheide, dass mir fast schlecht geworden ist«.

Monika Hauser ist nicht nur entsetzt über die Frauenverachtung, die der Chef der gynäkologischen Abteilung wie so oft auch in diesem Fall an den Tag legt. Ihr begegnet hier auch ein Dilemma, das »mich in den Folgejahren immer begleitet hat – bis heute«. Was tun, wenn die Verweigerung patriarchaler Gepflogenheiten den sozialen Ausschluss der Frau zur Folge hat? »Das letzte Mal war diese Frage für mich aktuell, als ich mit einer Ärztin in Afghanistan über die Rekonstruktion des Jungfernhäutchens gestritten habe.« Wie sie das nur machen könne, fragt Monika Hauser. Es sei für das Mädchen überlebenswichtig, antwortet die Ärztin.

Nach einem Jahr rotiert Monika Hauser von der Gynäkologie in die Geburtshilfe. Sie zieht die »Problemfälle« regelrecht an, manchmal werden sie ihr auch einfachheitshalber zugeschoben. Meist übernimmt sie diese freiwillig, weil sie die Patientinnen dann besser versorgt weiß. Zusammen mit der Psychologin Gaby Hess, die im fünften Stock der Klinik Schwangerschaftsabbruch-Beratungen durchführt, versucht Ärztin Hauser, zusätzlich zur medizinischen auch die psychologische Betreuung der Patientinnen zum Standard zu erheben. Bald gibt es auf der Station ein Netzwerk für HIV-positive Frauen, eine Gesprächsgruppe für Mütter nach Totgeburten, eine weitere für Frauen nach Schwangerschaftsabbrüchen und Vergewaltigungen; auch Roma-Frauen kommen aus ganz Deutschland zur Entbindung ins Ruhrgebiet, weil sich der sensible Umgang auf der Station herumgesprochen hat.

Aber die Arbeit zehrt an den Kräften; der Schichtdienst, die Problemfälle, die ewigen Kämpfe. Monika Hauser merkt, dass sie »eine Pause braucht«. Nach vier Jahren kündigt sie ihre Stelle im Ruhrgebiet und bewirbt sich nun endlich außerhalb Europas. Lesotho, die Kapverden und Kuba stehen nach drei Monaten auf der Liste der möglichen Destinationen. »Der Vertrag mit einer kubanischen Klinik war quasi schon unterschrieben.« Inzwischen ist in Bosnien der Krieg ausgebrochen; dann liest Monika Hauser an einem Nachmittag in der Sauna den empörenden Artikel im »Stern«. »Und dann kam alles anders.«

5 | »An diesem Tag fiel der Strom aus« – das Frauentherapiezentrum *Medica Zenica* eröffnet

30. März 1993. Wer an diesem Tag in Zenica sein Radio einschaltet, bekommt eine brisante Neuigkeit zu hören: »In dem Anliegen, Frauen und Mädchen, die Opfer von Kriegsvergewaltigungen in Bosnien-Herzegowina geworden sind, medizinische und psychologische Unterstützung zu geben, teilen wir mit, dass diese Frauen in der Institution *Medica Zenica* aufgenommen werden. Auf diesem Wege möchten wir den Opfern den Ort bekannt machen, an dem sie Hilfe finden können. Er befindet sich in der Pionirska Straße 10, Telefonnummer: 26594. Die professionelle Hilfe wird von bosnischen Expertinnen und Dr. Monika Hauser geleistet. Betroffene Frauen und ihre Kinder können zusammen in diesem Zentrum untergebracht werden. Wir appellieren außerdem an alle, die Orte kennen, an denen sich weitere Opfer aufhalten, diesen Frauen und Mädchen von der Existenz von *Medica* zu berichten und uns dabei zu unterstützen, sie zu *Medica* zu bringen. Es ist unsere gemeinsame Pflicht, ihnen eine Möglichkeit zur Aufarbeitung ihrer traumatischen Erfahrungen zu geben und ihnen so die Chance zur medizinischen und psychologischen Rehabilitation zu eröffnen. Deshalb rufen wir alle Menschen in Zenica und ganz Bosnien auf, uns bei unserem Versuch zu helfen, das Recht der Opfer auf Hilfe ohne jede Stigmatisierung umzusetzen. Denn es muss jedem klar sein, dass die Vergewaltiger diejenigen sind, die stigmatisiert, angeklagt und bestraft werden müssen. Das *Medica*-Team.«[5]

Die Wahrscheinlichkeit, dass die Menschen in Zenica diesen Aufruf verpassen, ist gering: Weil der Strom permanent ausfällt,

01 | Bosnien
Monika Hauser im Gespräch mit dem bosnischen Kommandanten in Vares
im Herbst 1993 über die mögliche Unterstützung für vergewaltigte Frauen

wird der Appell während Tagen in regelmäßigen Abständen
wiederholt. Um den genauen Wortlaut der Bekanntmachung
hatte es zwischen Monika Hauser und ihren bosnischen Kolleginnen zunächst heftige Diskussionen gegeben. Das einheimische Team war dagegen, das Wort »Vergewaltigung« so deutlich
auszusprechen. »Das schien uns zu heftig«, erzählt Marijana Senjak. »Die bosnische Sprache ist nicht so direkt. Sie neigt dazu,
die reale Bedeutung von Dingen zu verschleiern.« Die Ärztin
aus Deutschland hingegen plädiert dafür, die Dinge beim Namen zu nennen, um der Tabuisierung des Themas nicht Vor-
schub zu leisten. Sie setzt sich durch und sorgt dafür, dass das
heikle Wort immer wieder fällt: in den vielen Interviews, die sie
gibt, in den Gesprächen mit dem Bürgermeister und den Krankenhausärzten und beim Imam von Zenica. »Wir haben es vom
ersten Tag an entstigmatisiert. Überall habe ich darüber geredet;

65

Fernsehen, Radio und Zeitungen waren voll von Berichten über unsere Arbeit.«

Der für ganz Bosnien zuständige Imam aus Sarajevo, Mustafa Cerić, verkündet schließlich sogar eine Fatwa, in der er vor der Ausgrenzung der vergewaltigten Frauen warnt. Viele von ihnen sind schwanger. Der Versuch, für die Zeit des Krieges eine Art Notstandsgesetz zu schaffen, das Abbrüche nach Vergewaltigungen grundsätzlich straffrei lässt, war am Widerstand der muslimischen Geistlichen gescheitert. Der Imam von Zenica jedoch lässt sich von Gynäkologin Hauser überzeugen, dass die hohe Zahl der zu erwartenden Früh- und Fehlgeburten, eine erhöhte Missbildungsrate, die schwere psychische Belastung der Frauen bis hin zum Suizid und nicht zuletzt die sehr wahrscheinlich schwer gestörte Bindung zwischen Mutter und Kind eine Ausnahmeregelung dringend notwendig machen: Obwohl das bos-

02 | Bosnien
Monika Hauser bespricht mit dem Imam von Zenica im Sommer 1993 Möglichkeiten, wie er bei der Unterstützung streng religiöser Frauen helfen kann

66

nische Gesetz Abtreibungen nur bis zur zehnten Schwangerschaftswoche erlaubt, erklärt er einen Schwangerschaftsabbruch innerhalb der ersten vier Monate für zulässig.

Medicas Pressekampagne und die Einbindung der örtlichen Honoratioren in den Aufbau des Zentrums zeigen Wirkung. Als am 3. April 1993, einem Samstag, das Team des nun fertig umgebauten und eingerichteten Therapiezentrums zum Empfang lädt, sind alle da: vom Bürgermeister bis zur Baufirma, vom Chef der gynäkologischen Abteilung des örtlichen Krankenhauses bis zum Gesandten des Gesundheitsministeriums, der der neuen Einrichtung seine Genehmigung erteilen muss. Diese liegt zu jenem Zeitpunkt noch nicht vor, es gab einfach keine Zeit für bürokratische Kinkerlitzchen, außerdem ist der Regierungssitz in Sarajevo von der Armee eingeschlossen. »Wir hatten bei der Eröffnung noch gar keinen schriftlichen Vertrag mit dem Ministerium, aber wir haben einfach angefangen«, schmunzelt Monika Hauser. »Und sie haben uns machen lassen.«

Ihr Taschenkalender, der exakt Auskunft über die Termine in diesen aufregenden Tagen gibt, existiert noch. Am Sonntag, 4. April, steht für 14 Uhr das bosnische Fernsehen auf dem Plan; um 16 Uhr findet die erste große Teambesprechung statt: »Es herrschte eine enorme Aufbruchstimmung. Das Gefühl: Wir haben's geschafft und wir starten jetzt. Gleichzeitig stand die Frage im Raum: Wie geht der Krieg weiter? Und wie wird es werden, wenn die ersten Frauen kommen?«

Die ersten Frauen treffen am nächsten Tag ein. Es sind fünf, und Psychologin Marijana Senjak erinnert sich an jede einzelne von ihnen. An die Ökonomietechnikerin, die in einem ostbosnischen Gefängnis vergewaltigt wurde; an die 34-Jährige, deren Haut nach zwölf Tagen in einem KZ bei Sarajevo mit den roten Flecken der Schuppenflechte übersät ist; und an die Friseu-

03 | Bosnien
Monika Hauser kommt
im Herbst 1993 von
Split im Hauptquartier
der UNPROFOR in Kisel-
jak in Zentralbosnien an

rin, die ins selbe Lager verschleppt wurde. »Eine Frau war im
Beisein ihrer sechsjährigen Tochter vergewaltigt worden, als sie
ihren inhaftierten Mann in einem Lager besuchen wollte. Und
dann war da noch ein junges Mädchen, das von seinem Stiefva-
ter missbraucht worden war.« Der zweistöckige Flachbau in der
Pionirska Straße mit seinen Zwei- und Vierbettzimmern ist nun
nach Monaten voller Angst und Schrecken »der erste sichere Ort
für die Frauen«. »Ich hatte die Nachmittagsschicht, die bis in die
Nacht hinein dauerte. An diesem Tag fiel der Strom aus. Eine
Kollegin und ich saßen mit unseren Klientinnen bei Kerzenlicht
um einen Tisch«, erzählt Marijana Senjak. Und eine von ihnen
begann über ihre Erlebnisse zu sprechen.

Bald finden neue Frauen ihren Weg zu *Medica*. Einige haben ein Flugblatt mit der Adresse des Therapiezentrums in die Hände bekommen, andere kommen für eine gynäkologische Untersuchung und werden von der behandelnden Ärztin, die am Verhalten der Patientin merkt, dass etwas nicht stimmt, an eine Therapeutin weiterverwiesen. Der interdisziplinäre Ansatz – medizinische und psychologische Hilfe unter einem Dach – bewährt sich. Wieder andere Frauen treffen in einer Flüchtlingsunterkunft auf Mitglieder des Psychoteams, das stetig ausschwärmt, um das ambulante und stationäre Angebot bekannt zu machen. Außerdem ist, um die Frauen in den umliegenden Orten zu erreichen, *Marta 1* im Einsatz: eine mobile gynäkologische Ambulanz, die die Frauenärztinnen in einem umgebauten Transporter eingerichtet haben, der zuvor – ausgerechnet – als Besamungsfahrzeug genutzt wurde und den man – wie die Mitarbeiterinnen mit kriegsbedingtem Galgenhumor scherzen – »dem Patriarchat entrissen hat«.

Auch wenn die Weltpresse inzwischen voll ist von den Schilderungen vergewaltigter bosnischer Frauen, schaffen es die meisten nicht oder nicht sofort, das Tabu zu brechen und über das zu reden, was ihnen zugestoßen ist. »Die Psychologinnen und Krankenschwestern besuchen seit Februar die Flüchtlingscamps, um Kontakte zu knüpfen, uns bekannt zu machen, und haben dabei festgestellt, wie schwer es ist, mit den Frauen über ihre traumatischen Erfahrungen zu sprechen. Auch wenn sie in den Gesichtern der Frauen ein ähnliches Verhalten sehen, spüren, was mit ihnen los ist und dass eben davon auszugehen ist, dass es eine kollektive Erfahrung ist, müssen viele schweigen. Vielen Frauen ist es wirklich nur durch Schweigen möglich, zu überleben«, schreibt Monika Hauser in ihrem »Rundbrief Nr. 1« am 6. April an die deutsche *Medica*-Sektion in Gabi Mischkowskis Kellerbüro.[6]

Deshalb nähern sich Marijana Senjak und ihre Kolleginnen bei ihren Besuchen dem Thema nur sehr behutsam. »Wir haben zum Beispiel über Kriegstraumata im Allgemeinen gesprochen«, so die Psychologin. »Anschließend kamen einzelne Frauen zu uns und nahmen uns beiseite, aber selbst dann haben sie nicht direkt gesagt, worum es geht, sondern nur Andeutungen gemacht: ›Meiner Schwiegertochter ging es im letzten Monat nicht so gut. Könnten Sie sie mal allein ansprechen?‹ Und das war dann ein Zeichen für uns.«

Auch im Zentrum selbst, an diesem sicheren und geschützten Ort, dauert es eine Weile, bis die zum Teil schwersttraumatisierten Frauen bereit sind, das Verschüttete und Verdrängte preiszugeben und das Grauen dadurch be- und verarbeitbar zu machen. Das Psychoteam bemerkt rasch, dass denjenigen das Erzählen leichter fällt, deren Erlebnisse nur wenige Tage zurückliegen. Diejenigen aber, die schon Monate mit dem Entsetzlichen leben und unter widrigsten Bedingungen überleben mussten, haben einen sehr viel dickeren Panzer um ihre Verletzung herum aufgeschichtet. Dieser bricht manchmal unfreiwillig auf, wenn das Bewusstsein, das das Verschlossene unter Kontrolle hält, schläft.

Fast alle Klientinnen leiden unter Albträumen, weshalb das Therapiezentrum rund um die Uhr besetzt und nachts stets eine Krankenschwester zur Stelle ist. Wenn es ganz schlimm kommt, wird eine der Psychologinnen gerufen. Auch Monika Hauser hält in so mancher Nacht eine schreiende Klientin im Arm. Oft ist es die 18-jährige bildhübsche Schülerin, eine von drei Schwestern, die gemeinsam mit ihrer jüngeren Schwester in das Sporthotel Vilina Vlas bei Višegrad verschleppt wurde, das die serbische Armee in ein Vergewaltigungshaus verwandelt hatte. Während sie selbst nach einer Nacht wieder freigelassen wurde, ist ihre kleine Schwester, deren Schreie sie hören konnte, seither verschwunden. Eine Mitarbeiterin hatte die Übriggebliebene, die sich vom Leben verabschiedet hatte, in einem Flüchtlingslager gefunden und zu *Medica* gebracht, wo sie nun gemeinsam mit der dritten der drei Schwestern wohnt. »Es waren viele, viele Nächte mit Erstickungsanfällen und endlosem Würgen, in denen sie schreiend aus dem Schlaf hochfuhr. Sie war wirklich komplett in die Dissoziation gegangen.« Monika Hauser und die Schwester versuchen, die junge Frau in die Realität zurückzuholen. »Irgendwann ist sie dann völlig erschöpft wieder eingeschlafen.« Sie wird später, als sie psychisch stabilisiert ist, selbst im Therapiezentrum arbeiten. Es sind solche Fälle, die Monika Hausers inneren Motor trotz all des Grauens weiterlaufen lassen. »Manchmal denke ich heute: Allein dafür, dass sie überlebt hat, hat sich das alles gelohnt.«

Im Mai besucht Karin Schüler, die AWO-Frauenreferentin und Anschubfinanziererin, das Therapiezentrum *Medica Zenica*. In ihrem Reisetagebuch hält sie fest: »Hier geht der Alltag seinen Lauf. Die Patientinnen bekommen ihr Essen in einem Gemeinschaftsessraum. Für ihre Lebensräume sind sie selbst verantwortlich. Frauen und Kinder leben in Drei- bis Vierbettzimmern, insgesamt 18 Frauen und acht Kinder. Zu welchen Müttern die Kinder gehören, lässt sich schwer erkennen, alle Frauen nehmen sich der Kinder an. Frauen mit unvorstellbaren Gewalterfahrungen. Frauen auf der Flucht. Eine Frau hat über ihrem Bett ein Foto von sich in Karatekleidung hängen. Diese Fähigkeit hat sie nicht vor der Vergewaltigung schützen können. Wie verändert haben sich diese Frauen in so kurzer Zeit. Die grauenvollen Erfahrungen haben ihre Gesichter, ihre Körper gezeichnet. Durch die Bilder kann ich es vergleichen.« Auch den immer heftigeren Mangel in der eingekreisten Stadt beschreibt sie. »Auf dem

Weg durch die Stadt habe ich die Möglichkeit, den auf mich gespenstisch wirkenden Alltag in diesem Ghetto zu erleben. Menschen ziehen ruhig durch die Straßen. Die Läden sind fast leer, die wenigen Waren sind mit hohen Preisen ausgezeichnet. Menschen verkaufen ihre Habe, das gute Porzellan, das Silberbesteck, einen Warmwasserboiler. Der Monatslohn für eine Krankenschwester beträgt derzeit 5 DM monatlich. Ein Kilo Kaffee kostet 20 DM.«[7]

Noch sind die Frontlinien um Zenica nicht völlig geschlossen. Eine Situation, die das *Medica*-Team ausnutzt, um Frauen auch aus weiter entfernt liegenden Flüchtlingslagern zu holen. Oder aus Kellern, in denen sich die Geflohenen verstecken. Noch heute kann Monika aus dem Stand eine Karte mit allen Frontverläufen zeichnen. »Das gehört zu den Geschichten, die sich so tief eingegraben haben – das werde ich noch als Großmutter erklären können.« Wenn irgendwo neue vertriebene Frauen aus den Fluchtgebieten ankommen, dringt diese Nachricht meist rasch bis in die Pionirska Straße. Die informelle Buschtrommel funktioniert gut. »Die Kolleginnen kannten Gott und die Welt. Und es wurde immer bekannter, was *Medica* macht, sodass klar war: Man sagt uns Bescheid.« Dann setzt sich das Team in seinem Nissan-Jeep in Bewegung. Die Fahrten sind nicht ganz ungefährlich, denn oft müssen die Überlebenden an den Kontrollpunkten vorbeigeschmuggelt werden. Wenn es darangeht, Frauen aus der Stadt Vitez zu holen, in der Kroaten und Muslime stets friedlich koexistiert hatten, bis kroatische Mitbürger bei Kriegsbeginn plötzlich die Waffen gegen ihre Nachbarn erhoben, wird vor allem Mitarbeiterin Zlata Gafić eingesetzt. Die Übersetzerin bringt eine doppelte Qualifikation für diesen Job mit: Sie ist erstens Kroatin und zweitens trinkfest. »Sie hat sich an den Checkpoints mit den Jungs zusammengesetzt und einen

Slibowitz mit ihnen getrunken – oder auch drei, wenn es sein musste.« Währenddessen liegen die versteckten Frauen unter Decken im Heck des Jeeps. Manchmal muss dieses Ablenkungsmanöver bei jedem Kontrollpunkt angewendet werden – auf dem Hin- und dem Rückweg. »Aber sie hat erst geschwankt, wenn wir wieder zurück in Zenica waren und dort vor dem Zentrum ausstiegen.«

Die mütterlich-besorgte Strategie wenden die Teams an, wenn die gütige Zilha Hadžihajdić zur Kommunikation mit den Paramilitärs abgestellt wird. »Du siehst hungrig aus, mein Sohn«, ruft die füllige Frau dann aus dem Autofenster und lässt einen mitfühlenden Blick über den Uniformierten schweifen. »Möchtest du einen Apfel?« Ist der Apfel übergeben und wird die maximale Harmlosigkeit versprühende Zilha wieder einmal durchgewunken, schlägt sich die »Fahrgemeinschaft« auf die Schenkel und witzelt: »Du kommst noch nach Den Haag vors Kriegsverbrechertribunal wegen Kollaboration mit den Serben.«

Tragik und Komik, Weinen und Lachen liegen in diesen Tagen nahe beieinander; anders lässt sich der Kriegsalltag nicht bewältigen. Nach der Arbeit sitzen die *Medica*-Frauen oft noch zusammen und versuchen, die Erlebnisse des Tages zu verarbeiten. »Dabei haben wir immer auch viel gelacht«, erzählt Edita Ostojić. »Ich erinnere mich an einen Abend, an dem wir mit der deutschen Therapeutin Gisela Endel, die bei uns zu Besuch war, in ein Lokal gegangen sind. Wir haben uns den ganzen Abend Witze und Anekdoten erzählt. Und auf dem Nachhauseweg hat Gisela, die die Witze trotz unserer Übersetzung immer nur halb verstanden hat, gesagt: ›Ich kann mich nicht erinnern, wann ich das letzte Mal so viel gelacht habe! Und dabei habe ich keine Ahnung, worüber.‹ Wir haben damals sehr intensiv gelebt.«

Inzwischen ist die Front bis auf 30 Kilometer an Zenica herangerückt. Von Vitez her liegt die Stadt immer öfter, wenn auch nicht dauerhaft unter Beschuss. Sobald die Sirene schrillt, müssen die Bewohnerinnen des Therapiezentrums in einem fensterlosen Raum des Gebäudes Schutz suchen. Monika Hauser, die schon als Kind die Geschichten ihrer Mutter über deren Todesangst während der Bombenangriffe des Zweiten Weltkriegs aufgesogen hat, sitzt nun selbst mitten in einem Krieg in einem Schutzraum und versucht, Frauen ihre Furcht zu nehmen. »Bei den Frauen, die Angriffe auf ihre Dörfer erlebt hatten, lief ja nun dieser Film wieder ab. Und die Angst: Jetzt kommen gleich die Männer rein.« Die Ärztin, die in ihrer Familie so früh lernen musste, Verantwortung zu übernehmen, geht die Sache rational an. »Ich wusste: Wenn überhaupt eine Granate einschlägt, dann kann nur etwas am Gebäude kaputtgehen. Deshalb habe ich im Schutzkeller nie Angst gehabt. Ich bin mit den Frauen da runtergegangen, habe sie in den Arm genommen und getröstet.«

Dass die Kombination aus Tagen mit lebensgefährlichen Transportfahrten, gynäkologischen OPs inklusive komplizierten Schwangerschaftsabbrüchen, Stunden im Schutzraum und Nächten mit weinenden Bewohnerinnen dennoch nicht spurlos an der *Medica*-Gründerin vorübergeht, wird sie erst später realisieren. Zunächst setzt eine gewisse Gewöhnung an die Grenzerfahrung ein. Wenn das Team seine Touren fährt und über Funk hört, dass Zenica beschossen wird, »dann sind wir eben noch eine Stunde einen Kaffee trinken gegangen«, erinnert sich Monika Hauser. Die Besuche im Restaurant Wild Horses – dem letzten, das noch kocht und im Besitz von Alkohol ist – sind besonders beliebt. »Weil sich bei Beschuss die ganzen UN-Leute nicht hingetraut haben und wir das Restaurant für uns hatten.« Dann holt der Kellner die letzten Flaschen aus dem Weinlager. Auf dem besäuselten Rückweg genießt Monika den »unglaublichen Sternenhimmel« in der stromlosen dunklen Stadt.

Klaus-Peter Klauner wundert sich bei so manchem Anruf von Monika auf dem Satellitentelefon, das auf dem Balkon platziert ist, über die »komischen Geräusche im Hintergrund«. »Ach, wir haben grad Beschuss«, erklärt Monika.

»Dann geh doch um Himmels willen in den Schutzraum!«

»Nein, die anderen sind alle da, jetzt kann ich endlich mal in Ruhe mit dir telefonieren.«

Just in den Monaten, in denen ein frischverliebtes Paar normalerweise seinen »Honeymoon« genießt, sitzt Monika Hauser im Kriegsgebiet. Die Liebesbotschaften, die Klaus-Peter Klauner in sein WDR-Studio gefaxt bekommt, sind welche wie diese: »Liebster! Das Gespräch war leider so kurz heute Morgen, aber in einer Woche … Leider noch mehr Aufträge für dich, wenn du kannst?! Die PC-Leute, die mir alles gratis installiert haben, brauchen einen Toner für HP Laserjet IIP oder III, und zwar nicht als Cartridge, sondern als Puder(Staub)-Toner. Bei Braun, Richard-Wagner-Str.?« Klaus-Peters Antwort-Faxe lauten: »Jutta fragt: Größe der Instrumentencontainer für den Steri? Brauchst du wirklich noch mehr Curetten? Welche Größe? Ich denke an dich, alles Liebe, Klaus-Peter!« Die Kommunikation über tiefere Gefühle ist unter diesen Umständen ohnehin so gut wie unmöglich. »Wenn Monika von ihrem Funkgerät auf einem Berg ›Ich liebe dich!‹ gebrüllt hat, dann hat das seine Kraft verloren«, erzählt Klaus-Peter Klauner. »Und ich musste ja genauso zurückbrüllen. Insofern haben wir unsere Gefühle auf die Arbeit übertragen; da steckte die Liebe drin.« Oft kommt wegen permanenter Stromausfälle überhaupt keine Verbindung zustande; in diesen Monaten bekommt Klaus-Peter Klauner Monika Hauser öfter in den deutschen Medien zu Gesicht als persönlich.

Viermal verlässt die *Medica*-Gründerin in diesem Jahr das umkämpfte Bosnien, um sich mit ihrem Liebsten zu treffen. Mal für drei Tage in einem surreal idyllischen Adria-Örtchen bei Split, mal für zwei Wochen auf Mallorca – wo prompt die deutsche Zimmerwirtin mit einem bosnischen Flüchtling liiert ist, mit dem Monika abendelang über den Krieg debattiert.

Dass Klaus-Peter Monika nach diesen gemeinsamen Tagen wieder ins zeitweise beschossene Zenica ziehen lassen muss, daran gibt es für ihn, der das Projekt vorbehaltlos unterstützt, keinen Zweifel. Die drohenden Gefahren nimmt er scheinbar gelassen hin. »Monika war so autark und strahlte so viel Kraft aus, dass ich das Gefühl hatte: Ich brauche mir um sie keine Sorgen zu machen. Ich weiß nicht, wie es gewesen wäre, wenn sie aus einer familiären Situation, wie wir sie heute mit unserem Kind haben, gestartet wäre. Aber damals war es einfach keine Frage.« Was an dieser Haltung Intuition und was Verdrängung ist, ist schwer zu sagen. »Teilweise habe ich aus Selbstschutz schon eine gewisse emotionale Distanz geschaffen. Das wurde manchmal schwierig, wenn wir uns länger nicht gesehen hatten.« Dann fremdelt Klaus-Peter zunächst, während Monika »ein bisschen Normalität zum Ausspannen« will. »Ich war ganz erstaunt, dass ich nicht mit ganz so offenen Armen empfangen wurde, weil Klaus-Peter immer eine gewisse Zeit brauchte, diesen Abstand zu überwinden.« Bei einem ihrer Treffen, das doch ein wenig Honeymoon-Stimmung aufkommen lässt, wird Monika Hauser schwanger – es ist August 1993.

Inzwischen hat sich *Medica* vergrößert. Nicht nur um den Kindergarten, in dem die oftmals verstörten Töchter und Söhne der Klientinnen unter behutsamer Anleitung das Spielen wie-

76

der lernen. Der Bedarf an Unterstützung für die traumatisierten Frauen ist gewaltig, sodass das Therapiezentrum die Bewohnerinnen, sobald sie sich einigermaßen stabilisiert haben, eigentlich rasch wieder entlassen müsste, um Platz für neue Klientinnen zu schaffen. Allen ist klar, dass das nicht geht. Also muss ein zweiter Ort geschaffen werden, an dem jene Frauen, die schon in der Lage sind, die Nacht ohne professionelle Betreuung zu verbringen, und die ihre Lethargie überwunden haben, leben und möglicherweise sogar lernen und arbeiten können. »In unserem neuen Haus möchten wir Frauen und Mädchen neben menschlicher Anteilnahme alle Arten von Hilfestellung geben: rechtliche, soziale und vor allem Ausbildungsmöglichkeiten«, schreibt das Team in seiner »Projektbeschreibung *Medica 2*«. Ein Gebäude ist schon gefunden: »Es besteht aus drei zusammenhängenden Wohnhäusern, einem Geschäftsraum, der sich ideal für Kurse eignet und auch als Verkaufs- und Ausstellungsraum genutzt werden kann, und einem großen Hof mit Garten. Des Weiteren gibt es ein großes Esszimmer mit angegliederter Küche, die wir als Zentralküche nutzen wollen.« Die Finanzierung des Projekts ist kein Problem, denn noch steht der Bosnienkrieg in der Öffentlichkeit, und die Spendenbereitschaft ist groß. Am 15. Juli 1993 öffnet *Medica 2* seine Pforten. Leiterinnen des neuen Projekts werden Zilha Hadžihajdić und Nuna Žviždić, eine von Sarajevo nach Vitez geflohene Ökonomin, die der *Medica*-Jeep aus der Stadt herausgeschmuggelt hatte.

Ebenfalls in diesen Tagen klopft im Therapiezentrum in der Pionirska Straße, das jetzt *Medica 1* heißt, Selena Tufek an die Tür. »Ich sehe sie noch vor mir, wie sie da steht: eine schöne, strahlende Frau in einem schicken Kostüm«, erzählt Monika Hauser. Gerade in diesen Kriegs- und Mangelzeiten, in denen die Welt aus den Fugen geraten ist, achten die Zenicianerinnen peinlich genau darauf, durch ihre Kleidung Haltung und Würde zu wahren. Über die nachlässigen Schlabber-Outfits so mancher Besucherin aus Deutschland sind sie irritiert: »Es sah so aus, als lebten die im Krieg – nicht wir.« Deshalb ist es für Monika Hauser selbstverständlich, auch und gerade in diesen Zeiten jeden Morgen ihren Lippenstift aufzulegen und Ohrringe, die farblich zu ihren Pullovern passen, zu tragen. Nun steht da also diese gut gekleidete Frau, die mit ihren beiden Töchtern seit Monaten im Flur ihrer Wohnung lebt, denn ihre Stadt Visoko – etwa 35 Kilometer von Zenica entfernt auf der Hälfte der Strecke nach Sarajevo – ist von den Hügeln aus unter serbischem und kroatischem Dauerbeschuss. Der Flur hat kein Fenster, und so bereitet Selena Tufek dort in relativer Sicherheit auf einem Gaskocher die Mahlzeiten zu und unterrichtet ihre Kinder, denn die Schulen sind wegen Lebensgefahr für Schüler und Lehrer geschlossen. Visoko ist der Grenzort zur Front und deshalb voller Flüchtlinge. Rund 10 000 Menschen haben in der 40 000-Einwohner-Stadt Zuflucht gesucht, darunter – wie immer, der größte Teil Frauen. Was für schreckliche Geschichten sie zu erzählen haben, weiß Selena, denn als Deutschlehrerin hat sie mehrmals für ausländische Journalisten übersetzt. Sie möchte etwas tun, aber was? Im Lokalfernsehen sieht sie ein Interview mit Monika Hauser und beschließt: Was es in Zenica schon gibt, soll nun auch in Visoko entstehen. Also zieht sie ihr bestes Kostüm an, macht sich auf den Weg nach Zenica und unterbreitet »der Ärztin aus Deutschland« ihren Vorschlag. Monika Hauser ist skeptisch und murmelt etwas von »schon so viel Arbeit in Zenica«. Doch das Konzept von Selena Tufek überzeugt sie schließlich: »Viele der geflüchteten Frauen kommen aus ländlichen Gebieten. In den Hügeln von Visoko gibt es wunderbare Häuser mit großen Gärten, die wir anmieten und die die Frauen dann bewirtschaften können.« Diese Flüchtlingsfrauen bräuchten ebenfalls dringend Hilfe, die *Medica*-Häuser in Zenica seien voll und die 35 Kilometer zwischen den Städten Zenica und Visoko nur unter Lebensgefahr zu überwinden. »Sie versprühte und hatte eine unbändige Energie«, erzählt Monika Hauser, die bei der Lehrerin aus Visoko die gleiche unausbremsbare Hartnäckigkeit erkennt, die sie selbst besitzt. Im August 1993 startet in einem Bauernhaus auf einer Bergkuppe etwa zwei Kilometer vom Stadtzentrum von Visoko entfernt *Medica 3*.

Die zwei Kühe, die Selena Tufek für die ländliche Idylle, die nur gelegentlich vom Widerhall der Granateneinschläge gestört wird, gekauft hat, liefern Milch, Quark und Käse. »Sie waren auch eine Art Beschäftigungstherapie für die Frauen«, erklärt Selena Tufek, »die sehr lethargisch waren und ständig gewartet haben: darauf, dass der Krieg zu Ende geht, dass sie neue Nachrichten von Angehörigen bekommen, dass ihre Männer zurückkommen. Es war schwer, sie dazu zu animieren, ihr Leben wieder in die eigenen Hände zu nehmen.«

In *Medica 3* muss angepackt werden. In dem riesigen Garten bauen die Bäuerinnen Zwiebeln, Salat und Kartoffeln an, ernten Obst und versorgen Hühner und Kaninchen. Wenn nach getaner Arbeit die Ängste und Erinnerungen hochkommen und erzählt werden wollen, hört zunächst das angereiste Psychoteam aus Zenica zu, wenig später eine Psychologin aus Visoko. Für die Kinder stellt Selena Tufek eine Lehrerin ein, die einen Raum im zweistöckigen Gebäude in ein Klassenzimmer verwandelt. »Es war wirklich ein wunderschöner Ort, an dem die Frauen und die Kinder Ruhe finden konnten«, sagt Selena Tufek 15 Jahre später und zeigt Fotos von Gartenfesten in dieser Oase an der Frontlinie.

Im Spätsommer 1993 wird die Lage in Zenica immer verzweifelter. Die Frontlinien sind nun dicht, Konvois mit Lebensmitteln können die Kontrollpunkte nur noch ganz selten passieren. Die Stadt hungert, und auch an so gut wie allen anderen Gütern herrscht Mangel. »Größtes Problem ist, kein Diesel zu haben, alles andere hängt daran! Wasser gibt es morgens und abends für 2 – 3 Stunden. Die meisten Menschen haben jetzt ständig irgendeine Infektionskrankheit, doch am dramatischsten ist die Situation in den Flüchtlingslagern!!«, schreibt Monika Hauser am 10. September an Gabi Mischkowski. Das *Medica*-Team muss sich von anderen Hilfsorganisationen die dringend benötigten Dinge mühsam zusammenklauben. »Von Equilibre haben wir Wolle bekommen. AICF gibt uns über deren soziales Programm Nahrungsmittel für den Kindergarten und Eierrationen für *Medica 1 + 2*. Von IRC haben wir 12 Kohleöfen und Hausschuhe für *Medica 2 + 3* erhalten. Von Médecins du Monde gab es Läuseshampoo (sehr wichtig in *Medica 1*, die meisten Neuankömmlinge haben sie!). Das Ghettogefühl ist mittlerweile so stark, dass die Bewohnerinnen jede Hoffnung verloren haben – sich mühsam von Tag zu Tag ›hangeln‹. Und die Angst vor dem Winter … Doch erstaunlicherweise haben die meisten *Medica*-Frauen immer noch Power für ihre Arbeit und sehen darin auch ihre einzige positive Bestätigung.«

Mit der sich zuspitzenden Lage wachsen auch die Konflikte innerhalb des Teams. Von Beginn an hatte sich *Medica* als multiethnisch definiert, und einer der wichtigsten Grundsätze lautete, den nationalistischen Tönen zu trotzen. Im Mikrokosmos *Medica* sollte die Vision gelebt werden, die vor Beginn des Krieges im Makrokosmos Zenica seit Jahrzehnten funktioniert hatte: das friedliche Zusammenleben von bosnischen Muslimen, Serben und Kroaten. So besteht auch das *Medica*-Team aus muslimischen, serbischen und kroatischen Bosnierinnen, denen die gemeinsame Unterstützung der traumatisierten Frauen am Herzen liegt und für die Ethnien eine zu vernachlässigende Größe sind. Doch manchmal wird es nun schwierig. Den Musliminnen fällt es schwer zu glauben, dass sich in der bosnischen Armee die MOS, ein islamisch-fundamentalistischer Arm, gebildet hat, den die regulären Streitkräfte kaum noch unter Kontrolle halten können, der aber dennoch geduldet wird, weil diese Islamisten bereit sind, für Allah an vorderster Front zu kämpfen und zu sterben. Viele von ihnen werden später in Tschetschenien und Afghanistan wieder in den Heiligen Krieg ziehen. Dass nun auch als »Racheakte« verbrämte Vergewaltigungen durch die bosnische Armee bekannt werden, schockiert einige Frauen des *Medica*-Teams. Serbische Mitarbeiterinnen wiederum beziehen Kritik, die eigentlich ihre Arbeit betrifft, auf ihr Serbisch-Sein und reagieren verletzt. Sie leiden auch darunter, dass sie in Gesprächen mit Krankenhausärzten oder Ladenbesitzern über den Krieg zu hören bekommen: »Jaja, die Serben haben das in den Genen!« Nach heftigen Debatten besinnt sich die Gruppe jedoch auf ihre Stärke und veröffentlicht sogar einen gemeinsamen Aufruf an die Bevölkerung von Zenica, sich auch angesichts der immer zehrenderen Situation nicht zu Nationalismus und Fundamentalismus verleiten zu lassen.

Denn die Kälte in der Stadt nimmt zu; jahreszeitlich bedingt, aber auch in den Herzen. Am 9. Dezember faxt Monika Hauser an Gabi Mischkowski: »Wir hatten heute einen Horrortag – seit Tagen freuen wir uns auf den Konvoi, nun kam er heute an … ohne irgendwas für *Medica*.« Aber Monikas innerer Motor läuft und läuft. »Ich habe an mich den Anspruch gestellt, optimal zu funktionieren. Was mir mehr oder weniger auch gelungen ist.« Ende Dezember ist die Schwangere unterwegs von *Medica 2* zu *Medica 1*. Wieder einmal heulen die Sirenen, der Beschuss beginnt. Monika Hauser sucht Schutz in einem Hauseingang. Wie schon öfter in letzter Zeit spürt sie ein Ziehen im Unterleib. Diesmal aber ist es ernst.

6 | »Frau des Jahres 1993« – Monika Hausers Engagement wird ausgezeichnet

Der Kontrast zwischen den beiden Frauen auf dem Fernsehschirm könnte größer kaum sein: TV-Moderatorin Sabine Christiansen im Satinsakko und mit blondierter Föhnwelle interviewt eine sehr blasse Monika Hauser, gezeichnet von den Strapazen der vergangenen Wochen und Monate. Der sonst in allen Lebenslagen obligatorische Lippenstift fehlt, sämtliche Körperspannung scheint aus ihr gewichen, ihr so typisches Augenleuchten ist erloschen und bleibt es auch während des ganzen Gesprächs – obwohl dessen Anlass ein überaus freudiger ist: Die *Medica*-Gründerin ist von den »Tagesthemen« zur »Frau des Jahres 1993« ernannt worden. Selbst die kühle Hanseatin Christiansen verwendet angesichts dieser Ehrung ein für sie ungewöhnlich emotionales Vokabular. Eine »verdammt mutige und bewundernswerte Frau« sei hier ausgezeichnet worden, erklärt sie ihren Zuschauern.

Die Geehrte befindet sich in diesem Moment am gefühlten anderen Ende der Welt: Die Ausgezeichnete muss, geschützt von einem bewaffneten UN-Transport, aus Zenica über die Frontlinie in das 25 Kilometer entfernte Vitez gebracht werden. Begleitet wird sie von Robert Adams, einem britischen Journalisten, der kurz zuvor die Aktivitäten von Monika Hauser sozusagen für die ARD »entdeckt« hat. In Vitez steht das improvisierte BBC-Fernsehstudio, von dem aus das Bild der sichtlich angeschlagenen Monika Hauser an diesem 30. Dezember 1993 in Millionen deutsche Wohnzimmer übertragen wird. Eine kurze Einspielung zeigt die Bewohnerinnen des Therapiezentrums, darunter eine Klientin, die Regisseurin Jasmila Žbanić später als Vorlage für ihre

Esma in »Esmas Geheimnis« wählen wird. Auch die fragile Oase im beschossenen Visoko wird gezeigt: die Frauen-WG von *Medica 3* mit ihren Kühen, Kälbern und Hühnern. »Es müssten viele solcher Einrichtungen geschaffen werden«, erklärt eine Männerstimme aus dem Off.

Im anschließenden Interview nimmt Monika Hauser kein Blatt vor den Mund. Auf Christiansens Frage, ob es zutreffe, dass *Medica*-Mitarbeiterinnen Frauen aus dem Kriegsgebiet herausholten, konstatiert sie: Es bliebe ihnen nichts anderes übrig, denn diejenigen, deren Aufgabe dies eigentlich sei – UNHCR, UNPROFOR oder das Internationale Rote Kreuz –, blieben untätig. »Ich möchte noch einmal ausdrücklich betonen, dass die großen internationalen Hilfsorganisationen nicht geholfen haben«, klagt sie bitter.

Was weder die Zuschauer noch Moderatorin Christiansen wissen: Monika Hausers Verfassung ist nicht nur wegen der anhaltenden Kriegshandlungen und der Lebensmittelknappheit so schlecht. Zwei Tage zuvor hat sie ihr Kind verloren, am selben Tag, an dem in Deutschland die Ehrung der Aktivistin durch die »Tagesthemen« bekannt gegeben wurde.

Im Kölner Kellerbüro von Gabi Mischkowski waren die Telefone heiß gelaufen. Die Mitarbeiterinnen, immer noch alle ehrenamtlich, können den Anfragen-Ansturm der Medien kaum bewältigen. Aber: Sie müssen die Interview-Wünsche der Journalisten erst einmal abschlägig bescheiden. Monika Hauser hat sich nach der Fehlgeburt zurückgezogen und eine Kontaktsperre verhängt, die sie allerdings schon nach 48 Stunden wieder aufhebt, um zum Interview nach Vitez zu fahren, denn natürlich ist die Entscheidung der »Tagesthemen«-Jury für Monika Hauser eine »außerordentliche Freude«. Der Hungerwinter, das in keinster Weise absehbare Ende des Krieges und die Fehlgeburt haben zum Jahresende für »extremst deprimierte Stimmung« bei allen Beteiligten gesorgt. Die Ehrung, die »für mich völlig überraschend quasi aus dem Nichts heraus kam« und die eine symbolische wie finanzielle Anerkennung der Arbeit von *Medica* bedeutet, hebt die in den Keller gesunkene Moral wieder ein wenig an. Monika Hausers Kraftakt wird sich nicht nur auf symbolischer Ebene als lohnend erweisen. Womit niemand rechnet: Auf das für 15 Sekunden eingeblendete Spendenkonto wird das deutsche Fernsehpublikum in den nächsten Tagen 750 000 Mark einzahlen.

Für Monika Hauser ist klar, dass ihr Platz nach diesem Jahr in Zenica nun wieder in Köln ist. Ein Jahr – das war von vornherein ihr Plan gewesen, der nun, nachdem die Fehlgeburt das Ausmaß ihrer Belastung mit einem Paukenschlag überdeutlich gemacht hat, in die Tat umgesetzt werden soll. »Ich wollte bleiben, bis ich das Projekt guten Gewissens an Marijana übergeben kann. Die Arbeit mit den Frauen konnten die Kolleginnen nun sehr gut auch ohne mich machen. Ich sah meine Aufgabe jetzt immer stärker draußen: Ich wollte weiter Geld organisieren und Botschafterin sein.«

Was die »Frau des Jahres« zu sagen hat, wollen inzwischen viele hören. Zum Beispiel die WDR-Moderatorin Bettina Böttinger, in deren Talkshow »B. trifft« Monika Hauser am 1. Februar zu Gast ist. Ihr Gesprächspartner ist der CDU-Abgeordnete Stefan Schwarz, der sich vehement für ein gezieltes militärisches Eingreifen der NATO zur Beendigung des Bosnienkrieges einsetzt. Monika Hauser, die in Zenica und Umgebung oft genug an der Untätigkeit der UN-Blauhelme verzweifelte, stimmt ihm zu. Und bringt dabei so manchen Pazifisten und so manche Feministin gegen sich auf. »Man hat mir später vorgeworfen, ich sei eine Bellizistin.« Doch die Ärztin ist weder eine Kriegsbefürworterin, noch hält sie militärische Aktionen für das Mittel der Wahl. »Aber wenn man gesehen hat, was den Frauen angetan wurde, dann will man einfach nur noch, dass das gestoppt wird.« Heute fordert sie eine kritische Differenzierung, da mehr und mehr in der deutschen Politik dem Militär das Primat zugeschrieben wird.

Nach der Böttinger-Sendung sprechen die Menschen Monika Hauser auf der Straße an. Inzwischen sieht sie wieder aus wie sie selbst und wird – anders als nach ihrem Auftritt bei den »Tagesthemen« – auf der Straße erkannt. Vor allem Frauen, aber auch der eine oder andere Mann kommen auf sie zu und bekunden »ganz viel Zustimmung«. Ab und an melden sich aber auch fremde Stimmen mit starkem ausländischem Akzent am Telefon und zischeln wüste Drohungen.

Monika Hauser, die *Medica* seit Februar 1994 als Geschäftsführerin vertritt, bevor sie zeitweilig von Gabi Mischkowski abgelöst wird, ist auch in ihrer Rolle als Botschafterin äußerst umtriebig. Sie pendelt zwischen Talkshows und Konferenzen von Bonn bis Brüssel hin und her und redet, redet, redet. Über die Frauen in Zenica, über Männer in Uniform, über die patriarchale Verknüpfung von Sexualität und Gewalt. Wie es ihre Art ist, geht sie dabei mit der ihr eigenen Unnachgiebigkeit vor. Auch diejenigen, die ihr die nächsten Preise verleihen, müssen feststellen, dass die Ausgezeichnete bei ihren Dankesreden alles andere als geschmeidig ist. Sie will es nicht zulassen, dass der verliehene Preis als Feigenblatt dient, das kaschieren soll, dass die Verantwortung einer ganzen Gesellschaft an ein tapferes Frauentrüppchen delegiert wird, das – nach dem aus früheren Zeiten bekannten Motto: »Den Dreck kann Monika machen« – die Kastanien aus dem Feuer holt. Als Monika Hauser im Sommer 1994 den SPD-nahen Gustav-Heinemann-Preis bekommt, lässt sie es sich beispielsweise nicht nehmen, vor der sozialdemokratischen Herrenriege von Hans-Jochen Vogel bis Wolfgang Thierse über das Thema »Männerbündelei« zu sprechen. Typische Betätigungsfelder: Militär und Politik. So stellt die Preisträgerin die Frage, weshalb die UN-Truppen nicht willens und in der Lage gewesen seien, die Waffen, die die serbische Armee nach dem Sarajevo-Ultimatum abgeben musste, »missbräuchlich« zu zerstören. Im Februar 1994 hatte die NATO ein Ende der serbischen Belagerung von Sarajevo gefordert und eine 20 Kilometer breite Sperrzone ausgerufen, innerhalb derer kein schweres Geschütz mehr stationiert sein dürfe, worauf die serbische Armee die fraglichen Waffen der UNO unterstellte. Hauser gibt die bitterböse Antwort: »Warum die UN-Militärs diese Waffen schützen und nicht die Menschen, kann ich mir nur mit einer großen männlichen Verehrung für teure Panzer erklären.« Auch bei den westeuropäischen Politikern habe sie, erläutert sie den Vertretern ebendieser Gruppe am Fuße ihres Rednerpults, angesichts der unentschiedenen Haltung gegenüber Karadžić und Konsorten eine »irritierende Faszination« für den »serbisch-expansionistischen Männlichkeitswahn« beobachtet. Außerdem kritisiert Hauser den Umgang der deutschen Regierung mit den bosnischen Flüchtlingen, die Schutz vor Verfolgung suchen, aufs Schärfste. »Ihre Aufnahme ist nicht erwünscht, ihre Integration kaum möglich, weil ihre aufenthaltsrechtliche Duldung immer nur für ein halbes Jahr verlängert wird«, klagt sie und fügt hinzu: »Jene Flüchtlinge, die nicht bei Verwandten oder deutschen Gastfamilien untergekommen sind, hausen unter deprimierenden Bedingungen in Containern und Gemeinschaftsunterkünften. Die Verantwortung der deutschen Politikerinnen und Politiker reicht nicht einmal so weit, vergewaltigten Frauen und in den Lagern gefolterten Männern eine angemessene therapeutische Behandlung zukommen zu lassen.«[8]

Nach der Rede meint ihr Tischpartner Hans-Jochen Vogel halb amüsiert, halb brüskiert: »Na, Frau Hauser, zu diesen Männerbünden gehöre ich ja wohl auch!?« Andere tuscheln von einem »psychischen Schaden«, den die Ärztin in ihrem Jahr in Zenica ganz offensichtlich abbekommen habe. Das erkläre ihre Militanz. Und wer wisse schon, was sie selbst für Erfahrungen gemacht habe …

Auch die der FDP nahestehende Europäische Bewegung, die Monika Hauser Ende 1994 in die Riege der »Frauen für Europa« aufnimmt und sie für ihren »Beitrag zur Völkerverständigung« ehrt, muss sich zunächst erklären lassen, dass es der Geehrten »in erster Linie um die Verständigung beziehungsweise Nichtverständigung der Geschlechter« geht. Denn: »Wie sollen sich verschiedene Gesellschaften und Kulturen friedlich miteinander verständigen, wenn sie im Inneren von einem grundlegenden Gewaltverhältnis geprägt sind? Einem Gewaltverhältnis, das noch dazu geleugnet wird, verdrängt wird, verschwiegen wird, obwohl alle Frauen es direkt oder indirekt zu spüren bekommen.« Sie berichtet den Zuhörern, dass die Aneignung von Territorium und die Inbesitznahme von Frauenkörpern in einer Männergesellschaft nicht nur theoretisch zusammengehören. »Jede einzelne soldatische Unterkunft, die ich in Bosnien und Kroatien gesehen habe – und ich habe in den letzten anderthalb Jahren viele gesehen –, war verziert mit Bildern von nackten Frauen. Dies gilt auch und gerade für die UN-Truppen. Wie soll Gewalt zwischen Staaten und Volksgruppen verhindert werden, wenn die Gewalt innerhalb derselben ignoriert wird? In der Bundesrepublik wird alle zwei bis drei Minuten eine Frau vergewaltigt – von Fremden, Bekannten, Ehemännern. Ich könnte auch sagen: Wenn drei von uns zusammensitzen, dann ist immer eine unter uns, die entweder selbst Gewalterlebnisse hatte oder eine kennt, die solche erleiden musste. Im Krieg zwischen den Völkern wird diese gängige ›Friedens‹-Praxis fortgesetzt, ist unter dem Kameradschaftsdruck forcierbar und jederzeit für die jeweiligen Kriegsziele einsatzbereit.« Und sie spricht wieder über ihre Wut. Die keinesfalls – was für ihre Zuhörer zu bequem wäre – nur den Vergewaltigern im fernen Bosnien gilt, sondern auch der »hiesigen westeuropäischen Scheinheiligkeit, die die Gräueltaten in Bosnien gern als Spezifikum des ›wilden Balkans‹ abtun möchte, obwohl oder gerade weil es ein Spiegel der eigenen, wiewohl kaschierten dunklen Seite ist: Westliche Männer sehen sich abends auf Video an, was Tschetniks in der Realität tun. Wir wissen, dass es von den Vergewaltigungen Videoaufnahmen gibt, die im Westen als Pornos unter dem Ladentisch verkauft werden«.[9]

Mit den dunklen Seiten des Patriarchats in Friedenszeiten hat Monika Hauser nun auch selbst wieder zu tun. Ende 1994 tritt sie eine Halbtagsstelle im Krankenhaus Köln-Holweide an. Dort will sie ihre Ausbildung zur Fachärztin beenden, die sie wegen ihrer Kündigung im Ruhrgebiet nur zu zwei Dritteln absolvieren konnte. Nun arbeitet sie zwei Wochen für *Medica,* zwei Wochen tut sie Dienst in der Klinik. Dort muss sie feststellen, dass die meisten ihrer Kollegen – und Kolleginnen – immer noch weit davon entfernt sind, die Verbindung von Körper und Seele zu sehen und Psychosomatik in ihrer Arbeit zu berücksichtigen. Und dass sich auch das Wissen – oder das Wissenwollen – um düstere Familiengeheimnisse nach wie vor in bedrückend engen Grenzen hält. Ein Assistenzarzt rapportiert in einer Morgenbesprechung, in der Nacht sei ein fünfjähriges Mädchen mit Verletzungen im Bereich der Vagina und der äußeren Schamlippen eingeliefert worden. Der Vater behaupte, seine Tochter sei im Kindergarten auf einen Tisch gefallen. Die Medizinerrunde akzeptiert die absurde Erklärung ohne Murren; die angehende

Gynäkologin kann es nicht fassen und fordert, dass der Sache nachgegangen wird. Die Tatsache, dass sie in Bosnien ein Jahr lang mit Opfern sexueller Gewalt gearbeitet und gelebt hat, führt allerdings nicht dazu, dass man ihrem Urteil in Köln besonderen Respekt erweist. Im Gegenteil: Gerade deshalb unterstellt man ihr feministischen Fanatismus. »Es fielen regelmäßig Sprüche wie: ›Ach, Monika schon wieder. Die sieht in jedem Vater einen Vergewaltiger.‹« Dabei nimmt der eine oder andere Kollege sie später zur Seite und meint: »Na ja, ich hab mir auch gedacht, dass da was nicht stimmt. Aber wie soll ich denn mit so einem Kind umgehen?« Ein anderer erklärt: »Mein Kollege hat gesagt, ich solle da nicht weiter drin rumbohren.« Das ist für die Aktivistin, die es zu ihrer Lebensaufgabe gemacht hat, der Welt von den gewaltsamen Übergriffen auf Frauen und Mädchen zu berichten, kaum auszuhalten. »Diese Gleichgültigkeit hat mich fertiggemacht.«

Wieder ist Monika für den »Dreck« zuständig. Eine Frau, deren Ehemann sie mit dem Gürtel ihres Bademantels stranguliert hat und die seither im Koma liegt, muss vaginal untersucht werden. Es soll geklärt werden, ob sie auch vergewaltigt wurde. Obwohl diese Untersuchung eigentlich nur ein Facharzt machen darf, wird Monika abkommandiert. Und wieder ist es wie damals an der Klinik im Ruhrgebiet: »Ich hab es gemacht, damit es kein anderer tut.«

In den zwei Wochen, in denen die *Medica*-Geschäftsführerin jeweils für die Organisation arbeitet, fährt sie oft nach Zenica. Das Leben zwischen den beiden Welten macht ihr schwer zu schaffen. Auf der einen Seite die aufreibende Arbeit in der Klinik mit Nachtdienst und zermürbenden Kämpfen, auf der anderen Seite die Gefährtinnen und Klientinnen im Kriegsgebiet. »Ich habe es kaum ertragen, dass für die Menschen in Deutschland das Leben einfach so weiterging, während in Bosnien unablässig geschlachtet wurde.«

Selbst die Preisverleihungen und Galadiners mit Honoratioren sind bisweilen schwer auszuhalten, wenn bei Chardonnay und Lachscanapés über die »wirklich furchtbare Lage der vergewaltigten Frauen« parliert wird. Mit wachsender Wut nimmt Monika Hauser beim Diner nach der Verleihung des Gustav-Heinemann-Preises zur Kenntnis, dass Hans-Jochen Vogel die ebenfalls anwesende Selena Tufek, die als bosnische *Medica*-Vertreterin gekommen ist und an seinem Tisch sitzt, beständig ignoriert. Als er auf Hausers Drängen schließlich doch eine Frage an die Bosnierin richtet, wird in diesem Moment der erste Gang serviert. Selenas Antwort schneidet er mit den Worten ab: »Ach, lassen wir doch die Suppe nicht kalt werden.« Dies ist nicht das einzige Erlebnis dieser Art: Jusuf Kulović, der Leiter des Dokumentationszentrums in Zenica, berichtet Monika, dass er auf einer internationalen Konferenz in New York einen heimlich gedrehten Film über Kriegsverbrechen nicht zeigen konnte: die Teilnehmer zogen es vor, das soeben eröffnete Buffet aufzusuchen, und ließen sich auch von seinem verzweifelten Hinweis, dass diese Aufnahmen unter Lebensgefahr entstanden und außer Landes geschmuggelt worden seien, nicht aufhalten.

»Ich bin in dieser Zeit nur noch wütend herumgelaufen«, sinniert Monika Hauser rückblickend. »Ich bin auch heute noch oft wütend. Aber damals bin ich von meinem Wutlevel gar nicht mehr runtergekommen.« Schließlich fordert der körperliche und psychische Stress erneut seinen Tribut. Und auch die grauenhaften Geschichten der Frauen, die lebensgefährlichen Fahrten, die Granaten auf Zenica, die Monika Hauser unter dem Zwang des Funktionierenmüssens innerlich auf Distanz gehalten hat, rücken jetzt näher an ihre Seele. Ihr Körper streikt und reagiert mit Herzrasen, klaustrophobischen Attacken, Schwindelanfällen – »das ganze Paket«. Als sie im Dezember 1995 wieder in Zenica ist, muss sie ihre Sitzungen mit den Kolleginnen absagen. Auf dem Rückweg nach Split ist das Herzrasen so heftig, dass sich die Ärztin sicher ist, kurz vor einem Herzinfarkt zu stehen. »Ich muss es wenigstens noch nach Köln schaffen«, denkt sie. Dort angekommen, schreibt ihre Ärztin die vollkommen Ausgebrannte auf der Stelle für drei Monate krank. »Patientin Hauser« kommt nun, zum ersten Mal seit drei Jahren, endlich zur Ruhe. Sie nutzt alles, was die Alternativmedizin im Repertoire führt: Shiatsu, Akupunktur, homöopathische Mittel. Sie beginnt eine Gesprächstherapie, um all die verdrängten Erlebnisse aufzuarbeiten. Und sie gönnt sich, zusammen mit Klaus-Peter, einen vierwöchigen Urlaub auf La Palma. Langsam scheint Monika Hausers erschöpfter Körper wieder zu Kräften zu kommen. Am Ende der vier Wochen auf den Kanaren gibt es eine gute Nachricht: Sie ist wieder schwanger. Am 26. August 1996 wird Luca Hauser geboren.

Einige Wochen später, am 10. Oktober 1996, soll seine Mutter einmal mehr ausgezeichnet und geehrt werden, nun von Staats wegen: Monika Hauser soll das Bundesverdienstkreuz bekommen, aber sie lehnt ab, denn sie ist wütend. Diesmal über den Beschluss der deutschen Innenministerkonferenz, die bosnischen Flüchtlinge ab sofort und ohne Rücksicht auf die Zustände im Nachkriegsgebiet wieder in ihre teils zerstörten, teils von Serben oder schrecklichen Erinnerungen besetzten Dörfer und Städte zurückzuschicken. Frauen, die vor nicht allzu langer Zeit von Männern aus Kellern und Bussen gezerrt wurden, werden jetzt nachts von deutschen Polizisten zwecks Abschiebung aus ihren Flüchtlingscontainern geholt. Gemeinsam mit der Frauenrechtsorganisation TERRE DES FEMMES startet *Medica* die Kampagne »Ich mische mich da ein« für ein Bleiberecht der Flüchtlingsfrauen. Auf einer Pressekonferenz in Bonn am 14. April 1997 erklärt Monika Hauser: »Es würde diesem Land gut anstehen, wenn Menschen, die aus Kriegs- und Krisengebieten kommen, die einen Genozid überlebt und Unsägliches erlebt haben, in einem Land wie dem demokratischen Nachkriegsdeutschland Aufenthalts- und Therapiemöglichkeiten fänden.« Das schreibt sie auch an Bundespräsident Roman Herzog, der ihr das Bundesverdienstkreuz hätte verleihen sollen und ihr sein »tiefes Bedauern« über die Ablehnung ausdrücken lässt. Die Abschiebepraxis geht unvermindert weiter.

Nach der Geburt von Luca legt Monika Hauser ein halbes Jahr lang ihre Arbeit im Krankenhaus nieder. Anschließend teilen sich Mutter und Vater drei Jahre lang mit je einer halben Stelle die Kindesversorgung, danach, so lautet die Abmachung zwischen Klaus-Peter und Monika, ist Papa an der Reihe, der dazu vom WDR vier Jahre unbezahlten Urlaub nimmt. Im ersten halben Jahr ist Baby Luca überall dabei: Bei internationalen Konferenzen genauso wie in den Kölner *Medica*-Sitzungen, die schon länger nicht mehr in Gabi Mischkowskis Kellerbüro stattfinden, sondern endlich in eigenen Räumen in der Waisenhausgasse in der Kölner City. Inzwischen hat sich ein deutschlandweites Netzwerk aus Unterstützerinnen für die Organisation gebildet, die mittlerweile über die ersten fest angestellten Mitarbeiterinnen verfügt. Eine Buchhalterin verzweifelt bisweilen an den kryptischen Quittungen aus Bosnien oder daran, dass manchmal keine vorliegen, weil das kostbare Papier für wichtigere Dinge benötigt wird. Und eine Logistikerin koordiniert die Transporte von Medikamenten, Nahrungsmitteln und anderen Gütern, die es in Zenica gar nicht oder nur zu horrenden Preisen gibt.

Die Kontaktfrau auf der anderen Seite der Adria ist seit Anfang 1994 die deutsche Sozialwesen-Studentin Kirsten Wienberg. Sie hat sich in Metković postiert, einem Städtchen bei Mostar nahe der kroatischen Küste, das als Umschlagplatz für die Konvois dient, die ins bosnische Gebiet hineinwollen. Dort haben der UNHCR und die Hilfsorganisationen ihre Lager aufgeschlagen. Die große, dunkelblonde, langhaarige Frau fällt im olivgrünen Gewimmel der Soldaten und Helfer, die sich mit Cargohosen und Survivalwesten gern militärisch-verwegen kleiden, auf wie ein bunter Hund. »So viele Männer in Uniform. So viele Waffen. Und ich mittendrin.« Heute lacht sie über ihre Zeit in »Desperado-City«, aber als die kroatische Armee die Front schließt, wird die Lage schwierig. »Da musste man mit diesen ›netten‹ Herren verhandeln: Dürfen diese Medikamente rein? Darf das Ultraschallgerät mit?« Meist enden die Verhandlungen der *Medica*-Frau, die etwas Bosnisch spricht, damit, dass Medikamente und Ultraschallgerät mitkönnen, im Gegenzug jedoch ein LKW mit Mehl mitgebracht werden muss. Oft übernimmt Wienberg selbst den Transport von Metković nach Zenica und schmuggelt dabei, was das Zeug hält: Computer, Medikamente und was sonst noch in den Fußraum ihres Jeeps passt. Ihr bester Schutz: eine gewisse Nervenstärke und ein Bild des Papstes auf der Ablage – im katholischen Kroatien äußerst hilfreich –, das sie verschwinden lässt, sobald sie bosnisches Gebiet erreicht.

Auch für Kirsten Wienberg, deren Lebensgefährte aus Bosnien stammt und die erschüttert ist über das, was über das Land hereingebrochen ist, gab es damals »keine Frage. Man musste was tun, und man hat's auch einfach gemacht. Und man merkt in solchen Situationen: Es geht!«. Nach dem Weggang von Monika Hauser aus Zenica lebt Wienberg – wie auch *Medica*-Gründungsmitglied Gabi Mischkowski – immer wieder phasenweise in Zenica, um die Kolleginnen dort beim weiteren Aufbau des Projekts zu unterstützen.

Währenddessen denken die Kölnerinnen darüber nach, wie die Perspektiven für *Medica* aussehen. Inzwischen nennen sie ihre Organisation *medica mondiale.* Das hat erstens einen ganz pragmatischen Grund: Die Düsseldorfer Medizin-Messe Medica hat aufgrund der Namensdoppelung Beschwerde bei Monika Hauser eingelegt. Zweitens aber ergibt die Debatte der Vereinsfrauen, dass sich das Projekt langfristig internationalisieren soll. Klar ist zwar, dass auch angesichts des Friedensabkommens von Dayton, das im Sommer 1995 unterzeichnet wurde, das Projekt in Zenica unvermindert weiter gefördert werden muss. »Wir haben alle gewusst, dass die Arbeit weitergehen muss, weil sich sehr viele Frauen noch nicht äußern und anvertrauen konnten und noch keine Hilfe gefunden hatten. Viele lebten noch in Flüchtlingslagern, weil sie nicht zurückkehren konnten. Und wir haben gesehen, wie viel neue Gewalt entstand: häusliche Gewalt, aber auch Prostitution und Frauenhandel durch neue Mafiagruppen«, erzählt Monika Hauser.

Bei den Debatten in der Waisenhausgasse wird allerdings auch der Gedanke immer konkreter, dass die kostbaren Erfahrungen, die die Mitarbeiterinnen in ihrer Arbeit mit den kriegstraumatisierten Frauen in Bosnien gewonnen haben, auch in anderen Kriegs- und Nachkriegsgebieten der Welt gebraucht werden könnten. Da setzt der Namenszusatz »mondiale« – weltweit – schon mal ein perspektivisches Zeichen. Wie und wohin genau sich *medica mondiale* ausweiten wird, ist zu diesem Zeitpunkt noch nicht klar. Allerdings mehren sich bereits jetzt, im Laufe des Jahres 1998, die Anzeichen dafür, dass im Kosovo die Kämpfe zwischen der Kosovarischen Befreiungsarmee, UÇK, und den Truppen von Serbenführer Slobodan Milošević eskalieren. Am

24. März bestätigen sich die Befürchtungen: Der Kosovokrieg bricht aus. »Wir waren gerade an dem Punkt, dass wir für den Einsatz in anderen Kriegsgebieten eine Art ›Krisenkoffer‹ zusammenstellen wollten. Und dann«, sagt Monika Hauser lakonisch, »kam die Krise.«

7 | »Die Kosovarinnen wussten schon, was ihnen blühte« – ein neuer Krieg, ein neues Therapiezentrum

Ob sie einen regelmäßigen Zyklus habe, möchte Dr. Minire Zuna von ihrer Patientin wissen, in welchem Alter sie ihre erste Menstruation bekommen hat, wie sie verhüte. Ganz normale Fragen einer Frauenärztin eben. Im weiteren Verlauf ihrer Anamnese aber gilt das Interesse der Gynäkologin anderen Dingen, die – zumindest auf den ersten Blick – nichts mit Periode oder Pille zu tun haben. »Wo waren Sie während des Krieges?«, fragt sie die Patientin, die jung ist, Mitte 20 vielleicht; man muss jedoch im Kosovo schon sehr jung sein, um den Krieg, der im Jahr 2008 erst neun Jahre zurückliegt, nicht erlebt zu haben.

»Hier, in Gjakova«, antwortet sie.

»Haben Sie Familienangehörige verloren?«

Nein, das hat sie zum Glück nicht. Die Polizei sei aber mehrmals da gewesen, habe die Männer im Innenhof zusammengetrieben und ihre Papiere kontrolliert.

»Haben Sie Albträume?«

»Ja, gelegentlich.«

»Was spüren Sie, wenn Sie an den Krieg denken?«

»Ich habe immer noch Angst und fange an zu zittern.«

»Haben Sie sich durch den Krieg verändert?«

»Ich war vorher irgendwie stärker«, gibt die Patientin zu Protokoll. »Und ich bin sehr vergesslich geworden.«

Schließlich bittet die Gynäkologin die junge Frau, die zu einer Routinekontrolle gekommen ist, auf den Untersuchungsstuhl. Als sie die Praxisräume wieder verlassen hat, schaut Dr. Minire Zuna, genannt Mina, ernst auf ihren Computerbildschirm. Die

Frauenärztin, die in der Ambulanta Gjinekologjike von *Medica Kosova* seit mehreren Jahren Dienst tut, hat ein gutes Gespür dafür, was eine Patientin ihr mit ihren indirekten Bemerkungen wirklich vermitteln will.

»99 Prozent unserer Patientinnen sagen ›Nein‹, wenn ich sie frage, ob sie während des Krieges Gewalt erlebt haben«, legt Mina dar. Wie die junge Frau, die vor wenigen Minuten das Untersuchungszimmer verlassen hat. »Aber allein daraus, dass sie im Krieg in Gjakova war, ergibt sich eine gewisse Wahrscheinlichkeit, dass ihr etwas angetan wurde«, weiß die Ärztin.

Die Stadt im Süden des Kosovo war ein sogenannter Hot Spot, an dem die serbischen Truppen besonders gewütet hatten. »Auch die Tatsache, dass die Frauen in ihrem Haus von den Männern isoliert wurden, ist ein Indikator dafür, dass sie von den Soldaten vergewaltigt wurden.« Und dann ist da noch der Umstand, dass die zweifache Mutter angegeben hat, einmal abgetrieben zu haben – direkt nach dem Krieg. »Außerdem ist sie bei allen Symptomen, die wir in unserem Anamnesebogen erheben, positiv.« Die Albträume, das Zittern, die Vergesslichkeit und noch ein paar mehr.

Wenn diese Patientin das nächste Mal in die Praxis kommt, wird Mina versuchen – ganz behutsam – herauszufinden, ob es noch etwas gibt, worüber sie vielleicht sprechen möchte. Sie wäre weiß Gott nicht die Erste. »Ich habe immer wieder Patientinnen, die erst heute, Jahre nach Kriegsende, erzählen können, was ihnen widerfahren ist.« Von den 200 Patientinnen, die die Gynäkologin im Monat aufsuchen, haben 25 bis 30 Prozent klassische posttraumatische Symptome. Aber Mina weiß aus Erfahrung, dass es oft viele Besuche braucht, bis eine Frau sprechen kann. Das Tabu ist immens, gerade hier im Kosovo. Die Frauenärztin erinnert sich gut an die jungen Mädchen, die ihre Verge-

waltigung aus Angst vor ihrer eigenen Familie verschwiegen haben. Bis sich herausstellte, dass sie schwanger waren.

»Die Frauen, die Gewalt erlebt haben, sprechen so gut wie nie über sich selbst. Sie sagen immer, dass es einer anderen Frau passiert ist: in der Nachbarschaft, in einem anderen Dorf. Aber wenn sie die Geschehnisse beschreiben, erzählen sie, als ob sie selbst dabei gewesen wären. Auch das ist für uns ein Indikator, dass wir mit einer Frau länger arbeiten müssen.«

Wenn eine ihrer Patientinnen an dem Punkt angekommen ist, erzählen zu wollen und zu können, begleitet die Ärztin sie aus ihren Praxisräumen im unteren Teil des *Medica*-Hauses die Treppen hoch zum Sektori Psikosocial. Hier übernimmt eine der zwölf psychosozialen Beraterinnen; und manchmal auch Juristin Ilirijana Hoti, denn Rechtsstreitigkeiten sind an der Tagesordnung: Ist es tatsächlich rechtens, dass die Bäuerin, die ihren Mann im Krieg verloren hat, das gemeinsam bewirtschaftete

Land nun an die Schwiegereltern abtreten muss? Und wenn sie sich weigert, wie kann sie den Kampf um das Sorgerecht für ihre Kinder gewinnen, die laut Tradition zum Clan des Vaters gehören? Hier kollidiert der archaische Kanun, ein Traditionsregelwerk, das auf dem Land mehr gilt als Gesetzestexte, mit den Bestimmungen des Rechtsstaats.

Ilirijana, die zehn Jahre lang in Gjakova als Richterin gearbeitet hatte, bevor Miloševićs Apartheidgesetze 1990 fast 80 Prozent der kosovarischen Bevölkerung von ihren Arbeitsplätzen vertrieben, trägt deshalb ihre juristischen Botschaften dorthin, wo sie am dringendsten gebraucht werden: in die Dörfer um Gjakova. Während Tito der Provinz, die sich durch die jahrhundertelange osmanische Besatzung kulturell eigenständig fühlte, im sozialistischen Jugoslawien einen Autonomiestatus eingeräumt hatte, hob Milošević diesen nach dem Zerfall Jugoslawiens auf und begann mit der Vertreibung der Kosovaren aus öffentlichen Ämtern. In einigen Regionen, so auch in Gjakova, entstand daraufhin eine Art Schattenwelt, in der kosovarische Ärzte, Lehrerinnen und andere geschasste Berufsgruppen Gesundheitsversorgung oder Unterricht im Untergrund organisierten.

Die ehemalige Richterin Ilirijana Hoti klärt in ihren Gruppenstunden Bäuerinnenrunden über Erbschafts- und Unterhaltsrecht auf. Auch das psychosoziale Beraterinnenteam klopft regelmäßig an die Türen der Landfrauen, während Frauenärztin Mina ihr gynäkologisches Mobil *Marta 2* mit dem *Medica-Kosova*-Logo auf dem Dorfplatz parkt und darin mit den Untersuchungen derer beginnt, die ihr Lebtag noch keine frauenärztliche Praxis von innen gesehen haben. In dieser fahrbaren Praxis, einem Mercedes-Transporter, fragt Mina ihren psychosomatischen Anamnesebogen ab, den sie gemeinsam mit Monika Hau-

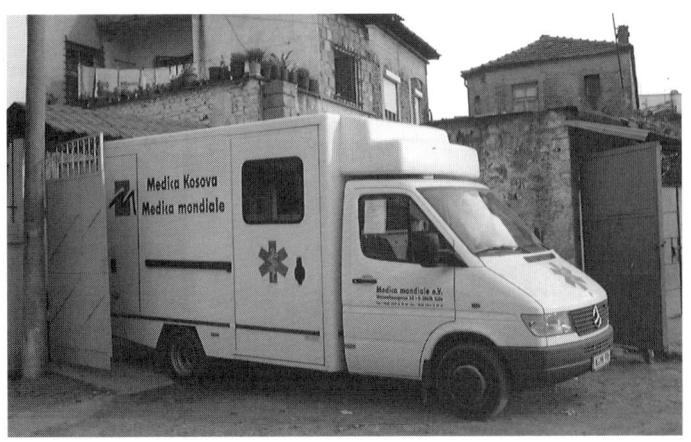

05 | Kosovo
Gynäkologische Ambulanz von *Medica Kosova* in einem Dorf in der Nähe von Gjakova

ser und einer weiteren Gynäkologin entwickelt hat. Wenn sie das Gefühl hat, dass es noch mehr zu sagen gibt – zumal die Frauen oft nur in Begleitung eines Familienmitglieds in den Wagen steigen dürfen –, schiebt sie die Notwendigkeit weiterer Untersuchungen vor und bittet die Frau, in die *Medica*-Praxis in Gjakova zu kommen.

Das Wissen der Patientinnen – nicht nur um ihre oft verdrängte seelische Not und deren Ausdrucksformen, sondern auch darum, was in ihrem Körper vorgeht – ist bedrückend gering. Deshalb reist Mina gelegentlich auch mit Schautafeln und Plastikmodellen des weiblichen Körpers an, um diesen – geschützt vor den Blicken der Männer – zum Beispiel in einer Scheune zu erläutern. So manche 75-jährige Mutter von elf Kindern erfährt dann zum ersten Mal, wie genau die Sache mit der Fortpflanzung funktioniert. »Die alten Frauen sind oft richtig stolz, wenn sie sehen, dass auch sie Sexualorgane haben. Kürzlich sagte mir eine: ›Ha! Unsere Männer fassen sich den ganzen Tag in den Schritt. Aber ich habe da auch etwas: einen Uterus, Eierstöcke und eine Vagina!‹«

Hier, in diesen Dörfern, begann im April 1999 der Exodus. Eine halbe Million Menschen, vor allem Frauen und Kinder, flüchteten über die albanische Grenze. »Schon seit Dayton war offensichtlich, dass Milošević nicht ruhen würde, bis er auch noch den Kosovo unter seine Kontrolle gebracht hat«, meint Monika Hauser. »Als es dann losging, wussten die Kosovarinnen schon, was ihnen blühte.« Angesichts der Flüchtlingsströme waren in der Kölner Waisenhausgasse die Diskussionen darüber, was man wie und wo tun könnte, auf einen Schlag zu Ende, der Ansatzpunkt klar: »Wir müssen nach Tirana.« Am Ostersamstag 1999 bricht Monika Hauser ein zweites Mal auf.

Zu diesem Zeitpunkt hat sie ihre Ausbildung zur Fachärztin an der Kölner Klinik beendet und arbeitet nun zwei bis drei Tage in der Woche in den Praxen befreundeter Gynäkologinnen. Neben der hektischen *Medica-mondiale*-Arbeit empfindet sie die Tage in den vergleichsweise stillen Praxisräumen als beruhigenden Ausgleich. Doch die *Medica-mondiale*-Gründerin merkt, dass die Organisation wächst und der Spagat zwischen Ärztin und Aktivistin zusehends schwieriger zu bewältigen wird. Die Gynäkologin ringt mit sich, die Arbeit in ihrem Beruf aufzugeben, denn sie möchte den direkten Kontakt mit ihren Patientinnen nicht missen. Sie führt lange Gespräche mit ihren Kolleginnen, insbesondere mit Anna Biermann, die am 1. Januar 1999 die Geschäftsführung von *medica mondiale* übernommen hat. An den Moment, in dem sich Monika Hauser endgültig ganz für ihre Organisation entscheidet, erinnert sie sich genau: »Als ich ein Interview in der Praxis zwischen zwei Patientinnen gequetscht habe, wusste ich: Ich muss eine Wahl treffen.« Im März 2000 beschließt der Vorstand, dass *medica mondiale* ab jetzt zwei Geschäftsführerinnen hat: Anna Biermann als kaufmännische Kraft, zuständig für Finanzen und Personal, und Monika Hauser als politische Geschäftsführerin, die die inhaltliche Linie der Organisation festlegt.

Doch zunächst fliegt die Frauenärztin im April 1999 in die albanische Hauptstadt, diesmal in Begleitung von Kirsten Wienberg. Die beiden Frauen fahren von dort aus weiter in die Flüchtlingslager – und sind entsetzt. Dass die NATO mit den Bombardierungen begonnen hat, ändert offenbar nichts an der Tatsache, dass die Mitarbeiter des UNHCR ihre Osterferien genießen. Es fehlt an allem: Lebensmittel, Medikamente, Personal. »Parallel zu den Bombenangriffen hätte man humanitäre Hilfe organisieren müssen. Aber sie konnten den Exodus überhaupt nicht auffangen: Es waren Hunderttausende, die in Albanien Schutz suchten.« Wieder hört Monika Hauser schreckliche Geschichten. Immer wieder berichten die Flüchtlingsfrauen davon, wie Soldaten oder Paramilitärs Gruppen junger Mädchen aus den Dörfern holen. Manche werden ihren Familien drei Tage später wieder vor die Füße geworfen, andere bleiben für immer verschwunden. Kaum eine der Augenzeuginnen aber spricht davon, was ihr selbst passiert ist. Was die Medienmeute nicht davon abhält, rücksichtslos in die Zelte einzudringen und ihre Kameras auf die verstörten Frauen zu richten, sogar dann, wenn diese unmissverständlich gezeigt hatten, dass sie Ruhe brauchen. Der Grat zwischen seriöser und wichtiger Berichterstattung über das Schicksal der Frauen und reißerischem und retraumatisierendem Ausnutzen der Betroffenen ist schmal.

Für die beiden Aktivistinnen ist rasch entschieden, was die Aufgabe von *medica mondiale* ist: ein Zelt im größten Flüchtlingslager, in dem Frauen Medikamente und Nahrung für ihre Kinder bekommen können; eine gynäkologische Ambulanz, die ab Mai die Lager anfahren soll. Etwa 35 000 Flüchtlingsfrauen, so schätzt Frauenärztin Hauser, sind schwanger, andere haben Verletzungen davongetragen. Und sie brauchen psychosoziale Beraterinnen, die den Frauen in Zelt und Ambulanz seelische Erste Hilfe leisten. Das Konzept ist das gleiche wie in Zenica: Es sollen einheimische, also albanische Fachfrauen sein, die mit den traumatisierten Frauen arbeiten, weil sie mit Sprache und Kultur vertraut sind und das Projekt später eigenständig übernehmen können. Monika Hauser macht sich also wieder auf die Suche – und findet sechs potenzielle Beraterinnen.

Von Anfang an ist allen Beteiligten klar, dass die Arbeit in den Lagern unter erschwerten Bedingungen stattfindet. Zwar dauern die Kriegshandlungen im Kosovo nicht wie in Bosnien über drei Jahre, sondern »nur« drei Monate, und beginnen die Vereinten Nationen rasch ihre UN-Mission in Kosovo (UNMIK), beziehungsweise schicken die Kosovo Force (KFOR), zur dauerhaften Befriedung in das Nachkriegsgebiet, aber: Zumindest auf dem Land herrscht im Kosovo eine »zutiefst archaische Clangesellschaft«, in der die Regeln des Kanun gelten. So wird »von einer Witwe beispielsweise selbstverständlich erwartet, dass sie den Bruder des verstorbenen Mannes heiratet«, empört sich Monika Hauser. »Wenn sie das nicht will, muss sie ihre Kinder abgeben und gehen. Aber wo soll sie hin?« Mit diesen patriarchalen Gesetzen einher geht ein Ehrverständnis, das eine vergewaltigte Frau als zutiefst beschmutzt betrachtet und aus der Gemeinschaft ausstößt. So hat zum Beispiel ein kosovarischer Ehemann traditionell das Recht, sich von seiner Ehefrau scheiden zu lassen, wenn er von ihrer Vergewaltigung erfährt. »Das heißt: Diese Frau wird den Teufel tun, das zu erzählen«, sagt Monika Hauser. »Sie hat also zusätzlich zu ihrer inneren Not, das Erlebnis als solches zu verarbeiten, die Sorge, dass es herauskommt und er sie verstößt oder gar umbringt.« *Medica Kosova* wird einige Male solche Mordfälle erleben.

»Die Frauen leiden an den Folgen der Kriegsvergewaltigungen, und sie leiden an den Folgen des Schweigegebots«, seufzt Hauser. »Das Verschweigenmüssen haben wir schon in Bosnien angetroffen, aber im Kosovo ist es noch ungleich stärker vorhanden.« Während die Offenbarung des Geheimnisses im albanischen Flüchtlingslager, abseits von Dorfgemeinschaft und Ehemann, noch einigermaßen denkbar ist, legt sich, als die Rückkehr schließlich möglich ist, tiefes Schweigen über die kosovarischen Dörfer.

Drei Monate lang steht das Frauenzelt im Flüchtlingslager. Im August 1999 beginnt die KFOR-Mission: Die Geflüchteten können in Begleitung der UN-Soldaten in den Kosovo heimkehren. Innerhalb weniger Tage hat sich die Klientel der *Medica*-Mitarbeiterinnen über das Land verteilt. Dass nun, wie die bosnische Erfahrung lehrt, die Arbeit nicht zu Ende ist, sondern erst anfängt, liegt auf der Hand. Ein neues Therapiezentrum soll entstehen. Es werden sogar zwei: Während eine der sechs von Hauser für die Flüchtlingslager akquirierten albanischen Beraterinnen mit in den Kosovo geht, führen die anderen fünf die begonnene Arbeit in Tirana weiter: Sie gründen *Medica Tirana*. In Köln konzentriert man sich nun aber auf die Arbeit im Ex-Kriegsgebiet, dem Kosovo.

Geld ist diesmal nicht das Problem. Noch nicht. Während es mittlerweile mehr als schwierig ist, potenziellen Geldgebern klarzumachen, warum die Frauen in Bosnien nach wie vor Unterstützung brauchen, stehen für den neuen Krisenherd durchaus Mittel bereit: Nach Monika Hausers Rückkehr aus Tirana ruft Entwicklungsministerin Heidemarie Wieczorek-Zeul an und fragt nach, ob *medica mondiale* »da im Kosovo nicht was machen will«. *Medica mondiale* will. Die Frage ist: wo. Um das herauszufinden, wird Computerfachfrau Margrit Spindeler, die in den Jahren zuvor bereits die Frauenorganisation Vive Žene im bosnischen Tuzla aufgebaut hatte, entsandt. Drei Tage hat die bisher ehrenamtliche Mitarbeiterin Zeit, sich zu entscheiden, ob sie ihr Ehrenamt zum Beruf machen will. Nach einem Tag sagt sie Ja und fliegt los. Spindeler führt im Kosovo das durch, was inzwischen in *Medica-mondiale*-Sprache »Assessment« heißt. Sprich: Sie recherchiert, welcher Ort für ein geplantes Zentrum geeignet sein könnte. Viele der Menschen, die die Rechercheurin befragt, erzählen übereinstimmend, dass es in zwei Städten außerordentlich viele Überfälle mit den damit verbundenen Folgen für die Frauen gegeben habe: Peja und Gjakova. Beide Städte liegen nahe der albanischen Grenze, in beiden wüteten serbische Soldaten, zwischen beiden verläuft die »Straße des Todes«. Schließlich fällt die Wahl auf Gjakova, denn die Verwaltung der 90 000-Einwohner-Stadt, deren Altstadt aus historischen Holzhäusern komplett in Trümmern liegt, nimmt die Ankündigung eines Frauentherapiezentrums wohlwollend auf und sagt ihre volle Unterstützung zu.

Mit Margrit Spindeler, die die Leiterin des neuen Therapiezentrums werden soll, gehen zwei weitere Frauen nach Gjakova: die Körpertherapeutin Gisela Endel und die Gynäkologin Konny Schönfeld. Das Dreierteam von *medica mondiale* kann schon auf die in Bosnien gemachten Erfahrungen zurückgreifen: Das Psychoteam von *Medica Zenica,* das inzwischen einen Fortbildungszyklus entwickelt hat, ist angereist und beginnt, die kosovarischen Kolleginnen im Umgang mit traumatisierten Frauen zu schulen. »Unser ehrgeiziger Plan war es, systematisch eine sehr dezidierte Fortbildung für die Kolleginnen im Kosovo auszuarbeiten«, erzählt Monika Hauser. Das Ziel: »Ein eigenes Berufsbild zu kreieren, das man in so einer Nachkriegsregion brauchen kann.«

8 | »Ich muss die Seelen der Frauen flicken« – Traumatherapie in Kriegsgebieten

Viele von denen, die kommen, denken, sie seien verrückt. Geistesgestört. Durchgeknallt. Dass diese Symptome die Vorboten des Wahnsinns sind – die Albträume, die Panikattacken, die Bilder, die unkontrolliert immer wieder in ihrem Kopf abspulen; die beängstigende Vergesslichkeit, die dumpfe Gefühllosigkeit, die zwanghaften Suizidgedanken. Und sie glauben, dass es nur ihnen allein so geht; dass das alles eine individuelle Sache ist, die sich in ihrem kranken Hirn abspielt, dass eben etwas mit ihnen nicht stimmt. Das Erste, was Edita Ostojić, Marijana Senjak und die anderen Kolleginnen von *Medica Zenica* den Frauen sagen, die den Weg in das Therapiezentrum in der Pionirska Straße gefunden haben, ist: »Deine Symptome sind eine normale Reaktion. Unnormal ist das, was dir passiert ist.«

Dabei ist diese Erkenntnis, die den Klientinnen ein erstes Gefühl der Erleichterung verschafft, auch für die Psychologinnen durchaus neu. Gerade ein paar Wochen ist es her, dass sie zum ersten Mal von einem psychologischen Ansatz gehört und gelesen haben, der zu erklären versucht, welche Strategien die Seele nach einem quasi unaushaltbaren Ereignis entwickelt, um zu überleben. Denn Monika Hauser hat nicht nur ein Ultraschallgerät, Computer und Zahnpasta mit nach Zenica gebracht, sondern auch Bücher. Eins davon heißt »Trotz allem«. »Jeder sexuelle Missbrauch schädigt das Opfer, und das Trauma ist nicht zu Ende, wenn der Missbrauch aufhört«[10], schreiben Ellen Bass und Laura Davis. Thema ihres Buches ist eigentlich der Inzest in der Kindheit und seine lebenslangen Folgen, aber die beiden Autorinnen stellen ihren Leserinnen Fragen, auf die auch viele Frauen, die die Schwelle des Therapiezentrums in Zenica übertreten, mit Ja antworten würden: »Neigst du zu Depressionen, Albträumen, plötzlichen Angstzuständen? Fühlst du dich meistens in deinem Körper anwesend, oder kennst du das Gefühl, als hättest du deinen Körper verlassen? Hast du schon einmal Angst gehabt, verrückt zu werden?«[11] Und sie beschreiben die Versuche, das Erlebte erträglich zu machen, die auch den *Medica-Zenica*-Mitarbeiterinnen bei ihren Klientinnen in Bosnien begegnen: Vergessen, Verdrängung, Verharmlosung. Im Krieg ist Unmenschlichkeit zur Normalität geworden. »Anderen ist doch viel Schlimmeres passiert!«, wiegeln die Frauen oft ab.

»Im Jahr 1972 begannen die Psychiatrieschwester Ann Burgess und die Soziologin Linda Holmstrom mit einer Untersuchung zu den psychischen Folgen von Vergewaltigungen. Im Lauf eines Jahres sprachen sie mit 92 Frauen und 37 Kindern. Sie fanden ein bestimmtes Muster psychischer Reaktionen, das sie Vergewaltigungstraumasyndrom nannten. Frauen, so stellten sie fest, erleben eine Vergewaltigung als lebensbedrohendes Ereignis, da sie gewöhnlich während des Überfalls Verletzung und Tod zu fürchten hatten. Nach einer Vergewaltigung klagen viele Opfer über Schlaflosigkeit, Übelkeit, Schreckhaftigkeit und Albträume, aber auch über Zustände von Empfindungslosigkeit und Erstarrung.«[12] Auch das, was Judith Herman in ihrem Buch »Die Narben der Gewalt« schildert, erkennen Marijana Senjak und ihre Kolleginnen wieder, all diese Symptome haben sie in ihren Klientinnenlisten notiert: »Schlafstörungen, Albträume, desorganisiertes Verhalten, Konzentrationsstörungen, Angstneurose« steht bei Klientin A, die von Mai bis November 1992 in drei verschiedenen Konzentrationslagern war. »Logorrhoe (ungehemmter Redefluss), pausenloses Weinen, Zwangsbilder, Atemstörungen« bei

Klientin B, deren männliche Familienangehörige bei einer Hausdurchsuchung ermordet wurden. »Gefühlsblockaden« oder »Gefühllosigkeit« sind ebenfalls ein häufiges Phänomen, ebenso wie »Amenorrhoe« und »Hypermenorrhoe«, also das Ausbleiben der Menstruation beziehungsweise permanentes Menstruieren.

In ihrem Studium hatten Marijana Senjak und Edita Ostojić von traumatischen Erlebnissen und deren Folgen nichts gehört. »Wir kannten diese Symptome als Reaktion auf ein Gewalterlebnis nicht«, so Arbeitspsychologin Senjak rückblickend. »Ich wusste gar nichts über Trauma und Gewalt«, bestätigt Kinderpsychologin Ostojić die Erfahrung ihrer Kollegin. »An der Uni wurde darüber nichts gelehrt. Wir haben bei null angefangen.« Aber nicht nur an den Universitäten der sozialistischen Hemisphäre, in der sowohl die Geschlechtergewalt als auch die Idee des Individuums keine sehr beliebten Sujets waren, existierte in Sachen Sexualgewalt und Traumaforschung ein blinder Fleck. Auch in der westlichen Welt waren die ersten Erkenntnisse zum Thema gerade erst gewonnen worden. Es ist kein Zufall, dass die Bücher, die Monika Hauser mit nach Bosnien bringt, nagelneue deutsche Übersetzungen aus dem Amerikanischen oder gar noch Originalausgaben sind: In den USA, wo die Frauenbewegung mit einigen Jahren Vorsprung startete, sind die ersten Grundlagenwerke und Forschungsarbeiten entstanden, die nun ihren Weg in die Pionirska Straße finden. Die Ärztin aus Deutschland liest die Bücher ebenfalls mit Spannung und findet hier endlich die Theorie zu dem, was sie in der Praxis schon vor Jahren an ihren Patientinnen in Schlanders oder im Ruhrgebiet beobachtet hatte. Und sie berichtet den *Medica-Zenica*-Psychologinnen von ihren Erkenntnissen. Diese sind zunächst verunsichert: Würden sie überhaupt über die angemessene Professionalität verfügen, um mit ihren Klientinnen zu arbeiten? Die offensichtliche Not der

Bewohnerinnen und Besucherinnen lässt ihnen gar keine andere Wahl, als es zu versuchen. »Ich war mir schon bewusst, dass ich nicht die fachliche Ausrüstung besaß, um auf diesem Gebiet zu arbeiten. Jeden Morgen hatte ich Angst, dass an diesem Tag etwas passiert, dem ich hilflos gegenüberstehe«, gesteht Edita Ostojić. »Aber der Grund, der dafür sprach, es trotzdem zu tun, war: Wenn nicht ich, wer soll es denn dann machen?« Auch Kollegin Marijana fasst sich ein Herz: »Ich sagte mir: Wenn ich vorher mit Alkoholikern gearbeitet habe, die betrunken in die Gruppe kamen und die ganze Gruppendynamik sprengten, dann müsste ich auch mit diesen Frauen arbeiten können.«

Hinzu kommt, dass das bosnische *Medica*-Team weiß: »Die Stadt Zenica war nicht besetzt, aber das hätte auch anders sein können. Es war also nur eine geografische Zufälligkeit, wer von uns Klientin sein und wer Hilfe anbieten würde.« Ein Wissen, das verpflichtet. Das Psychoteam ist fest entschlossen, sich die notwendigen Kenntnisse anzueignen. Edita, die gut Deutsch spricht, übersetzt zunächst die wichtigsten Kapitel aus »Trotz allem«, das nicht nur die Symptomatiken von Missbrauchsopfern beschreibt, sondern auch die Stadien des Heilungsprozesses. Gleichzeitig überträgt eine befreundete Lehrerin Susan Brownmillers »Gegen unseren Willen« für die Zenicanerinnen ins Bosnische und erschließt damit die historisch-politische Dimension von Sexualgewalt nicht nur, aber auch in Kriegen. Und schließlich setzt sich Edita Ostojić Anfang 1994 auch an »Narben der Gewalt« der amerikanischen Traumaexpertin Judith Herman, in dem diese die Verbindung herstellt zwischen den posttraumatischen Belastungsstörungen, wie man sie an Soldaten bereits im Ersten Weltkrieg nach Kriegseinsätzen beobachtet hat, und jenen, die Frauen als Folge sexueller Traumatisierungen zeigen. »Erst nach 1980, nachdem infolge von Bemühungen der Vietnam-Kriegsveteranen der Begriff des Posttraumatischen Syndroms fest etabliert war, wurde deutlich, dass die psychischen Syndrome, an denen die Opfer von Vergewaltigungen, häuslicher Gewalt und Inzest litten, im Wesentlichen den Syndromen der Kriegsopfer entsprachen.«[13]

Wenn ein Mensch eine Bedrohung erfährt, so Herman, reagiert er mit einer ganzen Reihe von Maßnahmen, um aus der gefährlichen Situation zu flüchten oder sich gegen sie zu verteidigen: Adrenalinpegel und Blutdruck steigen, störende Gefühle wie Schmerz, Hunger oder Müdigkeit werden ausgeblendet, der Körper versetzt sich in Alarmbereitschaft. Werden diese gesunden Reaktionsweisen jedoch sinnlos, weil weder Flucht noch Verteidigung möglich sind und die Situation für das Opfer überwältigend wird, kollabiert das psychische Selbstverteidigungssystem und bricht im Chaos zusammen. »Psychisches Trauma ist das Leid der Ohnmächtigen. Das Trauma entsteht in dem Augenblick, wo das Opfer von einer überwältigenden Macht hilflos gemacht wird.«[14]

Die Wahrnehmung verschiebt sich, Sinnesorgane können ausfallen, möglicherweise erlebt das Opfer das Geschehen außerhalb seiner selbst. Das Verhältnis zwischen Gedächtnis, Wissen und Gefühl wird tief gestört. So kann beispielsweise derjenige Teil des Gedächtnisses dem Zusammenbruch zum Opfer fallen, der für die kognitive Archivierung von Ereignissen zuständig ist: der Hippocampus. Er speichert Erlebnisse in ihrem räumlichen und zeitlichen Kontext und steht in Verbindung zum Sprachzentrum, sodass sie im Zusammenhang erzählt werden können. Ein anderes System des Gedächtnisses hingegen überreagiert bei traumatischen Erlebnissen: das Amygdala-System, das fragmentarisch und ungeordnet speichert. Hier »abgelegte« Gefühlszustände lassen sich deshalb später häufig weder Zeit noch Ort zuordnen; sie tauchen als Erinnerungsfetzen auf, die das Gefühl aktuellen Wiederholens erzeugen und leicht »triggerbar« – also durch einen bestimmten Reiz wie zum Beispiel einen Geruch oder eine Formulierung wieder auslösbar – sind. Die Verbindung zwischen Amygdala-System und Sprachzentrum ist blockiert, weshalb die gespeicherten Gefühlszustände oft nicht verbalisierbar sind.

Die Zerstörung des psychischen Selbstschutzsystems hat weitreichende Folgen. Judith Herman teilt sie in drei Hauptkategorien ein: die Übererregung, in der der Körper in permanenter Alarmbereitschaft bleibt. Der oder die Traumatisierte ist extrem schreckhaft, leicht reizbar, aggressiv und schläft schlecht. Die Intrusion, bei der das Traumaopfer das Ereignis innerlich wie in einer Endlosschleife immer wieder erlebt. Die Folgen sind Albträume, die unverändert wiederkehren, oder sogenannte Flashbacks – abrupte und unkontrollierbare Erinnerungsschübe. Einige Traumatisierte reproduzieren diese Erinnerungen als immer wieder im gleichen Wortlaut vorgebrachte Erzählungen, bei anderen liegt das Erlebnis nicht als in Sprache zu fassende Erinnerung vor, sondern in Form von intensiven Bildern und Gefühlen. Es kann auch sein, dass Traumaopfer das traumatische Ereignis zwanghaft – meist in abgewandelter Form – wiederholen. Bei Kindern geschieht dies meist im Spiel, bei erwachsenen Vergewaltigungsopfern kann es vorkommen, dass sie später zu promiskem Verhalten neigen. Dem zugrunde liegt der Wunsch des Opfers, die traumatische Situation, in der es sich als unerträglich ohnmächtig empfunden hat, so lange noch einmal durchzuspielen, bis es eine andere »Lösung«, ein anderes Verhaltensmuster gefunden hat. Das aber ist ohne kompetente Unterstützung äußerst schwierig. Und schließlich die Konstriktion, eine Art psychische Erstarrung, in die das Traumaopfer fällt – während des traumatischen Ereignisses, aber auch danach. Immer wieder beschreiben Vergewaltigungsopfer, wie ihre Empfindungen während der Tat ausgeschaltet waren und sie das Geschehen gewissermaßen aus der Perspektive einer dritten Person beobachteten. Die Folge dieser Reaktion, die die Situation zunächst für das Opfer aushaltbar macht, ist allerdings eine konstante Abspaltung von Gefühlen bis hin zur kompletten Verdrängung des Erlebten.

Traumatisierte Menschen, so schließt Herman, sind »gefangen zwischen zwei Extremen: zwischen Gedächtnisverlust oder Wiedererleben des Traumas; zwischen der Sintflut intensiver, überwältigender Gefühle und der Dürre absoluter Gefühllosigkeit; zwischen gereizter, impulsiver Aktion und totaler Blockade jeglichen Handelns«. Die alledem übergeordnete Konsequenz aus der traumatischen Erfahrung aber ist der Verlust des Urvertrauens. »Traumatische Ereignisse vernichten die Vorstellungen des Opfers von Geborgenheit, das Bewusstsein seines eigenen Wertes und die Überzeugung, dass der Schöpfung eine sinnvolle Ordnung zugrunde liegt.«[15] Deshalb, so folgert die Psychologin, kann das zerstörte Selbstgefühl des Opfers nur so wieder aufgebaut werden, wie es ursprünglich entstanden ist: in der Beziehung zu anderen Menschen. Für die Heilung, die nur durch Integration des Traumas geschehen kann, ist die Haltung der Gesellschaft von entscheidender Bedeutung: Erweist sie den Traumatisierten Respekt oder sogar Ehre, wie sie es in der Regel bei Kriegsveteranen mit Orden, Denkmälern und Reden tut? »Es gibt kein öffentliches Mahnmal für Vergewaltigungsopfer«, stellt Judith Herman nüchtern fest.[16] Weigert sich die Gesellschaft, das Geschehene zur Kenntnis zu nehmen? Oder betrachtet sie es als Schande und verdammt die meist weiblichen Opfer zu Schweigen und Scham über das Erlebte? Monika Hauser wird Jahre später von einer kollektiven Amnesie sprechen, die sie in der deutschen wie auch in der bosnischen Nach-kriegsgesellschaft registriert.

»Das war wirklich ein Schlüsselbuch«, sagt Edita Ostojić über das Werk, das bis heute als sensationell gilt. Es kommen jedoch nicht nur Bücher ins Kriegsgebiet, sondern auch Therapeutin-nen: die Schweizer Psychotherapeutin Ursula Wirtz, die schon 1989 in ihrem Buch »Seelenmord« die »seelische Totenstarre« beschrieben hat, in der Opfer von Vergewaltigung und Miss-brauch leben, die Freiburger Körpertherapeutin Gisela Endel, die später das Therapiezentrum im Kosovo mit aufbauen wird, und, als eine der ersten, Michaela Schumacher. Sie haben in Deutschland bereits Erfahrungen mit Mädchen und Frauen ge-sammelt, die Opfer sexualisierter Gewalt geworden sind. »Se-xualisierte Gewalt« heißt es nun, nicht mehr »sexuelle Gewalt«, denn der neue Begriff soll zum Ausdruck bringen, dass es hier nicht um eine Variante von Sexualität geht, die sich gewalttätig ausdrückt – sondern um Gewalt in sexueller Form. Und auch das Wort »Opfer« gerät in Misskredit, da es doch die Frau auf ihre Wehr- und Hilflosigkeit reduziere. In den USA haben fe-ministische Therapeutinnen und Aktivistinnen stattdessen den Begriff »war rape survivors« eingeführt, der Stärke und Überle-benswillen der Misshandelten in den Mittelpunkt stellt. Als et-was gar politisch korrekt geratene Übersetzung »Überlebende sexualisierter Kriegsgewalt« wird er nun auch im deutschspra-chigen Raum übernommen.

Die Kölner Supervisorin Michaela Schumacher wird 1993 eines Tages von ihrer Bekannten Karin Schüler angerufen, deren Rolle bei *medica mondiale* inzwischen weit größer ist als die der Spendenfonds-Verwalterin. Auch sie gehört mittlerweile zum Netzwerk derer, die sich in Deutschland für die junge Frauen-organisation engagieren. »Wir brauchen jemanden, der den Kolleginnen in Zenica zur Verfügung steht«, sagt Karin Schüler. »Willst du nicht da runtergehen?« Und dann schließt sich der Satz an, den augenscheinlich alle zu hören bekommen, die *Medica* um ihren Einsatz bittet: »Aber ich muss das in 24 Stunden wissen.« Die 24 Stunden nutzt Schumacher, die Supervision in Institutionen anbietet, die mit Inzestopfern arbeiten, »um darüber nachzudenken, warum ich so wenig darüber nachdenken musste«. Sie sagt zu und reist im Sommer für drei Wochen nach Zenica ins Kriegsgebiet.

Das Konzept der Supervision ist den bosnischen Kolleginnen noch nicht bekannt, weshalb Schumacher bei den einheimischen Fachfrauen zunächst auf eine gewisse Skepsis stößt. Dabei ist Monika Hausers Wunsch, ihren Kolleginnen eine unabhängige Expertin als Ansprechpartnerin für ihre Fragen, Sorgen und Probleme zur Seite zu stellen, durchaus sinnvoll: Das Team arbeitet regelmäßig bis zur Erschöpfung, sodass sich schon bald erste Anzeichen von Burn-out bemerkbar machen. Zudem hat jede Mitarbeiterin mit ihren eigenen Traumata zu kämpfen, der Krieg geht auch an ihnen nicht spurlos vorbei. Einige haben selbst Angehörige und Freunde verloren oder fürchten um sie. Und dann die manchmal unfassbar schrecklichen Dinge, von denen ihnen die Klientinnen erzählen. »Was du da hörst, kann deinen Glauben in die menschliche Natur zerbrechen«, zieht Marijana Senjak Bilanz. Manchmal sind die Bewohnerinnen aggressiv, gegenüber dem Team oder auch ihren Kindern, und es besteht Bedarf an Austausch über mögliche Gegenstrategien.

Michaela Schumacher versucht, ihren Kolleginnen für all das eine einfühlsame Ansprechpartnerin zu sein. Sie merkt schnell, dass ihre Kenntnisse der Trauma-Arbeit hier dringend vonnöten und sehr willkommen sind: Nur wenige Monate nach Eröffnung des Zentrums wissen die Psychologinnen bestimmte Verhaltensmuster ihrer Klientinnen noch nicht als typische Traumafolgen zu deuten. »Sie kamen zum Beispiel zu mir und sagten: ›Diese Frau lügt. Gestern hat sie ihr Erlebnis so erzählt, heute erzählt sie es anders.‹« Die Supervisorin erklärt, dass das Gedächtnis angesichts eines schrecklichen Erlebnisses kollabieren kann. »Oder sie sagten: ›Diese Klientin erzählt immer von ihrer Freundin. Und wenn ich sie bitte: Erzähl mir nicht von deiner Freundin, erzähl mir von dir!, dann fängt sie wieder an: Aber meine Freundin …‹« Schumacher erläutert, dass Unaushaltbares manchmal aus dem eigenen Körper ausgelagert und als von der eigenen Person losgelöst erlebt wird; dass das Erlebte ungeheure Scham auslöst; oder dass Traumatisierte, die ihr Urvertrauen verloren haben, zunächst prüfen, ob die Therapeutin wirklich eine vertrauenswürdige Person ist – und dass diese »Prüfungsphase« ein langer Prozess sein kann.

Gisela Endel versucht derweil, sich dem Trauma der Klientinnen über deren Körper zu nähern. »Psychische Inhalte sind im Körper gespeichert, und traumatische Inhalte werden besonders geschützt«, führt die Körpertherapeutin aus. »Dieser Schutz kann und soll erst aufgegeben werden, wenn ein innerer Halt da ist. Ansonsten droht ein Absturz ins Bodenlose.« Ein Indikator dafür, ob die Klientin stabil genug ist, sich innerlich dem Trauma zu nähern, ist ihre Körperempfindung: die Brücke zu den verschütteten Gefühlen. »Ich habe ihnen erklärt, dass man in einer traumatischen Situation aus seinem Körper herausgeht, damit man sie aushalten kann. Dass danach das Körperempfinden häufig gestört ist und man nichts mehr fühlt. Und dass man durch Übungen das verlorene Empfinden wiederbeleben kann.« Therapeutin Endel legt ihre Hand auf Rücken und Bäuche und übt vorsichtig mit den Frauen, die Regungen ihres Körpers wahrzunehmen. »Dann kamen oft die Tränen, oder das Zittern begann.« Auch am Wiederaufbau der Körpergrenzen der Klientinnen, die so oft gewaltsam überschritten wurden, arbeitet Endel mit speziellen Übungen.

Bald stellt sich heraus, dass nicht nur das Psychoteam und die Gynäkologin das dringende Bedürfnis nach Weiterbildung verspüren, sondern auch das Logistikteam. Schließlich sind Hausleiterin oder Köchin oft häufiger im alltäglichen Kontakt mit den Bewohnerinnen. »Manchmal hat uns Nusreta, die Köchin, einen Wink gegeben: ›Ich glaube, diese Frau möchte jetzt erzählen.‹«

Die Fortbildung der Fachfrauen vor Ort ist nicht die einzige Anforderung an die Projektfrauen aus Deutschland. »Die Frauen unterstützen war eine Sache, aber was sich daraus an Logistik ergeben würde … Wir waren plötzlich mit Aufgaben konfrontiert, mit denen wir nie gerechnet hätten.« So sieht die Supervisorin nach ihrer Rückkehr aus Zenica nach Köln der Tatsache ins Auge, dass ein LKW beschafft werden muss: Inzwischen hat sich der Blockadering um Zenica nahezu geschlossen; es dringen kaum noch Konvois durch, und wenn, dann ist das für *Medica Zenica* bestimmte Material nicht selten auf dem Weg verlorengegangen. Die Kolleginnen in Köln beschließen, einen eigenen Konvoi zu organisieren. »Natürlich hatte keine von uns Ahnung von LKWs.« Aber Michaela Schumacher gilt immerhin als die technisch Versierteste; also macht sie sich auf den Weg zu Mercedes. Aber die LKWs sind unbezahlbar. Als der Verkäufer ihr gebrauchte Fahrzeuge anbietet, deren Tachostand um die 100 000 Kilometer liegt, lehnt sie empört ab. »Ich fand das eine Unverschämtheit. Schließlich hatte ich ihm gesagt, wofür ich den LKW brauche!« Was tut die kluge Fachfrau, wenn sie sich in einem Fachgebiet, das nicht das ihre ist, nicht auskennt?

Sie sucht den Rat von Fachleuten, in diesem Fall: Fachmännern. Michaela Schumacher tut das Naheliegende: Sie verbringt etliche Stunden in einschlägigen Autobahn-Raststätten, spendiert den Truckern Bier und Bratwurst und lässt sich von den bisweilen abenteuerlichen Gestalten genau erklären, worauf beim LKW-Kauf zu achten ist. 100 000 Kilometer, erfährt sie bei diesen Gelegenheiten, sind für einen LKW quasi gar nichts. Schließlich wurde ein gebrauchtes skandinavisches Modell angeschafft.

Während Supervisorin Schumacher sich in Köln Kompetenzen im Bereich Lastkraftwagen verschafft, ist man in Zenica dabei, »die Körper und Seelen der Frauen zu flicken, die Schaden genommen haben an der Gewalt der Männer«, wie Monika Hauser es in ihrer Dankesrede als Trägerin des Gustav-Heinemann-Preises formuliert. Das Psychoteam in Zenica professionalisiert sich zusehends in Trauma-Arbeit. Nach einer ersten Phase, in der die Klientin zunächst im Therapiezentrum ankommen und es als sicheren Ort mit festen Strukturen und empathischen oder solidarischen Menschen erfahren kann, beginnt die Stabilisierungsphase. Während die Traumatherapie früherer Jahre davon ausging, dass der traumatisierte Mensch so schnell wie möglich und ohne Rücksicht auf seine innere und äußere Stabilität mit dem Erlebten konfrontiert werden muss, haben sich unterdessen neue Methoden durchgesetzt, die auch ihren Weg nach Zenica finden. »Es ist wie bei einem Patienten, der operiert wird«, erklärt Marijana Senjak. »Da müssen alle vitalen Funktionen intakt sein. Auf der psychischen Ebene ist es genauso: Bevor du mit einer Klientin über die schrecklichen Details sprichst, muss sie stabil sein.« Die *Medica-Zenica*-Psychologinnen arbeiten nun mit verschiedenen Methoden, um die verletzte Frau an ihre innere Stärke zu erinnern: mit Entspannungsübungen, Gesprächen über ihre positiven Eigenschaften, Fantasiereisen in bessere Zeiten, in denen es noch einen Ehemann gab oder einen erfolgreich geführten Hof mit Milchvieh.

Wenn die Klientin innerlich bereit ist, kann die Trauma-Arbeit beginnen. Dabei gilt für Marijana Senjak und ihre Kolleginnen: Die Frau entscheidet selbst, wie weit zu gehen und wie viel zu erzählen sie bereit ist. Oft braucht es Symbole und andere Arten der Äußerung als die verbale. »Wir haben zum Beispiel mit einem Poster gearbeitet, auf das die Frauen ihren ›Fluss des Lebens‹ malen sollten«, erläutert Psychologin Senjak. Manchmal bleibt unklar, was genau die schwarze Wolke bedeutet, die eine Klientin an einer bestimmten Stelle zeichnet. Wichtig ist, dass sie betrauert werden kann, denn ohne Trauer keine Integration. Die ist das Ziel des gemeinsamen Prozesses: Das Erlebte wird nicht länger abgespalten und verdrängt, sondern nun in die Gesamtheit der Lebenserfahrungen aufgenommen. »Ein traumatisierter Mensch lebt oft in einer schrecklichen Vergangenheit und aufgrund der traumatischen Erfahrung auch in einer projizierten schrecklichen Zukunft. Aber er lebt niemals in der Gegenwart. Und wenn Sie das erleben, dann haben Sie das Gefühl, dass die Zeit verrinnt und dass Sie wie eine Pflanze dahinvegetieren«, schreibt eine ehemalige *Medica-Zenica*-Klientin in einem Brief. »Ich bräuchte viel Platz in diesem Brief, wenn ich beschreiben wollte, wie meine Genesung verlaufen ist und dass ich mich heute, so hoffe ich, nicht mehr wie eine Pflanze fühle.«

Auf eine gewisse Weise fließt das Wissen und die Erfahrung, die Literatur und Kolleginnen nach Bosnien gebracht haben, wieder zurück. Denn der Mut derjenigen, die mit der Unterstützung von Frauen wie Marijana Senjak oder Edita Ostojić über ihre Erlebnisse sprechen, hinterlässt Spuren auch in der westlichen Welt. Hier fügt sich nun endlich zusammen, was zusammengehört: einerseits das Wissen um das Ausmaß von Missbrauch und Vergewaltigung, das die Frauenbewegung – zunächst als hysterisch belächelt – öffentlich gemacht hatte. Häufig unter dem Dach der feministischen Frauengesundheitszentren hatten erste Therapeutinnen versucht, Behandlungsmethoden für diese Art der Traumatisierung zu entwickeln; aber ihre Befunde und Erfahrungen waren selbst Anfang der 1990er Jahre noch weit davon entfernt, Teil des medizinischen Mainstream zu sein. Andererseits hatte man andernorts langsam begonnen, sich mit den schwerwiegenden Folgen von Traumata zu befassen. Nach dem erfolgreichen Kampf der Vietnam-Veteranen in den USA um psychologische Behandlung, aber auch nach dramatischen Zugunglücken, Großbränden oder anderen Katastrophen begann sich die Einsicht durchzusetzen: Überlebende wie Helfer brauchen professionelle Hilfe, damit sie das Erlebte verarbeiten können. Diese Erkenntnis hatte unter anderem deshalb so lange auf sich warten lassen, weil die Betroffenen oftmals zu einer Gruppe gehörten, die sich die eigene (vermeintliche) Schwäche nur schwer eingestehen konnte und der sie nur ungern zugestanden wurde: Soldaten, Polizisten, Feuerwehrmänner. Langsam, aber sicher – und nicht zuletzt durch die Öffnung dieser Berufsgruppen für Frauen – setzt diesbezüglich Akzeptanz ein. Ein Feuerwehrmann, der verkohlte Brandopfer bergen musste, ein Polizeibeamter, der sich die Schuld am Tod eines Kollegen gibt, darf psychologische Unterstützung in Anspruch nehmen, ohne das Gesicht zu verlieren. Die Traumaforschung macht gewaltige Fortschritte.

Bis in die 1990er Jahre hinein allerdings existieren beide Erkenntnisse noch getrennt voneinander. Hier der Diskurs über Sexualgewalt, der immer noch weitgehend marginalisiert in der »feministischen Ecke« beheimatet ist. Dort die Traumatologen, die ihre Forschungsergebnisse zwar auf die Opfer von Naturkatastrophen oder Massenkarambolagen anwenden, jedoch keine

Verbindung zu den typisch weiblichen Traumata ziehen. Nun aber sprechen die bosnischen Frauen laut und öffentlichkeitswirksam, und es wird klar: Sexualisierte Gewalt bringt schwere Traumatisierungen mit sich. In Bosnien – und in der ganzen Welt.

»Das Thema wurde gesellschaftsfähig. Die traumatischen Folgen von Missbrauch, Vergewaltigung im dunklen Park oder in der Ehe wurden endlich erkannt«, legt Michaela Schumacher dar. Sexuelle Traumata finden jetzt auch Eingang in die Wissenschaft und Literatur. Mitte der 1990er Jahre explodiert die Zahl der Veröffentlichungen. »Die Traumatherapie hat durch Bosnien einen enormen Schub bekommen.«

Diesem Schub versucht *medica mondiale* mit Fachtagungen und Publikationen weiteren Schwung zu geben. Währenddessen beginnen die Zenicianerinnen, ihr Wissen und ihre Erfahrungen aus dem Therapiezentrum in der Pionirska Straße zu exportieren. Ihnen ist klar, dass der Bedarf an geschultem Personal in der Nachkriegsgesellschaft in nahezu allen Berufsgruppen riesig ist: Lehrer, Ärztinnen, Sozialarbeiter, Krankenschwestern, Polizisten, Richterinnen, Psychiater – sie alle sollten um »traumasensibles« Verhalten wissen, und so beginnt das Team von *Medica Zenica* mit seinen Schulungen in allen Teilen Bosniens. Aber schon bald steht eine neue Herausforderung ins Haus: Der Kosovokrieg hat begonnen. Marijana Senjak, Edita Ostojić und ihre Kolleginnen werden dringend gebraucht, um ihren Kolleginnen in Gjakova ihre Erkenntnisse und Erfahrungen in Sachen Trauma-Arbeit der letzten sechs Jahre weiterzugeben.

Ihren ersten Besuch bei einer Klientin wird Femiye Luhza nie vergessen. Gemeinsam mit ihrer Kollegin Nderime Sahatqija steht sie vor der Haustür der Frau, deren Geschichte ihnen bereits bekannt ist. Gjakova ist nicht groß, man kennt sich und hat von vielen Familien und deren Schicksal im Krieg gehört. Diese Frau hat mit ansehen müssen, wie ihr Mann im Hof von der Polizei halb totgeschlagen wurde. Die Polizisten haben ihn mitgenommen, seitdem ist er verschwunden. Ob ihr selbst etwas passiert ist und was, darüber herrscht, wie üblich, Schweigen. Nun stehen Femiye und ihre Kollegin an der Türschwelle und wagen nicht zu klingeln. Die beiden beschließen, den Rückzug anzutreten, kommen doch wieder zurück, legen den Finger noch mal auf den Klingelknopf, lassen die Hand wieder sinken. Ein paarmal geht das so; die beiden haben Angst: davor, nicht hineingelassen zu werden, aber vor allem davor, hilflos zu sein angesichts des Schmerzes, der sie hinter der Tür erwartet.

Femiye Luhza hatte 23 Jahre lang als Englischlehrerin gearbeitet. Unmittelbar nach Kriegsende hört sie von *Medica Kosova* und erfährt, dass die Organisation Mitarbeiterinnen sucht. Sie meldet sich und wird eins von zwölf Mitgliedern des Beraterinnen-Teams. Als *Medica Kosova* mit der Arbeit in Gjakova beginnt, ist der Krieg vorbei. Anders als in Zenica, wo die Mitarbeiterinnen das Therapiezentrum in den Flüchtlingslagern bekannt machten und Klientinnen in der Pionirska Straße aufnahmen, klopft das Team hier an die Türen von Gjakova und den umliegenden Dörfern. Diesmal beginnt die Arbeit in den Wohnzimmern und an den Küchentischen der Klientinnen. Und noch etwas ist anders: Hier gibt es keine einheimischen Fachfrauen, keine Psychologinnen oder Psychiaterinnen, auf die *medica mondiale* beim Aufbau von *Medica Kosova* zurückgreifen kann. In der kosovarischen Hauptstadt Priština existiert keine psychologische Fakultät, und von denjenigen, die andernorts studierten, haben viele den Kosovo wegen der Apartheidsgesetze verlassen. Margrit Spindeler und Gisela Endel, die deutschen Koordinatorinnen, müssen also auf Frauen aus anderen Berufsgruppen zurückgreifen. Eine Soziologin ist dabei, eine Ärztin, eine Juristin; die meisten sind Lehrerinnen wie Femiye.

Diesmal will und kann *medica mondiale* bei der Ausbildung systematischer vorgehen als in Zenica. »Was wir dort falsch gemacht haben, war: Die eine Therapeutin, die für Trainings hinfuhr, arbeitete nach diesem Ansatz, die nächste nach einem anderen«, resümiert Monika Hauser rückblickend. »Die Kolleginnen bekamen lauter Puzzlestückchen vorgesetzt, die nicht immer zusammenpassten, und sie mussten eine Auswahl treffen, aus der sie kombiniert mit ihren eigenen Erfahrungen etwas Brauchbares zusammenfügen konnten.« Nun soll der »Flickenteppich« eine klare Struktur bekommen.

Außerdem ist inzwischen offensichtlich: Dies wird nicht das letzte Mal gewesen sein, dass in einem Kriegs- oder Nachkriegsgebiet, in dem Frauen in psychologischen Berufen Mangelware sind, fachfremde Frauen in traumasensibler Erster Hilfe und psychosozialer Beratungsarbeit ausgebildet werden müssen. *medica mondiale* beschließt folglich, ein ambitioniertes Curriculum zu entwickeln, das eine Art Standard werden soll, und gründet zur Erarbeitung eine Expertinnengruppe. Ihr gehören neben Monika Hauser eine Körpertherapeutin, eine Gestalttherapeutin, eine Traumatherapeutin und eine Gynäkologin an. Auch Karin Griese ist dabei, die inzwischen bei *medica mondiale* in Köln als Traumafachfrau angestellt ist und deren erste große Aufgabe darin besteht, ein Handbuch herauszugeben. Und natürlich Edita Ostojić, die – wie ihre anderen Kolleginnen in Zenica auch – inzwischen von 1996 bis 1998 an der Universität von Sarajevo eine zweijährige Spezialisierung in Trauma-Arbeit bei dem Münchner Traumatherapeuten Professor Willi Butollo absolviert hat. Butollo, Fachmann für posttraumatische Belastungsstörungen, bietet diese Zusatzausbildung in der bosnischen Hauptstadt zum ersten Mal an und erklärt sich bereit, die Ausbildung in Gjakova zu zertifizieren und eine Prüfung abzunehmen. Am Ende der vierjährigen Fortbildung werden von den zwölf *Medica-Kosova*-Frauen zehn »psychosoziale Beraterinnen« sein.

Noch immer stehen Femiye und ihre Kollegin ängstlich vor der Haustür ihrer ersten potenziellen Klientin und drücken schließlich doch auf den Klingelknopf. »Wir haben ihr erklärt, dass wir von *Medica Kosova* kommen und ihr psychosoziale Unterstützung anbieten können, und fragten, ob sie unseren Besuch überhaupt möchte. Sie fing an zu weinen und sagte, wie dankbar sie sei. Sie erzählte: ›Es sind schon öfter Leute von Organisationen gekommen, die mir materielle Hilfe angeboten haben. Aber niemand hat gefragt, wie es mir geht.‹«

Diesen Satz werden die Mitarbeiterinnen von *Medica Kosova* noch oft zu hören bekommen. »Es gab etwa 70 Hilfsorganisationen in Gjakova, aber die beschäftigten sich fast ausschließlich mit dem Wiederaufbau der Infrastruktur. Therapeutische Hilfe für Traumatisierte existierte kaum«, erzählt Gisela Endel. Zwar beschafft auch *Medica Kosova* im harten Winter 1999/2000 Kohlen und sogar Kühe, aber der Schwerpunkt liegt auf den immateriellen Bedürfnissen der Klientinnen. Besonders eine Frau ist ihr in Erinnerung; sie musste zusehen, wie ihr Sohn bei lebendigem Leib in einer Kirche verbrannt wurde. Als Endel und ihre Kolleginnen ihr anbieten, bei ihrem nächsten Besuch etwas mitzubringen, antwortet sie: »Ich brauche nichts. Ich brauche nur eine Frau, die mir zuhört.«

Innerhalb kurzer Zeit haben die angehenden psychosozialen Beraterinnen Hunderte von Klientinnen in Gjakova und den umliegenden Dörfern. »Abends, wenn wir die Falldokumentationen geschrieben haben, mussten wir noch einmal durch alles durch. Im ersten Monat haben Nderime und ich uns jeden Tag gesagt: Morgen hören wir auf.« Die Frauen jedoch mit ihrem Kummer und Schmerz allein zu lassen – das geht nicht. In den einwöchigen Blockseminaren, die das Team nun alle zwei Monate besucht, lernen die Frauen Stück für Stück, wie sie andere unterstützen können, ohne sich selbst zu verlieren.

Nicht nur das Wissen über Traumafolgen ist neu für die Kosovarinnen, sondern auch der liebevolle und kraftspendende Umgang mit sich selbst. Die *Medica-Kosova*-Mitarbeiterinnen sind, obwohl stets berufstätig gewesen, typische Ehefrauen, deren Männer und Kinder mit ihren Bedürfnissen selbstverständlich an erster Stelle stehen. »Über unsere positiven Seiten zu sprechen war etwas völlig Neues für uns. Das ist in unserer Kultur nicht üblich. Später, als wir es konnten, haben wir es dann mit unseren Klientinnen praktiziert.« Auch die wohltuenden Entspannungsübungen stoßen auf Begeisterung, trotz anfänglicher Skepsis: »Ich erinnere mich, wie Gisela Endel bei unserem ersten Training eine Fußmassage-Übung gemacht hat. Dabei klingelte das Telefon, und Gisela wollte das Gespräch nicht annehmen, weil sie gerade in einer ›wichtigen Übung‹ sei. Ich dachte nur: Was in Gottes Namen ist denn an unseren Füßen so wichtig?« Wichtig ist, das erfahren Femiye und ihre Kolleginnen bald, dass die Therapeutin, die nicht nur das Telefon ignoriert, sondern auch die Vorhänge zuzieht und die Tür von innen absperrt, einen geschützten Raum schaffen will. Einen Raum, in dem sie die Hauptpersonen sind, um in der körperlichen und psychischen Selbsterfahrung die eigenen Kräfte und Abgründe kennenzulernen, um die Arbeit, die so stark an und über die eigenen Grenzen hinausgeht, überhaupt leisten zu können.

Die größte Herausforderung ist, die sexualisierte Gewalt zu enttabuisieren und zur Sprache zu bringen. Was in Bosnien schon schwierig war, ist im Kosovo ein fast unüberwindbares Hindernis. »Jeder kannte Frauen, denen ›es‹ passiert war, aber niemals jemandem aus der eigenen Familie«, so Körpertherapeutin Inge Joachim, die im Juni 2000 zum Team stieß und später Gisela Endel ablöste. »Das Tabu war im Kosovo erbarmungslos.« Auch im Team selbst ist die Scham zunächst groß. In Rollenspielen trainieren die Mitarbeiterinnen behutsam den Umgang mit dem Thema. »Ich erinnere mich an ein Szenario, in dem eine Frau ihrer vergewaltigten Schwester raten sollte, sich Hilfe zu suchen«, erzählt Inge Joachim. »Dieses Rollenspiel ist ihnen wahnsinnig nahegegangen, und es war so viel Scham im Spiel.« Aber im Lauf der Trainings »sind die Frauen wirklich über ihren eigenen Schatten gesprungen«. Das *Medica*-Team in Gjakova macht nun die gleiche Erfahrung wie die Kolleginnen in Zenica. »In dem Moment, in dem bei den Mitarbeiterinnen die Angst, sich mit dem Thema zu befassen, kleiner wurde, haben auch die Klientinnen angefangen zu sprechen«, erinnert sich Inge Joachim.

Nachdem sie ihr inneres Tabu gebrochen haben, wagen sich die Frauen von *Medica Kosova* jetzt an die äußeren Grenzen. Sie gründen die »Taboo-Breaking-Group«, die durch Öffentlichkeitsarbeit die Mauer des Schweigens einreißen soll. Den Durchbruch bringt eine Radiosendung. Der Moderator liest den Brief eines ratlosen vergewaltigten Mädchens vor; immer wieder überlege sie sich, es ihrem Freund zu erzählen, aber der sage stets: »Wenn meine Freundin vergewaltigt worden wäre, dann würde ich mich von ihr trennen!« Die ersten Hörer, die nun in der Sendung anrufen können, raten dem Mädchen, unbedingt weiterhin zu schweigen. Dann meldet sich eine *Medica-Kosova*-Beraterin zu Wort und fordert das Mädchen und alle anderen Betroffenen auf zu sprechen. Jetzt ist der Damm gebrochen. Eine Anruferin nach der anderen fordert, dass die Frauen endlich reden müssten. Immer öfter ist nun eine Frau des *Medica-Kosova*-Teams zu Gast in einer Sendung, berichtet von ihren Erfahrungen und beantwortet die Fragen der Hörerinnen und Hörer. »Wir können sagen, dass wir es geschafft haben, dass über sexualisierte Gewalt gesprochen wird«, freut sich Femiye Luhza.

Im Jahr 2004 ist es so weit: Zehn der zwölf angehenden psychosozialen Beraterinnen legen bei Professor Willi Butollo in Priština ihr Examen ab. Der Traumaexperte befindet das Ergebnis für »hervorragend«.

Zu diesem Zeitpunkt ist das Curriculum von *medica mondiale* schon wieder in einem anderen Teil der Welt im Einsatz: Afghanistan.

9 | »Damit die Welt es erfährt« – *medica mondiale* und die Kriegsverbrechertribunale

Emina wollte nicht nach Den Haag. Sie konnte sich nicht vorstellen, das, was sie erlebt und erlitten hatte, in einem Gerichtssaal vor fremden Menschen noch einmal zu erzählen, und das auch noch im Angesicht der Täter. Wie sie morgens den Lärm der Soldaten in ihrem Dorf hörten und ihr Sohn die Treppe hinunterging, um nachzusehen, und wie daraufhin die Schüsse fielen und der Sohn zusammensackte. Und wie sie ihren Mann und ihre drei Schwiegersöhne umbrachten. Was an diesem Aprilmorgen 1993 geschieht, wird als Massaker von Ahmići in die Geschichte des Bosnienkriegs eingehen: als der Moment, in dem die kroatische HVO-Armee in den Krieg eintrat und die Front von der anderen Seite eröffnete. Von den 356 Einwohnerinnen und Einwohnern des mittelbosnischen Dorfes, die bis dato friedlich mit ihren kroatischen Nachbarn zusammengelebt hatten, wurden an diesem Tag 116 ermordet.

Emina und ihre Tochter Senada überleben. Sie flüchten nach Zenica und landen im Therapiezentrum in der Pionirska Straße. »Ohne *Medica* wäre ich verrückt geworden«, ist sich Emina sicher. Als sie nach einigen Monaten ihr Bett räumen sollte, um Platz für eine neue Klientin zu schaffen, warf sie mit dem Mobiliar nach den Mitarbeiterinnen. Heute lebt sie allein in ihrer kleinen Wohnung, deren adrettes himmelblau-weißes Innenleben mit Sofakissen und Spitzendeckchen man hinter der schmutzig grauen Fassade des maroden Plattenbaus mit seinen müllverdreckten Fluren nicht vermuten würde.

Sie mag 60 sein. Schwer zu sagen, wie sie aussähe, wenn sie

das Geld hätte, ihre fehlenden Zähne zu ersetzen und sich den grauen Haaransatz rechtzeitig nachzufärben. Und wenn sie das alles nicht erlebt hätte. Ihre Tochter war 15 am Tag des Überfalls auf ihr Dorf. »Sie ist sehr intelligent und wollte Medizin studieren«, lächelt die stolze Mutter. Zuerst zeigt Senada überhaupt keine Symptome, aber ein halbes Jahr nach dem Massaker entwickelt das Mädchen eine multiple Persönlichkeit – die extremste Form der Abspaltung eines traumatischen Ereignisses. »Sie nannte sich plötzlich Nancy und sprach nur noch Englisch«, erinnert sich Marijana Senjak.

Als die Mitarbeiterinnen von *Medica Zenica* Emina von dem Kriegsverbrechertribunal in Den Haag berichten, das Zeuginnen für das Massaker von Ahmići sucht, wehrt sie erschrocken ab. »Aber dann haben diese Träume angefangen«, erzählt sie. Es sind immer dieselben. Emina träumt von einer Wiese, auf der statt Blumen Kinder wachsen, und diese Kinder haben blutende Köpfe und »schauten mich vorwurfsvoll an. Ich habe verstanden, dass sie mir etwas sagen wollten. Und schließlich habe ich gesagt: Gut, ich gehe!«.

Im Februar 1993 beschließen die Vereinten Nationen, dass ein Internationaler Strafgerichtshof die Verstöße gegen das Völkerrecht im Jugoslawienkrieg ahnden soll. Monika Hauser und ihre Kolleginnen begreifen sofort, wie wichtig es ist, hier Einfluss zu nehmen. Denn so bedeutend die Chance erscheint, dass die Massenvergewaltigungen von diesem Gericht verurteilt und damit als Kriegsverbrechen behandelt werden, so groß ist auch die Gefahr, dass man gerade die sexuellen Gewalttaten für nebensächlich befinden wird und sie in den Anklageschriften womöglich gar nicht erst auftauchen. So wie bei den Nürnberger Prozessen, deren Ankläger darauf verzichteten, die Verbrechen gegen die weibliche Zivilbevölkerung der überfallenen Nationen in ihre Liste der Straftaten aufzunehmen. Dabei hatte es weder an einer rechtlichen Grundlage noch an Beweismaterial gemangelt.

Als die Nürnberger Prozesse im November 1945 begannen, lag der Gerichtsbarkeit eine völkerrechtliche Vereinbarung zugrunde: die Haager Konvention über die Gesetze und Gebräuche des Krieges von 1899, die man 1907 um das Verbot von Vergewaltigungen ergänzt hatte. Bezeichnenderweise steht bei diesem Verbot allerdings nicht die Verletzung der Frau im Mittelpunkt, sondern die Ehre des Mannes. Die Krieg führenden Parteien werden aufgefordert, »die Ehre und die Rechte der Familie zu achten«. Das zweite internationale Abkommen zur Kriegführung, die Genfer Konvention – die auch Bürgerkriege mit einschließt –, nimmt Vergewaltigung erst nach dem Zweiten Weltkrieg auf. Zwar nennt die Konvention das Verbrechen beim Namen, aber auch sie kommt nicht ohne den Ehrbegriff als das eigentlich zu schützende Gut aus.

Obwohl bei den Nürnberger Prozessen Verstöße gegen die Haager Konvention und Verbrechen gegen die Menschlichkeit geahndet werden, sind Vergewaltigungen oder Zwangsprostitution, wie sie zum Beispiel in KZ-Bordellen vorkamen, keine Anklagepunkte; noch gelten diese Verbrechen als Kollateralschaden des Krieges.

Diese Ignoranz darf sich vor dem Kriegsverbrechertribunal in Den Haag nicht wiederholen. Aber ein knappes halbes Jahrhundert nach Nürnberg, 20 Jahre nach Aufbruch der Frauenbewegung in Europa und wenige Monate nachdem Journalisten die Massenvergewaltigungen in Bosnien massiv in die Medien katapultiert haben, ist die Gesellschaft eine andere. Was die bosnischen Frauen mutig berichtet haben – und zwar noch während des Kriegsgeschehens –, ist auf der ganzen Welt registriert wor-

den und hat eine Lawine ausgelöst. Die koreanischen »Trost-
frauen«, die während des Zweiten Weltkriegs zu Zehntausen-
den verschleppt wurden und japanischen Soldaten als Prostituierte dienen mussten, beginnen ebenso zu sprechen wie die
alten Frauen in Deutschland über ihre Erlebnisse mit den Soldaten der Siegermächte. Der Druck ist immens, Den Haag muss
die sexualisierte Kriegsgewalt nun als das behandeln, was sie ist:
ein Kriegsverbrechen.

Nachdem der Internationale Strafgerichtshof im Mai 1993
seine Arbeit aufgenommen hat, dauert es ein knappes Jahr, bis
aus Den Haag die erste Anfrage nach Zeuginnen bei *Medica Zenica* eintrifft. Das stellt das Team vor eine schwierige Aufgabe:
Einerseits steht die Unterstützung für das Kriegsverbrechertribunal außer Frage, denn dies ist eine historische Chance, dass der
Straflosigkeit der Kriegsvergewaltigungen endlich ein Ende gesetzt wird; andererseits wissen die Mitarbeiterinnen um die Gefahr, dass die potenziellen Zeuginnen durch die Begegnung mit
den Tätern, von skrupellosen Verteidigern oder unsensiblen An-
klagevertretern verletzt und retraumatisiert werden. »Uns war
bewusst, dass wir eine große Verantwortung den Frauen gegenüber hatten, weil sie uns vertrauten und wir dieses Vertrauen
nicht durch Beeinflussung missbrauchen wollten«, unterstreicht
Gabi Mischkowski, die 1994 mehrere Monate in Zenica verbringt. »Auch wenn wir selbst die Strafverfolgung der Vergewaltigungen unbedingt anstrebten, wir durften niemanden zu einer
Aussage drängen.« Die bosnische Regierung setzt die Frauen
moralisch unter Druck, »für ihr Land« vor dem Tribunal auszusagen, aber weder Dankbarkeit noch nationalistisches Kalkül
dürfen ein Grund dafür sein. Das *Medica*-Team fasst also einen
Entschluss: Man will den Klientinnen weder zu- noch abraten.
Stattdessen sollen sie umfassend informiert werden über das, was

sie als Zeuginnen vor dem Tribunal in Den Haag erwartet, welche positiven, aber auch negativen Auswirkungen eine Aussage auf ihr weiteres Leben haben könnte. Auf dieser Grundlage sollen sie selbst entscheiden und dabei wissen, dass sie so oder so unterstützt werden. Um sich ein Bild vom Ablauf der Prozesse und dem Umgang mit den Zeuginnen zu machen, reist Gabi Mischkowski nach Den Haag. Es ist der Auftakt einer jahrelangen Beobachtung und Begleitung der Tribunale, die bis heute andauert.

Als Mischkowski nach Zenica zurückkommt, ist ihr Urteil zwiespältig. Einerseits weiß der Gerichtshof um die überaus große Verletzlichkeit der Zeuginnen und richtet deshalb eine Spezialabteilung zur Ermittlung sexueller Straftaten ein. Der erste Chefankläger des Tribunals, Richard Goldstone, erklärt unmissverständlich: »Wir wollen Vergewaltigung ins Völkerstrafrecht einschreiben.« Mit Patricia Sellers wird eine Sonderbeauftragte eingesetzt, die Ermittlungs- und Anklagestrategien speziell für Vergewaltigungsfälle entwickeln soll. Außerdem existiert eine Abteilung für Zeugenschutz, und es ist möglich, dass die Zeugin ihre Aussage unter Ausschluss der Öffentlichkeit macht oder unter Benutzung eines Pseudonyms. Die Prozessordnung verbietet darüber hinaus, das sexuelle Vorleben der Zeugin gegen sie ins Spiel zu bringen. Sie untersagt sogar, darauf zu plädieren, die Zeugin hätte in die Vergewaltigung eingewilligt. Es macht sich bemerkbar, dass der Gerichtshof im Vorfeld seine Vorbereitungskommission auch zu den Frauenorganisationen geschickt hatte, um mit ihnen über ihre Empfehlungen für Prozessordnung und Zeuginnenschutz zu sprechen – an diesem Treffen in Genf nahm auch *medica mondiale* teil.

Andererseits stellt Prozessbeobachterin Mischkowski fest, dass all die guten Absichten nichts daran ändern, dass eine Aussage für eine Zeugin eine enorme Belastung bedeutet: »Das Setting vor Gericht ist grundsätzlich respekteinflößend und einschüchternd. Eine Zeugin kann leicht das Gefühl bekommen, dass sie mit ihrer Geschichte und dem, was ihr auf der Seele brennt, überhaupt keine Rolle spielt. Sie soll gefälligst nur exakt auf die gestellte Frage antworten und nicht ausschweifen.« Natürlich wendet die Verteidigung all jene Strategien an, die aus nationalen Vergewaltigungsprozessen zur Genüge bekannt sind: »Sie haben versucht, die Zeuginnen rund um das Thema Sexualität zu verunsichern. Frauen, die bei ihrer Verschleppung zufällig ihre Antibabypille in ihrer Tasche hatten, wurden gefragt: ›Wieso haben Sie eigentlich die Pille mit ins Lager gebracht?‹ Natürlich kommt kein normaler Mensch auf die Idee, dass eine Frau die Pille mit ins Lager bringt, weil sie dort mit den Soldaten schlafen will. Aber diese Assoziation entsteht sofort – allein schon durch die Frage. Die Zeugin fühlt sich angegriffen, reagiert emotional, widerspricht sich vielleicht, was die Verteidigung dann wieder als Beweis ihrer Unzuverlässigkeit anführt.« Die Verteidigung unterstellt den Zeuginnen Liebesverhältnisse mit den Angeklagten, die wiederum behaupten, die Zeuginnen hätten sie »verführt«. Bei einer Zeugin, deren Periode aufgrund der schrecklichen Umstände ausblieb, wurde damals die Fehldiagnose »Schwangerschaft« gestellt. Ewig lang reitet die Verteidigung nun auf diesem ärztlichen Attest herum und unterstellt ihr, sie habe gelogen, als sie sagte, sie sei nicht schwanger gewesen. »Es war klar, dass die Frau diese Unterstellung sowohl einer Schwangerschaft und möglichen Abtreibung als auch der Lüge furchtbar fand. Sie ist bei dieser Befragung fast zusammengebrochen. Okay, die Verteidigung macht ihren Job. Aber das Schlimme ist, dass in den meisten Fällen das Gericht nicht eingreift, auch wenn die Verteidigung sämtliche Grenzen überschreitet.«

Das Kriegsverbrechertribunal ist international besetzt, weshalb verschiedene Prozessgepflogenheiten aufeinandertreffen. So erweist sich das Kreuzverhör-Prozedere der angelsächsischen Tradition als »extrem zeuginnenfeindlich«. Die Richter stellen so gut wie keine Fragen, und falls doch, sprechen manche die Zeugin nicht direkt an, sondern reden über sie in der dritten Person mit dem Ankläger. »Das war eine solche Respektlosigkeit der Frau gegenüber – da stockte mir manchmal der Atem«, empört sich Gabi Mischkowski.

Die Beobachterin des Kriegstribunals und ihre *Medica-mondiale*-Kolleginnen ziehen aus alledem zunächst den Schluss, dass die Frauen, die sich zur Aussage entschließen, extrem gut vorbereitet werden müssen.

Und noch ein Problem kommt hinzu: Der Zeuginnenschutz funktioniert nicht. Zum einen gilt der physische Schutz ohnehin nur für den Aufenthalt in Den Haag beziehungsweise die Fahrt hin und zurück. Zum anderen besagt die Prozessordnung, dass die Verteidigung – und damit auch der Angeklagte – das Recht hat, sechs Wochen vor Prozessbeginn die Namen aller Zeuginnen der Anklage zu erfahren. Damit ist die völlige Anonymität der Frauen schon von vornherein ausgeschlossen. Aber auch bei den Maßnahmen, die die angereisten Zeuginnen am Verhandlungsort schützen sollen, kommt es, zumindest in den ersten Jahren, häufig zu absurden Missgeschicken. Da werden die Aussagewilligen gemeinsam in einem Hotel untergebracht, sodass sich alle Beteiligten beim Frühstück im Speisesaal begegnen – bisweilen auch Zeugen der Anklage und der Verteidigung. Oder eine Zeugin findet beim Flug nach Den Haag die Plätze um sich herum von der Verwandtschaft des Angeklagten besetzt.

Nachdem sich Monika Hauser bei einem zweiwöchigen Aufenthalt in Bosnien über die Lage informiert und in Zenica und

Deutschland mit potenziellen Zeuginnen gesprochen hat, geht sie im Mai 1995 an die Presse und prangert die inakzeptablen Zustände an. Die »Abteilung für Opfer und Zeugen« in Den Haag habe »bisher kein Konzept vorzuweisen«, beanstandet sie. Es sei ungeklärt, wer die Zeuginnen am Flughafen abhole, wie sie nicht nur während ihres Aufenthalts in Den Haag, sondern auch später in ihrer Heimat geschützt werden könnten und wie die psychologische Nachbetreuung aussehe.

Der mediale Druck zeigt Wirkung: *Medica mondiale* schließt eine Vereinbarung mit Nancy Patterson, der Leiterin der Spezialabteilung für sexualisierte Gewalt. Darin wird den Zeuginnen nicht nur ein respektvoller Umgang und besserer Schutz zugesichert, sondern auch das Recht, jederzeit wieder von der Aussage zurücktreten zu können. Die Ermittlerinnen, die vor Ort nach Zeuginnen suchen, verpflichten sich, die *Medica*-Klientinnen nur nach Rücksprache mit dem *Medica*-Team zu kontaktieren. Befragungen der Klientin, die zunächst in Bosnien durchgeführt werden, dürfen nur in Gegenwart einer Therapeutin erfolgen. Chefin Patterson unterschreibt.

Dennoch gerät *medica mondiale* selbst bald ins Kreuzfeuer der Verteidigung. Die Anamnesebögen der Therapeutinnen und ihre Falldokumentationen spielen in den Prozessen eine nicht unbedeutende Rolle. Die Anwälte der Angeklagten versuchen daher, die Arbeit der Psychologinnen im Therapiezentrum zu unterminieren, indem sie einzelne Methoden als Beeinflussung der Klientinnen diskreditieren. »Zum Beispiel sagten sie, die Imagination, also die Arbeit mit inneren Bildern, sei praktisch eine Form der Hypnose«, erzählt Marijana Senjak. »Wir würden den Frauen falsche Erinnerungen suggerieren.« Als das nicht funktioniert, fährt die Verteidigung stärkere Geschütze auf: Die Psychologinnen von *Medica Zenica,* heißt es nun, seien gar nicht befugt, therapeutisch zu arbeiten. Sie hätten keinen entsprechenden Universitätsabschluss, ihre Diagnosen angeblicher Traumatisierungen seien folglich wertlos. Auch dieser Versuch wird abgeschmettert. In einem nächsten Fall versuchen die Anwälte, die Diagnose »Trauma« gegen die Zeugin zu verwenden: Man wisse schließlich, dass Traumatisierte zum »false memory syndrome« neigten, auf ihre Erinnerungen also kein Verlass sei. Diesmal wird es schwierig: Die zutiefst verunsicherte Frau, die bei *Medica Zenica* in ambulanter Behandlung war, versucht nun zu versichern, dass sie gar nicht traumatisiert sei – und bringt damit sich und die Anklage in eine Zwickmühle.

Trotz all dieser Steine, die den Zeuginnen in den Weg gelegt werden, und obwohl nicht alle Anklagevertreter gleichermaßen willens sind, sexualisierte Gewalt in ihre Anklageschriften aufzunehmen, fällt das Jugoslawien-Tribunal bahnbrechende Urteile, mit denen in Sachen Kriegsvergewaltigungen Geschichte geschrieben wird. Historisch besonders bedeutsam ist der Richterspruch, der am 22. Februar 2001 fällt: Im sogenannten Foča-Prozess – benannt nach der südbosnischen Stadt, in der sich ein Großteil der verhandelten Verbrechen abspielte – qualifiziert das Gericht organisierte Vergewaltigung als »sexuelle Versklavung« und verurteilt sie als »Verbrechen gegen die Menschlichkeit«. Anders als in vorausgegangenen Verfahren geht es in diesem Prozess ausschließlich um sexualisierte Gewalt gegen Frauen. Das hatte es bisher noch vor keinem internationalen Strafgericht, das sich mit Kriegsgewalt befasste, gegeben.

Im April 1992 hatten serbische Armeeeinheiten gemeinsam mit paramilitärischen Gruppen die 14 000 Einwohner zählende Stadt Foča besetzt und sofort damit begonnen, die muslimische und kroatische Bevölkerung zu verhaften. Männer und Frauen wurden getrennt. Während die Männer häufig sofort getötet oder in das Gefängnis von Foča gebracht wurden, verschleppte man Frauen und Mädchen in Schulen, Hotels und andere Gebäude. Dort begann für viele ein teilweise monatelanges sexuelles Martyrium.

Medica mondiale dokumentiert diesen Prozess ausführlich. Zum einen, weil das Verfahren, an dessen Ende die drei Angeklagten Dragoljub Kunarač, Radomir Kovač und Zoran Vuković zu 28, 20 und 12 Jahren Haft verurteilt werden, ein weltweites Zeichen setzt. Zum anderen »ist es uns ein Anliegen, aber auch eine Verpflichtung, den Frauen eine Stimme zu geben, die den Mut und die Kraft hatten, vor Gericht zu erscheinen, dort über ihre Erfahrungen zu berichten und die Konfrontation mit den Tätern auszuhalten«. Viele der insgesamt 31 Zeuginnen, die in dem Verfahren aussagen, 15 davon bewusst im Beisein der Öffentlichkeit, antworten auf die Frage, warum sie sich dieser neuerlichen Tortur aussetzen: »Wir wollen, dass die Welt davon erfährt!«

Und so erfährt die Welt von den schrecklichen Ereignissen, die sich zwischen April 1992 und Februar 1993 in Foča zutrugen. Von den Aussagen der »Zeugin 75«, der man befahl, »die Wahrheit zu sagen, sonst würde die ganze Gruppe vergewaltigt«, und die »nur bis zum Zehnten bei Bewusstsein« war. Oder den Berichten von »Zeugin 51«, deren 15-jährige Tochter sie nach ihrer Vergewaltigung fragte: »Warum hast du mich nicht in den Fluss geschmissen?« Sie hört von den grotesken Ausflüchten der Angeklagten, die behaupten, von den Mädchen »verführt« worden zu sein, und von den Verteidigern, die in erbarmungslosen Kreuzverhören den Opfern immer wieder unterstellen, sie hätten doch offenbar ihre Einwilligung in den Geschlechtsverkehr gegeben – obwohl dies laut Gerichtsstatut eigentlich gar nicht zulässig ist. Und von den deutlichen Worten, die Richterin Florence Mumba aus Sambia bei der Urteilsverkündung den Angeklagten gegenüber findet: »Mittels Ihrer Autorität hätten Sie das Leiden der Frauen leicht beenden können«, bedeutet sie dem Hauptangeklagten Dragoljub Kunarač. »Ihre aktive Teilnahme an diesem albtraumhaften Szenario sexueller Ausbeutung ist deshalb umso widerwärtiger. Sie haben Frauen und Mädchen nicht nur misshandelt, Sie haben auch ihre Überführung an andere Orte organisiert, wo sie, wie Sie sehr wohl wussten, von anderen Soldaten vergewaltigt und misshandelt wurden. Dieses Verhalten verlangt nach einer harten Strafe, angemessen der Schwere Ihrer Verbrechen.«[17] Kunarač bekommt 28 Jahre, die zweithöchste Strafe, die das Den Haager Tribunal überhaupt verhängt.

Ein Jahr nach dem wegweisenden Foča-Urteil ratifizieren 139 Staaten das Statut für den sogenannten Weltstrafgerichtshof. Im Gegensatz zu den Ad-hoc-Tribunalen von Den Haag und Arusha – wo 1994 nach dem Völkermord in Ruanda ebenfalls ein Kriegsverbrechertribunal eingerichtet wurde – soll dieses »Weltgericht« als permanente Einrichtung fungieren, um Verstöße gegen das Völkerrecht zu ahnden. Und wieder ist es maßgeblich den Frauenorganisationen zu verdanken, dass die Errungenschaften aus Den Haag und Arusha nicht nur erhalten bleiben, sondern ausgeweitet werden. Seit dem Gründungsbeschluss im Jahr 1998 haben sich über 200 Nichtregierungsorganisationen aus aller Welt an den weiteren Verhandlungen zur konkreten Ausgestaltung des Gerichtshofs, die bis 2001 alle drei Monate in New York stattfanden, beteiligt. Wieder ist Historikerin Mischkowski als Vertreterin von *medica mondiale* dabei. Sie ist Teil des Women's Caucus for Gender Justice, einer Gruppe internationaler Juristinnen und Aktivistinnen, deren Ziel es ist, im neuen Weltstrafgerichtshof eine geschlechtsspezifische Perspektive zu verankern.

Aus ihren Prozessbeobachtungen in Den Haag hat Mischkowski vor allem eins gelernt: »Die Zeugin ist erneut in einer Situation, in der sie keine Kontrolle über das Geschehen hat. Eine meiner Hauptaufgaben in New York war deshalb, mit dafür zu sorgen, dass die Zeugen und Zeuginnen das Recht auf eine eigene Rechtsvertretung erhielten, das heißt auf den Beistand einer Person, die nur für sie da ist und ihre Interessen vertritt – nicht die der Anklage, nicht die des Angeklagten und nicht die des Richters.« Diese Vorstellung stößt vor allem bei den vom angelsächsischen Recht geprägten Regierungsvertretern auf großen Widerstand. Sie setzen auf das von zwei Seiten auszufechtende Kreuzverhör, das eine aktive Mitwirkung der Geschädigten als Dritte, zum Beispiel durch eine Nebenklage, nicht zulässt. Mitstreiter finden sich jedoch unter den meisten Nichtregierungsorganisationen und den kontinentaleuropäischen Regierungen. Am Ende der langwierigen Auseinandersetzungen steht ein Kompromiss: Zeuginnen und Zeugen können das Prozessgeschehen durch eine selbst gewählte Rechtsvertretung mit beeinflussen, allerdings müssen sie für die Kosten aufkommen, und das Gericht entscheidet von Fall zu Fall über das Ausmaß der Beteiligung.

Auch ansonsten gibt es einige Erfolge zu verzeichnen: Das Statut des Internationalen Strafgerichtshofs führt Vergewaltigung ebenso als Kriegsverbrechen und Verbrechen gegen die Menschlichkeit auf wie sexuelle Sklaverei, Zwangsprostitution oder erzwungene Schwangerschaften. Das Geschlecht einer Person wird als Verfolgungsgrund anerkannt und jegliche diesbezügliche Diskriminierung ausgeschlossen. Anklagebehörde und Kanzlei des Gerichtshofs müssen geschlechtsspezifisch geschultes Personal einstellen, das Qualifikationen im Hinblick auf Trauma und sexualisierte Gewalt vorweisen kann. Besonders wichtig: Das Opfer hat das Recht auf eine Entschädigung; außerdem besteht das

Statut auf einer nach Geschlechtern ausgewogenen Besetzung der Posten der Richterinnen und Richter, der Anklagevertreterinnen und -vertreter. Rückschritte sind allerdings auch zu beklagen: Die Position der Sonderermittlerin für geschlechtsspezifische Verbrechen, die, sagt Gabi Mischkowski, in Den Haag »Unglaubliches geleistet hat«, wurde abgeschafft; zunächst mit der Begründung, es sei kein Geld für eine solche Stelle vorhanden, dann – nachdem Mitglieder des Women's Caucus for Gender Justice sich darüber empört hatten –, weil man angeblich keine geeignete Kandidatin für die Besetzung des Postens gefunden habe. Ein wirksamer Schutz der Zeuginnen ist immer noch nicht verankert. Und auch bei der Definition der »Verbrechen gegen die Menschlichkeit« gibt es einen Haken: Zunächst waren diese Verbrechen als »weitverbreiteter oder systematischer Angriff auf die Zivilbevölkerung« definiert worden – auch außerhalb von Kriegen. Darunter würden aber theoretisch auch staatlich tolerierte Attacken auf die Unversehrtheit großer Teile der weiblichen Bevölkerung fallen: Genitalverstümmelung oder Zwangsverheiratungen könnten demzufolge vom Weltstrafgericht als »Verbrechen gegen die Menschlichkeit« geahndet werden. So weit wollten es einige der Unterzeichner-Staaten dann doch nicht kommen lassen. Insbesondere einige arabische Länder erkämpften schließlich einen Kompromiss: Der Straftatbestand liegt nur dann vor, wenn ein Staat oder eine organisierte Körperschaft »aktiv« am Verbrechen beteiligt ist. Die meisten dieser weitverbreiteten frauenfeindlichen Praxen gelten jedoch als Privatangelegenheit und werden gerade durch staatliche Passivität gefördert. Dennoch ist eine Strafverfolgung des Staates, der sie duldet, nun quasi ausgeschlossen.

Trotzdem ist *medica mondiale* mit dem bisher Erreichten nicht völlig unzufrieden – zumindest, was die Theorie anbelangt, auf die der Internationale Strafgerichtshof nun fußt. »Wenn ich dem Gerichtshof Noten erteilen sollte, würde ich sagen: Für die rechtlichen Grundlagen eine Zwei – und für die praktische Umsetzung eine Sechs minus.« Denn im ersten Prozess, der demnächst verhandelt wird, geht es um die Zwangsrekrutierung von Kindersoldaten in der Demokratischen Republik Kongo ohne jegliche Berücksichtigung des speziellen Schicksals weiblicher Kindersoldatinnen. Den dortigen Ermittlerteams mangelt es wieder einmal an Sensibilität, stellt Gabi Mischkowski fest. »Da laufen Frauen, die noch nie ihr Dorf verlassen haben, vier Tage durch den Busch, um ihre Aussage zu machen, und dann sagt ihnen der Ermittler: ›Ach nein, heute geht es doch nicht!‹« Dass dieser Ermittler eine Ermittlerin und der Übersetzer eine Übersetzerin sein sollte, ist ebenfalls immer noch keine Selbstverständlichkeit.

Auch vor bosnischen Gerichten ist die Lage besorgniserregend. Bis spätestens 2010 wird Den Haag alle laufenden Verfahren aus dem Jugoslawienkrieg abwickeln. Einige Verfahren werden schon jetzt an Gerichte in Bosnien-Herzegowina übergeben, die seit 2006 auch eigene Kriegsverbrecherprozesse durchführen. Die als besonders heikel eingestuften Fälle, häufig solche mit Vergewaltigungsanklagen, werden ausschließlich vor einer zentralen Kriegsverbrecherkammer mit internationaler Beteiligung verhandelt. Gabi Mischkowski beobachtet auch hier im Auftrag von *medica mondiale* genau die Entwicklungen und seufzt: »Wir fangen immer wieder von vorne an.« Die Befragungen der Zeuginnen sind unsensibel, von wirksamem Schutz kann oft keine Rede sein, »die Namen der Zeuginnen sickern immer wieder irgendwie durch, und manche Richter sind der Meinung, dass einem Mann, der eine Frau während der Kriegshandlungen mit vorgehaltener Waffe vergewaltigt, mildernde Umstände zustehen, wenn er zum Beispiel vor dem Krieg mit dem Opfer ein Verhältnis hatte«.

Um herauszufinden, wie die Zeuginnen selbst ihre Erfahrungen vor Gericht einschätzen, ob sie ein Gefühl der Genugtuung davongetragen haben oder womöglich das Gegenteil, führt die Kriegstribunal-Expertin zusammen mit einer Psychologin im Auftrag von *medica mondiale* die weltweit erste Studie zu diesem Thema durch. Außerdem organisiert sie im September 2008 für *medica mondiale* eine internationale Tagung: »Auf der Suche nach Gerechtigkeit. Wie gehen Nachkriegsgesellschaften mit sexualisierter Kriegsgewalt gegen Frauen und Mädchen um?« Juristinnen, darunter auch Ermittlerinnen und Richterinnen von Kriegsverbrechertribunalen, werden gemeinsam mit Aktivistinnen aus Kriegs- und Krisenländern die bisherige Praxis von Wahrheitsfindung und Verfolgung sexualisierter Kriegsgewalt kritisch unter die Lupe nehmen, Veränderungsvorschläge erarbeiten und nach Alternativen Ausschau halten, die den betroffenen Frauen ein Stück praktische Gerechtigkeit widerfahren lassen. Denn trotz aller Kritik – *medica mondiale* weiß um die Bedeutung der internationalen Strafgerichtshöfe und will deshalb weiterhin Einfluss nehmen. »Diese Prozesse sind Meilensteine auf dem Weg, der Straflosigkeit dieser Verbrechen gegen Frauen endlich ein Ende zu setzen. Sie tragen wesentlich dazu bei, die spezifisch gegen Frauen und Mädchen gerichtete Gewalt nicht erneut aus dem öffentlichen Gedächtnis zu verdrängen, so als sei nichts geschehen«, sagt Gabi Mischkowski. »Und es gibt vermutlich nichts Stärkeres, als dem Täter gegenüberzutreten und ihm zu sagen: Du hast mich nicht gebrochen!«

In ihrer kleinen blitzsauberen Wohnung in dem schmutzig grauen Plattenbau sitzt Emina und erzählt, wie sie im Gerichtssaal in diesem Kasten saß, aus dem ihre Stimme verzerrt drang, damit man sie nicht erkennt. Kein Wort davon, dass es schlimm war, den Täter wiederzusehen. Nur Stolz, dass sie es geschafft hat. 1999 war das. Und die Vergangenheit ist noch lange nicht vorbei. Kürzlich musste sie am Bein operiert werden; dort, wo sie damals bei dem Überfall Schläge abbekommen hatte, hat sich eine Geschwulst gebildet. Sie sollte entfernt werden, bei örtlicher Betäubung. Als der Arzt seinen ersten Schnitt ausführte und Emina das ganze Blut sah, ist sie ausgerastet, kollabiert, zusammengeklappt. Die Operation musste abgebrochen werden. Der Arzt, der um die Vorgeschichte seiner Patientin wusste, war nicht auf die Idee gekommen, dass das Blut die Bilder vom Tag des Massakers wieder aufsteigen lassen könnte.

Emina stemmt sich ächzend aus ihrem Sessel und holt etwas aus der Küchenschublade. Der Nachbar, ein Serbe, hat es ihr in den Briefkasten geworfen, nachdem sie sich über den Gestank aus seiner Wohnung beschwert hatte. Es ist eine Seite aus einem Pornoheft. Sie zeigt eine kniende Frau beim Oralverkehr mit einem Mann. Was der Nachbar neben das Bild geschrieben hat, möchten weder Emina noch Marijana Senjak übersetzen.

Der Täter von damals hat nur acht Jahre bekommen, in einigen Wochen wird er wieder auf freiem Fuß sein. Vor ein paar Tagen hat Emina die ersten Drohanrufe bekommen, von seiner Frau. »Wenn er wieder da ist, wird er sich mit dir beschäftigen.« Den Haag ist nicht mehr zuständig.

10 | Die Russen, die Mudschaheddin, die Taliban – der ewige Krieg gegen die afghanischen Frauen

Der 11. September 2001, ein Dienstag, beginnt für Monika Hauser, wie für die meisten anderen Menschen auch, als ganz normaler Arbeitstag. Bis die damalige Pressesprecherin Isabella Stock, die stets online ist und im Internet regelmäßig die aktuellen Nachrichten verfolgt, sie hinter ihrem Schreibtisch hervorschreit. Fassungslos verfolgen Hauser und das *Medica-mondiale*-Team am Fernseher im Konferenzraum die unglaublichen Bilder der Flugzeuge, die in die Twin Towers krachen und sie einstürzen lassen. »An Arbeit war an diesem Tag nicht mehr zu denken«, so Monika Hauser. »Und es dauerte einen Moment, bis wir ahnten, was das weltgeschichtlich für Konsequenzen haben könnte.« Auch für die künftige Arbeit von *medica mondiale* in Afghanistan werden dieser historische Tag und seine Folgen eine große Bedeutung haben.

Bisher hatte Monika Hauser die katastrophale Lage der Frauen unter der Taliban-Herrschaft »nur total verdrängen können«. Denn die Überlegungen, was *medica mondiale* in Afghanistan tun könnte, endeten immer mit dem gleichen Ergebnis: Unter diesem Terror-Regime geht gar nichts. »Wir brauchen ja ein Minimum an Strukturen, um in einem Land arbeiten zu können.« Und so blieb jahrelang nur das innere Beiseiteschieben vor dem Grauen der Frauen, die aus ihren Berufen verdrängt, unter die Burka in die Unsichtbarkeit gezwungen und im Kabuler Sportstadion gesteinigt wurden. »Das Taliban-Regime war die Reinkultur dessen, wogegen wir kämpfen. Es war für mich eine unglaublich schmerzhafte Vorstellung, dass wir

06 | Afghanistan

absolut nichts tun konnten, dass uns die Hände gebunden waren.«

Das ändert sich in den Wochen nach dem 11. September. Im Oktober marschieren die US-Truppen in Afghanistan ein und beginnen mit der Vertreibung der Taliban. Eine Begründung für die Besetzung des Landes – neben der Bekämpfung der Terrorzellen von Osama bin Ladens El Kaida – lautet, die Frauen aus ihrer schrecklichen Lage befreien zu wollen; ein Argument, das Monika Hauser bis heute zynisch findet. Nicht nur, weil die USA die islamischen Fundamentalisten als Gegenpart zur sowjetischen Besatzungsmacht selbst hochgezüchtet und bewaffnet hatten, sondern auch, weil Amerika nach der Machtergreifung der Taliban »in Washington mit ihnen an einem Tisch saß und über Öl-Pipelines verhandelte. Damals hat niemand darüber gesprochen, wie es den Frauen geht; um die ging es bei der ganzen Geschichte nie«. Und so beobachtet Hauser mit großer Skepsis, wie George W. Bush »die Chance, nach dieser Tragödie einen Moment innezuhalten«, verschenkt und in bester Cowboy-Manier zum Rachefeldzug bläst. »Gleichzeitig«, gibt sie zu, »eröffnete uns der Einmarsch die Möglichkeit, dass wir nach Afghanistan gehen konnten.«

Wenn allerdings jemand Monika Hauser in jenem Oktober 2001 gesagt hätte, dass Afghanistan in nicht allzu ferner Zukunft das größte und kräftezehrendste Einsatzgebiet der Organisation sein würde, hätte sie ihm zweifellos den Vogel gezeigt. Denn zu diesem Zeitpunkt ist *medica* immer noch eine vergleichsweise kleine Organisation. »Wir hatten alle Hände voll mit *Medica Kosova* und *Medica Tirana* zu tun, deshalb beschlossen wir, so schnell keine eigenen größeren Projekte in Afghanistan zu starten.«

Folglich macht sich *medica mondiale* auf die Suche nach Kooperationspartnerinnen; eine solche wird zunächst Siba Shakib,

07 | Afghanistan

die Autorin des erschütternden Buchs »Nach Afghanistan kommt Gott nur noch zum Weinen«. »Wir haben Lesungen mit ihr veranstaltet und so gemeinsam versucht, in Deutschland eine Öffentlichkeit für das Thema Frauen in Afghanistan herzustellen.« Mit der afghanischen Ärztin Sima Samar, die aus dem pakistanischen Exil mit ihrer Organisation Shuhada Frauen und Kinder in Flüchtlingslagern unterstützt, entsteht rasch ein realisierbarer Vorschlag für die Arbeit im Land selbst: ein Frauenhaus, in dem traumatisierte Frauen, mittellose Witwen oder aus ihren Familien geflüchtete Mädchen Zuflucht finden können. Die Vereinbarung: Sima Samar, die bald darauf die erste afghanische Frauenministerin werden wird, sorgt mit Shuhada für das Personal, *medica mondiale* für das fachliche Konzept und mit einem Spendenaufruf für das Geld. Im Januar 2002 eröffnet in einer Villa im Westen von Kabul, in der vorher die Taliban residiert hatten, unter Leitung von Shuhada das »Purple Nest«. In einer abenteuerlichen Blitzaktion fliegt *Medica-mondiale*-Geschäftsführerin Anna Biermann am 12. Februar 2002 mit dem »Scharping-Flieger«, also einem Jet der Bundeswehr, der neben dem Minister auch Journalisten und Angehörige von Nichtregierungsorganisationen transportiert, nach Kabul. Die Reise über Taschkent und Usbekistan dauert 48 Stunden; ganze sechs bleiben für das Treffen mit Sima Samar, in denen Anna Biermann den finanziellen Beitrag von *medica mondiale* in bar übergibt. Leider wird es sich bald darauf als problematisch erweisen, dass das Personal, das in dem Frauenhaus arbeitet, diesmal kein von *medica mondiale* ausgesuchtes und geschultes ist. Als Monika Hauser zum ersten Mal vor Ort ist und das »Purple Nest« besucht, ist sie alles andere als begeistert von dem, was sie dort antrifft: »Betreuerinnen, die vermutlich selbst schwerst traumatisiert waren, mit ihren harten Gesichtern und ihrem harschen Ton das Klischee des sowjetischen Kaders erfüllten und kaum Empathie gegenüber den Frauen zeigten.« *Medica mondiale* stellt die Zusammenarbeit ein.

Dafür startet nun ein neues Projekt: Seit dem Einmarsch der US-Truppen sind zahlreiche Briefe von afghanischen Ärztinnen im deutschen Exil auf den Tisch der Gynäkologin Hauser geflattert. Die Medizinerinnen, die ihr Land häufig unmittelbar nach dem sowjetischen Einmarsch im Dezember 1979 verlassen hatten und seit Mitte der 1990er Jahre mit Entsetzen das Wüten der Taliban gegen ihre Geschlechtsgenossinnen beobachteten, waren angesichts des Terrors ebenso machtlos gewesen wie *medica mondiale*. Doch nun herrscht Aufbruchstimmung: »Die Ärztinnen wollten unbedingt etwas tun. Und da ist mir die Idee zum Projekt Doctorane Omid gekommen.«

Doctorane Omid, das bedeutet auf Farsi »Ärztinnen der Hoffnung«. Monika Hauser ahnt, dass die Versorgungslage in den

08 | Afghanistan
Medica mondiale schickt als Teil des Programms Doctorane Omid Medikamente in die Krankenhäuser Kabuls

Krankenhäusern von Kabul für Patientinnen, deren Grad der Traumatisierung nach einem Vierteljahrhundert Krieg im Land kaum vorstellbar ist, katastrophal sein muss. Zudem möchte sie Ärztinnen in die Kliniken schicken, die nicht nur Medikamente, sondern auch ein offenes, geschultes und traumasensibles Ohr mitbringen. Die Exil-Afghaninnen sollen die einheimischen Medizinerinnen bei ihren Visiten und Behandlungen begleiten und ihnen dabei ihr Wissen über Psychosomatik und Traumafolgen vermitteln.

Dass ihre Vorstellungen von den Bedingungen in den afghanischen Krankenhäusern von der Realität noch weit übertroffen werden, kann Monika Hauser mit eigenen Augen feststellen, als sie bei ihrer ersten Reise in das Land im August 2002 die Kliniken besucht: »Das war das Schlimmste, was ich jemals gesehen habe. Es lagen meist zwei Patienten in einem Bett auf Betttüchern, die noch nie gewaschen worden waren. Die Betten waren sogenannte Cholera-Betten, das heißt: Sie hatten ein Loch für die Ausscheidungen, die einfach nach unten fielen und von den herumstreunenden Ziegen aufgeleckt wurden.« Hauser trifft auf völlig apathische Ärzte, Krankenschwestern und Hebammen. »Die Patienten waren ihnen egal. Eine Frau ist bei der Geburt gestorben – so what? Der unendliche Krieg und die Taliban-Zeit waren natürlich auch an ihnen nicht spurlos vorbeigegangen.«

Die Berichte der 14 Ärztinnen, die im Rahmen des Doctorane-Omid-Projekts ausschwärmen, bestätigen die katastrophalen Zustände: Die Patientinnen werden bestenfalls gleichgültig behandelt, häufiger jedoch angeschrien und manchmal sogar geschlagen. Zum Beispiel, wenn eine werdende Mutter bei der Geburt zu laut schreit.

»Hatte heute ein langes Gespräch mit Roya, einer unserer Doctorane-Omid-Ärztinnen, die seit 2 Wochen ihren Einsatz in einem Kabuler Krankenhaus macht«, notiert Monika Hauser in ihr Tagebuch. »Sie berichtet in schnellen Sätzen von einer Patientin, deren Schicksal sie sehr beschäftigt. Frau M. ist wohl im 3. Monat schwanger, hat bereits 12 Kinder. Der Ehemann ist arbeitslos, sitzt zu Hause rum, schlägt sie erbarmungslos, hat sie vergewaltigt, damit sie wieder schwanger wird. Sie will auf keinen Fall noch ein Kind, kann ihre Familie schon jetzt nicht ernähren, viele Kinder sind krank, und sie hat kein Geld für Medikamente. Sie geht zusätzlich zur eigenen Hausarbeit noch als Putzfrau arbeiten.

Sie kommt wg. Schwangerschaftstest, hat kein Geld dafür. Sie will sich unbedingt sterilisieren lassen, spricht verzweifelt von Selbstmord, wenn sie ein weiteres Kind bekommen muss. Auch weiß sie, dass ihr Ehemann nie seine Unterschrift für die Operation geben würde. Roya nimmt sich ihrer an, redet mit ihr, überlegt Lösungen. Ihre Kolleginnen im Krankenhaus finden es komisch, dass sie sich so um die Frau kümmert, raten ihr, sie bloß nicht privat zu unterstützen, das könnte schnell gefährlich für sie selbst werden. Roya ist schockiert vom Verhalten des anderen Personals, dessen Gleichgültigkeit kann sie kaum ertragen.«

Die Ärztinnen, die vor ihren vier- bis sechswöchigen Einsätzen vom Kölner Team und Edita Ostojić geschult wurden, treffen bei ihren Kolleginnen vor Ort zunächst auf fast unüberwindliches Misstrauen. Schließlich sind sie ins Exil gegangen, reisen aus einem reichen Land an, in das sie nach ein paar Wochen zurückkehren können, bringen aber keine wertvollen medizinischen Gerätschaften mit, sondern faseln etwas von Respekt und Zeit zum Zuhören. Und sie erwähnen immer wieder dieses Thema, über das hier niemand spricht. Weil es ein Tabubruch wäre, vor allem aber, weil es für die Frauen so alltäglich ist, dass es gar nicht weiter erwähnenswert scheint. »Die meisten Krankenhausleiter waren extrem argwöhnisch, weil es um Frauen und Gewalt ging«, erzählt Ärztin Wahida Mohammadzai, die heutige Leiterin des Gesundheitsbereichs von *medica mondiale Afghanistan*. »Sie haben mich gefragt: ›Ich kenne das Wort Trauma aus der Chirurgie, aber was ist denn eine traumatisierte Frau?‹ Inzwischen wissen sie, wovon wir sprechen, aber als wir begonnen haben, existierte das Wort Gewalt praktisch nicht, weil man das, was den Frauen passierte, einfach nicht ›Gewalt‹ genannt hat. Es ist eben normal, dass ein Mann seine Frau schlägt und vergewaltigt, er hat das Recht dazu.«

Dabei sind eigentlich viele Wörter vonnöten, um das unglaubliche Ausmaß dessen zu beschreiben, was den Afghaninnen an Körper und Seele widerfährt: häusliche Gewalt, Polygamie, Inzest, Kinderheirat, Zwangsverheiratung, Prostitution, Ehrenmord. »Afghanische Frauen haben mir anvertraut: ›Es gibt eigentlich keine Gewalt, die wir nicht erlebt haben‹«, sagt Monika Hauser. Gewalt durch Freund und Feind: »Frauen sind vergewaltigt worden bei jeder Okkupation, sei es durch die Russen, die Mudschaheddin und später die Taliban. Und währenddessen und bis heute durch die eigenen Männer.«

»Anfänglich haben wir enorme Schwierigkeiten gehabt«, erinnert sich Hayeda Harun, die 2002 gemeinsam mit Islamwissenschaftlerin und Evaluatorin Sabine Fründt von Köln aus die Projektleitung übernimmt, indem sie die Schulungen und Reisen der Ärztinnen organisiert, ihre Erfahrungen auswertet und auf Projektreisen Kontakt mit den Kabuler Krankenhäusern hält. »Am Anfang wollte niemand zuhören. Es hat ein, zwei Jahre gedauert, bis die Ärztinnen akzeptiert wurden.«

09 | Afghanistan
Ehemalige Mitarbeiterin (l.) von *medica mondiale Afghanistan* in einer Beratungssituation im Haus einer Klientin in der Nähe von Herat

Hayeda Harun hatte Afghanistan 1978 als 17-Jährige verlassen, um in der damaligen Sowjetunion Medizin zu studieren. Nach zwei Jahren flüchtet die angehende Ärztin und Regimekritikerin während eines Aufenthalts in Ostberlin in den Westen, wo ein Teil ihrer Familie lebt. Von hier aus engagiert sie sich politisch gegen die Besatzung ihres Landes durch die UdSSR. Als die sowjetische Armee Afghanistan 1992 schließlich verlässt, gehört Hayeda zu denjenigen, die feststellen müssen, dass sich ihre Hoffnung auf bessere Zeiten als politische Fehleinschätzung erweist. »Ich hatte den Abzug der Sowjettruppen zunächst positiv gesehen, das war schließlich das Ziel, für das ich die ganze Zeit gekämpft hatte. Aber ich hatte mir keine Vorstellung davon gemacht, was danach kommen und was das für die Frauen bedeuten würde.« Der Krieg um die Vorherrschaft rivalisierender islamistischer Gruppen im Land beginnt und endet zunächst mit der Einnahme Kabuls durch die Taliban 1996; für die weibliche Bevölkerung geht er nun erst richtig los. »Dafür hat sich aber bis zum 11. September niemand interessiert.« Erst nachdem das World Trade Center eingestürzt ist, wird Harun, die sich mit dem Demokratischen Afghanischen Frauenverein jahrelang um Gehör für das Schicksal der Frauen unter den Taliban bemüht hatte, für die Medien zur begehrten Interview-Partnerin.

2003 kehrt Hayeda Harun zum ersten Mal nach 24 Jahren wieder in ihre Heimat zurück. Schon am Flughafen sieht sie das Ausmaß der Zerstörung. »Alles war schwarz und grau, und ich dachte: Warum ist das Land so farblos?« Die Abwesenheit von Farbe ist nicht die einzige Veränderung. Obwohl die Exilantin um die Geschlechter-Apartheid weiß, die die Taliban eingeführt haben, und auch wenn ihr klar ist, dass sich die Gesellschaft nach der Vertreibung der Gotteskrieger nicht über Nacht verändern wird, ist das, was sie sieht, ein Schock. »Als ich das Land verließ, waren die afghanischen Frauen im Aufbruch. Aus meiner Klasse gingen alle Mädchen – mit Ausnahme von zweien, die sich verlobt hatten – zum Studium nach Kabul. Und dann kam ich zurück in ein Land, in dem das Straßenbild von Burkas geprägt war und ein Mädchen nicht ohne Begleitung das Haus verlassen durfte.«

Der Zurückgekehrten und ihren Kolleginnen ist klar, dass die Bedingungen, unter denen die Frauen leben, nicht ohne Konsequenzen bleiben können und dass viele der Krebserkrankungen, Hautausschläge und Unterleibsschmerzen, mit denen die Patientinnen in die Krankenhäuser kommen, eine Reaktion des Körpers auf die Krankheit der Seelen sind. »Heute kann man in den afghanischen Medien lesen, dass 90 Prozent der Bevölkerung psychisch krank sind.«

Medica mondiale beschließt, zusätzlich zum Doctorane-Omid-Projekt ein Qualifizierungsprogramm in Trauma-Arbeit zu starten. Im März 2003 reist Monika Hauser zum zweiten Mal nach Kabul. Diesmal, um eine Fortbildung zum Thema »Psychosomatischer Ansatz in Gynäkologie und Geburtshilfe« zu geben. An jenem Märzmorgen stolpert die Frauenärztin zunächst über einen Haufen Burkas, den die Teilnehmerinnen vor dem Seminarraum abgelegt haben. Unter den Ganzkörperschleiern kommen »unglaubliche Frauen« zum Vorschein, die »während der Taliban-Zeit im Untergrund heimlich als Ärztinnen, Hebammen, Lehrerinnen oder Sozialarbeiterinnen gearbeitet hatten«. Noch sind längst nicht alle der 40 angekündigten Frauen da; Monika Hauser, die den unkalkulierbaren Alltag aus Bosnien und dem Kosovo kennt, lernt schnell, dass sie hier noch einmal andere Maßstäbe anlegen muss. Strom gibt es nur in aller Herrgottsfrühe für eine Stunde, Wasser nach dem Zufallsprinzip. Ob man ein geeignetes Fahrzeug findet, um in dieser Stadt von A nach

10 | Afghanistan
Monika Hauser im Kreis von Ärztinnen und Psychologinnen während eines
Seminars zur Psychosomatik bei Frauen nach Gewalterfahrungen, 2004

B zu gelangen, steht in den Sternen. »Um zehn Uhr an einem
bestimmten Ort in Kabul zu sein, gewaschen und in einem einigermaßen stabilen psychischen Zustand, das war eine echte Herausforderung.« Irgendwann an diesem Vormittag ist die Runde
schließlich vollständig.

Die Ärztin beginnt das Seminar mit einem Bericht über das
Schicksal der Bergbäuerinnen im fernen Südtirol; über die Schläge und Vergewaltigungen durch ihre Ehemänner, über die Frau,
die an Eierstockkrebs starb, weil die Ernte wichtiger war als die
lebensrettende Operation. Sie erzählt von Patientinnen in deutschen Krankenhäusern mit chronischen Unterleibsschmerzen, die
zigfach ergebnislos laparoskopiert werden, weil die Ärzte zwar das
Innere ihres Körpers, nicht aber ihr psychisches Innenleben un-

tersuchen. Und sie berichtet von den bosnischen Frauen, die nach Vergewaltigungen Karzinome an ihren Geschlechtsorganen entwickeln.

Im Gegenzug hört Monika Hauser von den Frauen im Raum Geschichten aus deren »Alltag«. Ein vierjähriges Mädchen, das vergewaltigt worden ist, wird von ihrer Familie ins Krankenhaus gebracht. Die Familie verlangt vom Personal, dem Kind Gift zu geben. Eine Frau kommt zu einer Ärztin, weil sie einen »Klumpen im Bauch« hat. Es stellt sich heraus, dass ihr Sohn ihr regelmäßig Tee mit Opiaten zu trinken gibt, um seine betäubte Mutter zu vergewaltigen. Nachdem die Frau das erfährt, bittet sie darum, den Sohn und sie selbst zu töten. Eine Hebamme berichtet von einer Witwe, Mutter von zwei Kindern, die sich aus Armut prostituiert. Sie wird schwanger, täuscht Verdauungsprobleme vor und tötet das Neugeborene auf der Toilette. Als der Sohn bemerkt, was passiert ist, tötet er seine Mutter mit Fußtritten. Eine Psychologin erzählt von einer Patientin, die seit Jahren immer wieder wegen starker Schmerzen im ganzen Körper zu ihr kommt. Die 24-Jährige ist seit ihrem elften Lebensjahr verheiratet und hat sieben Kinder. Durch den Krieg verliert die Familie fast ihren gesamten Besitz, die wenigen verbliebenen Möbelstücke verkauft der Ehemann, der heroinsüchtig geworden ist. Seither schickt er seine Frau zu anderen Männern, sie muss durch Prostitution die Familie ernähren. Ein Arzt, den sie wegen ihrer Beschwerden aufsucht, erklärt ihr, sie könne ihrem Mann zuliebe damit nicht aufhören.

Es ist wohl eine von Monika Hausers herausragenden Fähigkeiten, auch inmitten dieses allgegenwärtigen Wahnsinns das winzige Fünkchen Hoffnung zu sehen. Selbst an diesem Märzmorgen in Afghanistan ist für die Ärztin aus Deutschland das Glas halbvoll. »Die Kraft der Frauen in dieser Runde zu sehen

11 | Afghanistan

und zu wissen, was sie alles überlebt hatten, hat mich sehr berührt«, sagt sie. »Die Wärme zu spüren, die da zwischen uns hin- und herströmte – das war ein wunderbarer Beginn. An diesem Morgen fing für mich unsere Arbeit in diesem Land wirklich an.«

11 | Der Weg in die Freiheit – eine Frauenfahrschule gegen den Fundamentalismus

Der Ort könnte nicht symbolischer gewählt sein. Mancher erinnert sich an die unscharfen, aber deshalb nicht minder entsetzlichen Bilder von den Hinrichtungen der »Ehebrecherinnen« im Sportstadion von Kabul, die zu Taliban-Zeiten durch die Nachrichten gingen. Anfang 2003 haben an diesem historischen Ort Frauen wie Fouzia das Steuer übernommen. Für die 34-Jährige war die morgendliche Fahrt zu ihrem Büro im Frauenministerium mit den überfüllten Kabuler Bussen zwischen Eselskarren, hupenden Taxis und reifenlosen LKWs stets eine Tortur gewesen. Am 25. Januar ist es so weit: Sie hält ihren Führerschein in den Händen; gemacht hat sie ihn in der »Fahrschule für Frauen« von *medica mondiale*.

Das Stadion im Moloch Kabul ist der einzige Platz, der groß genug ist und gleichzeitig ausreichend geschützt liegt, damit Fahrlehrer Khan seine Schülerinnen unterrichten kann – und die dort auch mal Gas geben können. Khan ist einer der wenigen Männer, die so klug, sensibel und mutig sind, sich auf die Seite der Frauen zu schlagen. Solche hat es in der Geschichte von *medica mondiale* in Bosnien, dem Kosovo oder anderen Orten der Welt immer wieder gegeben – und es gibt sie auch in Afghanistan: diejenigen, die begreifen, dass sie etwas zu gewinnen haben, wenn sie Frauen unterstützen und gleichberechtigt behandeln. »Na, sind deine Schülerinnen gelehrig?«, ruft Monika Hauser dem Fahrlehrer zu. »Frag nicht, ob die Schülerinnen gelehrig sind«, antwortet er. »Frag lieber, ob der Lehrer gut ist!«

12 | Afghanistan
Die erste Fahrschule für Frauen nach dem Sturz der Taliban in Afghanistan,
2003: ein Projekt von *medica mondiale Afghanistan* in Kabul

Jeden Morgen fährt Fouzia nun mit dem Auto ins Ministerium, auf dem Weg dorthin bringt sie die Kinder zur Schule.
Obwohl ihr Mann, der selbst keinen Führerschein besitzt, sich
weigert, mit ihr ins Auto zu steigen, weil »meine Freunde mich
für impotent halten würden, wenn meine Frau am Steuer sitzt«,
ist Fouzia »die glücklichste Frau der Welt«.

Die Idee zur Frauenfahrschule stammt von Rachel Wareham.
Seit Mitte der 1990er Jahre hatte die britische Frauenaktivistin,
von Haus aus Sinologin, im Kosovo gelebt, dort eine Studie über
Gewalt gegen Frauen erstellt und stets intensiven Kontakt zu
medica mondiale gepflegt. Im April 2002 hatte *Medica* die kriegs-
und krisenerprobte Frau nach Afghanistan geschickt, um ein
kleines Büro zu eröffnen und zu prüfen, an welche existierenden
Organisationen *Medica* andocken könnte. »Wir wollten auf kei-

nen Fall eigene Dienste anbieten«, kommentiert Monika Hauser, »sondern uns nur an schon existierende Projekte anschließen.« Ein Jahr später ist Wareham immer noch in Kabul und der rationale Plan der Selbstbeschränkung über den Haufen geworfen. »Es gab einen gigantischen Bedarf an nahezu allem«, sagt Monika Hauser. Und obwohl sie und ihre Kolleginnen in der *Medica-mondiale*-Zentrale theoretisch um die endlose Bedürftigkeit der Frauen wussten, ist es nun, da sie die Kabuler Katastrophen selbst in Augenschein nehmen, keine Frage mehr, dass praktisch mehr passieren muss als ursprünglich vorgesehen.

Der erste Ort, an dem Handlungsbedarf besteht, ist einer der schrecklichsten der Stadt: das Frauengefängnis von Kabul. Auch wenn dem Gefängnis sein Ruf vorauseilt, kann Monika Hauser nicht fassen, was sie dort erwartet: »Ich habe es mir nicht vor-

13 | Afghanistan
Eine Beratungsstelle von *medica mondiale Afghanistan* für Rechtshilfe und Mediation in Kabul

14 | Afghanistan
Monika Hauser mit der
Übersetzerin in einem
Gang des Frauengefäng-
nisses Welayat in Kabul,
2003

stellen können. Ein Ort des Wahnsinns mit krankem, modrigem
Geruch.« Bevor *Medica* Matratzen und Heizstrahler für die inhaftierten Frauen und Mädchen organisiert und mit finanzieller
und technischer Hilfe der GTZ einen Brunnen im Gefängnis-
hof baut, schlafen die Insassinnen auf dem kalten, nackten Fuß-
boden und haben kein sauberes Trinkwasser; die jüngste ist elf,
die älteste 70. »Ich gehe mit zwei von *medica mondiale* trainierten
Beraterinnen ins Gefängnis, um selbst einen Eindruck von der
Lage der gefangenen Frauen zu erhalten«, schreibt Hauser in ihr
Tagebuch, als sie auch die Haftanstalt von Mazar besucht. »Zwar
sind die Bedingungen dort etwas besser als im Kabuler Gefängnis, aber ich bin erschüttert von den oft ausweglos erscheinen-

162

den Geschichten. Derzeit leben 15 Frauen mit 9 Kleinkindern dort, es wird gehustet und gerotzt – aber sie hätten genug zu essen, heißt es. Die hohlen Wangen und dünnen Haare der Kinder sprechen eine andere Sprache. Einige sind verbittert, weil sie gehofft hatten, am kürzlichen Ramadan-Feiertag von Präsident Karzai begnadigt zu werden. Jetzt heißt es wieder: weiter warten, und wofür?«

Ebenso unfassbar wie die Haftumstände sind die Gründe, aus denen die Frauen – und viele minderjährige Mädchen – in diesen düsteren Mauern festgehalten werden. Fast alle sind wegen sogenannter Ehrverbrechen inhaftiert: 14-Jährige, die vor ihrem 40-jährigen Ehemann geflüchtet sind, an den sie im Alter von zwölf Jahren als Drittfrau verheiratet wurden; Frauen, die vergewaltigt wurden und nun wegen »Ehebruchs« eingesperrt werden; weibliche Familienmitglieder, deren Verwandte sie schlicht loswerden wollen, weil sie ernährt werden müssen und zu teuer sind, werden irgendwelcher Vergehen bezichtigt und eingesperrt. Alles spielt sich im rechtsfreien Raum ab: »Da geht zum Beispiel ein junges Mädchen die Straße entlang und wird von drei jungen Männern in einen Videoshop gezerrt und dort vergewaltigt«, beschreibt Monika Hauser einen Fall. »Das Mädchen rennt danach schreiend auf die Straße, die Polizei fährt vorbei und sperrt das Mädchen ein, das ja schließlich allein auf der Straße war. Auch die Täter werden inhaftiert, aber von ihrer Familie mit Schmiergeld freigekauft. Für das Mädchen, das durch die Vergewaltigung die Familienehre beschmutzt hat, zahlt niemand. Solche Geschichten habe ich noch und nöcher gehört.«

Im Frühjahr 2003 veröffentlicht *medica mondiale* einen Gefängnisreport: »In der Traditionsfalle – Frauen und Mädchen in Haft in Kabul Welayat«. Der Bericht prangert die völlig inakzep-

15 | Afghanistan
Typische Zelle im Frauengefängnis Welayat in Kabul, 2003

tablen Haftgründe in einem Land an, das die UN-Menschen-
rechtskonvention unterzeichnet hat, und dokumentiert die Fälle derer, die an einem Stichtag, dem 5. Februar 2003, in Welayat
einsaßen.

»Fall E: Ihr Ehemann, der sie dauernd misshandelte, warf sie
aus dem Haus, deshalb verbrachte sie eine Nacht im Haus ihres
Onkels. Der Ehemann klagt sie jetzt wegen Ehebruchs an. ›Ich
bin mir sicher, dass mein Mann dem Gericht Geld gab, damit
ich verurteilt werde.‹ Die Anwälte des Frauenministeriums sagen, dass sie nichts tun können, um in diesem Fall zu helfen.«

»Fall F: F ist 17 Jahre alt. Sie liebte einen Mann; ihr Vater
stimmte aber einer Eheschließung nicht zu. Die beiden jungen
Menschen liefen miteinander weg. Sie hat einen Prozess am Gericht von Kabul hinter sich. Sie wurde zu einer Haftstrafe von 4
Jahren verurteilt, von denen sie 8 Monate abgesessen hat.«

»Fall N: N heiratete ihren Cousin. Es war teils eine arrangierte und teils eine Liebesheirat. Nach drei Monaten des guten Miteinanderlebens begann der Mann, fremde Männer nach Hause zu bringen, und zwang seine Frau, mit ihnen Ehebruch zu begehen. Sie wandte sich an die Polizei, um dies zu melden, aber anstatt dass ihr geholfen wurde, wurde sie zu einer Haftstrafe von 3 Jahren verurteilt.« Um eine solche Rechtsprechung zu verstehen, muss man die fatale Mischung aus gesellschaftlichen Faktoren kennen: die afghanische Clangesellschaft mit ihren extrem patriarchalen Strukturen, deren Modernisierung mit dem Abzug der Sowjettruppen gestoppt wurde und die die Taliban mit der totalen Verbannung der Frauen ins Haus schließlich auf die Spitze trieben; die völlige Verrohung der Gesellschaft nach einem Vierteljahrhundert Kriegszustand im Land; das Hochhalten maskulin-militärischer Werte auch durch die US-Operation »Enduring Freedom«, deren »Kollateralschäden« wie zerstörte Dörfer und getötete Zivilisten nicht eben geeignet sind, afghanische Männer aus ihrer traditionellen Rolle ausscheren zu lassen.

Im Frühjahr 2003 gründet *medica mondiale* den »Legal Aid Fund«. Zehn Rechtsanwältinnen – sechs in Kabul, vier in Herat und zwei in Kandahar – besuchen die inhaftierten Frauen und nehmen sich ihrer Fälle an. Oft müssen sie die Frauen überhaupt erst über das Vergehen aufklären, dessen sie beschuldigt werden. Nicht immer, aber so manches Mal können die Juristinnen die Freilassung einer Gefangenen erreichen; und dafür sorgen, dass Täter nicht mehr einfach so davonkommen. Hastig notiert Monika Hauser einen solchen Erfolgsfall: »16-Jährige wird von 3 Polizisten des Innenministeriums vergewaltigt! Sie wurde als 11-J verlobt und als 14-J fuer 6000 USD in Ehe mit älterem Mann verkauft. Er starb nach 1,5 J und der Schwager wollte sie heira-

ten. Aber ihr Vater kam, holte sie zurück nach Kabul, um sie erneut lukrativ zu verkaufen. Sie weigerte sich, floh spätabends aus dem Haus, um zum Onkel zu fliehen. Wird von diesen 3 Polizisten geschnappt, in den ca. 1,5 h entfernten Ort Logar gebracht und dort stundenlang vergewaltigt. Plötzlich ruft ihr Kommandant an, hört ihre Schreie und kommt, weil ihm das Ganze suspekt vorkam. Er verhaftet die Männer sofort, es kam zum Prozess in camera, also unter Ausschluss der Öff, sollte ganz geheimgehalten werden, IM fürchtet Skandal! Jeder ist zu 5 Jahren verurteilt worden, sehr guter Erfolg fuer LAF!!!! Das Mädchen wollte unbedingt die Medien dabei haben, keine Chance. Mädchen kam ins prison und 2 Tg vor Ramadan konnte die Rechtsanwältin erreichen, dass sie ›freikam‹ und ins Kinder-Heim gebracht wurde. Zitat eines der Angeklagten: ›Wenn sie ein gutes Mädchen war, warum ist sie dann um Mitternacht auf der Strasse gewesen!!!‹ *heißt also Freibrief!«*

Nicht nur der »Legal Aid Fund«, der bald Gefängniswärterinnen und Polizeibeamte schult, wächst beständig. Spätestens jetzt hat man in der Kölner Zentrale, die inzwischen in der Hülchrather Straße angesiedelt ist, begriffen: Trotz anfangs gegenteiliger Absichten ist *medica mondiale Afghanistan* entstanden. Im nächsten Schritt entwickelt sich das Psychosocial Project (PSP), das Frauenberatungsstellen und Frauengruppen in den Distrikten von Kabul eröffnet. Die neue Abteilung für Lobbyarbeit wird hartnäckig bei den Ministerien vorstellig und erreicht bisweilen Erstaunliches. Die Lobbyistinnen versuchen, mit einer eigenen jährlichen Untersuchung Licht in die Dunkelziffern der Menschenrechtsverletzungen gegen Frauen und Mädchen zu bringen. So legt *medica mondiale Afghanistan* die erste systematische Dokumentation über die weitverbreitete Praxis der Selbstverbrennung vor: Jedes Jahr versuchen Hunderte verzweifelter Mädchen und Frauen aus einem für sie unerträglichen Leben zu flüchten, indem sie sich mit Benzin übergießen und anzünden. Im November 2006 veranstaltet *medica mondiale Afghanistan* in Kabul eine internationale Fachkonferenz mit Teilnehmerinnen aus Ländern, in denen das grauenhafte Phänomen ebenfalls weit verbreitet ist – von Bangladesch bis Irak.

Einen wirklichen Durchbruch erreicht die Organisation mit ihrer Kampagne gegen Kinderheirat. Obwohl nach dem afghanischen Gesetz eine Braut mindestens 16 Jahre alt sein muss – und selbst die Scharia ein Mindestalter von 15 Jahren vorschreibt –, ist die Verheiratung wesentlich jüngerer Mädchen an der Tagesordnung. Jeder im Land weiß das – aber nichts geschieht. Auch dieser Aktion geht ein Forschungsprojekt voraus, für das die Mitarbeiterinnen rund 25 000 Krankenakten aus Entbindungsstationen und 74 000 Akten aus 15 Kabuler Schulen auswerten. Das erschütternde Ergebnis: In jedem Krankenhaus hatten Mütter entbunden, die selbst erst 12 oder 13 Jahre alt waren. In einigen Schulen waren bis zu elf Prozent der Schülerinnen – und Schüler – bereits verheiratet. Die Strategie der Lobbyabteilung lautet: Eheschließungen müssen offiziell registriert werden, damit die Verheiratung einer unter 16-Jährigen von den Behörden unterbunden werden kann, die dazu wiederum geschult werden müssen. Im Oktober 2005 organisiert *medica mondiale* eine Konferenz mit den Richtern des Obersten Gerichtshofs und den Verantwortlichen in den zuständigen Ministerien.

»Heute haben wir ein wichtiges Dokument zugestellt bekommen«, hält Monika Hauser in ihrem Tagebuch fest. »An einer eintägigen Tagung haben MitarbeiterInnen von wichtigen Ministerien und dem Obersten Gerichtshof gemeinsam zum Problem der Kinderheirat beraten und zum Abschluss ein Manifest verabschiedet, wie das endlich verändert werden kann. Ausgerichtet war die Veranstaltung von dem Obersten Gerichtshof in Kooperation mit *medica mondiale!* Als ich einem ausländischen Geldgeber davon berichtet habe, war er voll des Respekts, weil der Name des Leiters des Gerichtshofes eher Schrecken verbreitet. Als wir uns nun im Büro über das Papier beugen, den Inhalt und die diversen Unterschriften der Herren aus den Ministerien lesen, wissen wir, dass das einer Mini-Revolution gleichkommt.« Bald darauf eröffnen die ersten nationalen Büros zur Registrierung von Eheschließungen.

Aus dem »kleinen Büro« von Rachel Wareham ist nach sechs Jahren eine einflussreiche Organisation mit 82 Mitarbeiterinnen geworden. Dennoch wird die Arbeit der afghanischen Kolleginnen zusehends erschwert. »Es gibt inzwischen fast jede Woche ein Selbstmordattentat. Im September 2007 hatten wir während des Ramadan drei Bombenanschläge in einer Woche«, berichtet Health-Projekt-Leiterin Wahida Mohammadzai. »Wenn du aus dem Haus gehst, betest du, dass du heil an deinem Ziel ankommst. Der Gedanke, dass man am Abend nicht mehr leben könnte, ist eigentlich immer da.« Monika Hauser macht sich ernsthafte Sorgen um ihre Kolleginnen. »2002, als wir nach Afghanistan gingen, waren wir voller Optimismus und haben nicht damit gerechnet, dass sich die Sicherheitslage wieder derart verschlimmern könnte.« Der Anschlag auf das Kabuler Hotel Serena am 15. Januar 2008 hat die Bedrohung gespenstisch nahegebracht: Als die Attentäter in das Hotelfoyer eindrangen, befand sich dort eine *Medica*-Mitarbeiterin. Sie hatte sich unter einem Tisch verkrochen, und einer der Männer richtete seine Waffe auf sie. In diesem Moment kam eine andere Frau durch die Tür des Wellness-Bereichs. Der Attentäter drehte sich zu ihr um – und erschoss sie.

Bestimmte Wege gehen die *Medica-mondiale*-Frauen nicht mehr. Das Gefängnis Pul-i-charki zum Beispiel, das man nur über die Straße erreicht, an der im August 2007 bei einem Sprengstoffattentat drei deutsche Polizisten auf dem Rückweg vom Schießtraining ums Leben kamen, besuchen die *Medica*-Rechtsanwältinnen nicht mehr. Der Zorn der islamistischen Attentäter richtet sich schließlich nicht nur gegen ausländische Uniformträger, sondern auch gegen die Zerstörerinnen der göttlichen Geschlechterordnung. »Nicht nur wir *Medica*-Mitarbeiterinnen sind bedroht, sondern zum Beispiel auch Frauen, die für die Regierung arbeiten«, erklärt Wahida Mohammadzai. »Selbst Lehrerinnen sind nicht sicher.« Für die 30 Frauen, die in der Frauenfahrschule ihren Führerschein gemacht haben, sind ihre provokativen Fahrten Richtung Gleichberechtigung lebensgefährlich geworden. »Noch vor zwei Jahren gehörten Auto fahrende Frauen allmählich zum Straßenbild«, sagt Monika Hauser wehmütig. »Das ist vorbei. Golalai, eine temperamentvolle Mitarbeiterin und mittlerweile Parlamentsabgeordnete, ist immer mit Karacho durch die Stadt gebrettert. Heute fährt nicht mal mehr sie.«

12 | Von Aceh bis Fishtown – was ein Tsunami mit sexueller Gewalt zu tun hat

»In Fishtown there is no fish and no town«, scherzen die Bewohner mit dem Humor der Verzweifelten über ihre Stadt, die eben keine ist, sondern mehr ein großes Dorf mit 5000 Einwohnern und staubigen, ungepflasterten Straßen im Südosten Liberias, zwei ziemlich unbequeme Tagesreisen von der Hauptstadt Monrovia entfernt. Und trotzdem hat sich hier, »in the middle of nowhere«, am 25. November 2007, dem »Interna-

17 | Liberia
Monika Hauser mit Aktivistinnen beim Marsch gegen Gewalt gegen Frauen im November 2007 anlässlich der Einweihung des Frauenzentrums in Fishtown

tionalen Tag gegen Gewalt gegen Frauen«, eine kleine Revolution zugetragen. Knapp 100 Frauen aus Fishtown und den umliegenden Distrikten ziehen singend und tanzend durch den Ort. Was auf den ersten Blick wie ein ganz normales afrikanisches Fest erscheint, ist in Wirklichkeit eine politische Demonstration; das sieht, wer genau hinschaut und liest, was auf den weißen Papierhüten steht, die die Demonstrantinnen zu ihren bunt gemusterten Kleidern tragen: »Stop early marriages« – Stoppt Kinderheirat; »Women have rights to property« – Frauen haben das Recht auf Besitz; »Rape is a crime« – Vergewaltigung ist ein Verbrechen; »Women report violence to the police and to *medica mondiale*« – Frauen, meldet Gewalt bei der Polizei und bei *medica mondiale*. Anlass für diese Premiere im feministischen Niemandsland ist nicht nur der Internationale Anti-Gewalt-Tag, sondern etwas in den Augen der meisten Männer, aber auch denen vieler Frauen ziemlich Ungeheuerliches: Hier, in Fishtown, eröffnet an diesem 25. November das »Women's and Girls' Centre«.

Noch vor eineinhalb Jahren gab es an dieser Stelle nur grünes Buschland an einer staubigen roten Straße; inzwischen steht dort ein U-förmiges Gebäude, in das über 300 Frauen jeden Alters zum »skill training« anrücken. Schneiderei, Bäckerei, Frisierstube beherbergt der Lehmbau ebenso wie einen kleinen Computerraum. Während die einen, meist die Jüngeren unter ihnen, Programmiersprachen lernen, machen die anderen, meist die Älteren, Bekanntschaft mit den ersten Buchstaben ihres Lebens. Hinter dem Haupthaus befindet sich, vor Blicken durch eine Bastwand geschützt, der »safe-room«, in dem schon vor der offiziellen Eröffnung die erste Frau Zuflucht gefunden hat, die vor ihrem prügelnden Ehemann geflohen ist. Weiter unten am Sumpfrand sollen bald der Gemüsegarten und die Fisch-

teiche liegen und, ebenfalls eine kleine Sensation, der Fußball-
platz. Die Frauen haben ihn sich gewünscht, schließlich seien
unter ihnen einige gute Spielerinnen. Außerdem gehört zum
Frauenzentrum ein kreisrundes Gebäude namens »Palaver Hut«.
Die Hütte ist tatsächlich zum Palavern da, aber was im Deutschen einen eher abfälligen Beigeschmack hat, ist im Liberia-
nisch-Englischen ein fester und ehrwürdiger Begriff: Eine Palaver Hut steht in jedem Dorf, und normalerweise besprechen
hier die wichtigen Männer wichtige Entscheidungen. Im »Women's and Girls' Centre« werden aber erklärtermaßen alte Normen gebrochen und neue geschaffen: Hier palavern die Frauen.
Und weil sie dazu manchmal auch aus anderen Distrikten anrücken, die viele schlaglochübersäte oder schlammige Kilometer
entfernt liegen, gibt es nebenan den »dormitory«, einen Über-
nachtungsraum mit acht Betten.

Als das Frauenzentrum an diesem Tag eröffnet, ist Monika
Hauser dabei. Sie und ihre Kollegin Sybille Fezer sind zur Ein-

19 | Liberia

weihung nach Liberia gereist, denn *medica mondiale* hat dafür gesorgt, dass das Zentrum in Fishtown errichtet wurde. Einige Frauen in der Menge tragen weiße T-Shirts mit dem blauen *Medica*-Logo. »Woman, don't sit down« steht über dem großen M, darunter: »Do something!« Ein Slogan, den man in Fishtown seit geraumer Zeit des Öfteren hört. Der *Medica-mondiale*-Gründerin – von den Frauen »Mama Monika« genannt – gebührt die Ehre, das Band durchzuschneiden. Sämtliche männliche Honoratioren des Ortes sind da; einige von ihnen sind aufrichtig begeistert von diesem neuen Zentrum, von dem sie wissen, dass es seine Besucherinnen nicht nur im Haareschneiden und Brotbacken schulen wird, sondern auch darin, über Dinge zu reden, über die sonst geschwiegen wird. Die Liberianerinnen halten einen traurigen Weltrekord: Es heißt, sie seien nach einem Vierteljahrhundert Bürgerkrieg »die vergewaltigtsten Frauen der Welt«. Zwei von drei Frauen, vom Kleinkind bis zur Großmutter, sind wechselnden Rebellenbanden in die Hände gefallen. Auch nach

174

dem offiziellen Ende des Krieges ist für die Liberianerinnen kein Frieden eingekehrt, Gewalt gegen Frauen ist selbstverständlich geblieben. Allein in den vergangenen vier Monaten sind in der Gegend 22 Vergewaltigungen angezeigt worden. Und das ist, da eine Anzeige bisher so selten war wie ein Fisch in Fishtown, nur die oberste Spitze des Eisbergs.

Einer, der das Frauenzentrum deshalb begrüßt, ist der Reverend des Ortes. Schon ein Jahr zuvor, beim Richtfest, hatte er eine flammende Rede gehalten. »Women, you have rights!«, hatte er gepredigt und Sybille Fezer anschließend viele Fragen zum *Medica-mondiale*-Handbuch über die Arbeit mit kriegstraumatisierten Frauen gestellt, das er von der ersten bis zur letzten Seite

20 | Liberia
Die Ausschilderung des Wegs zum Büro von *medica mondiale Liberia* und der Deutschen Welthungerhilfe im Viertel Sinkor in Monrovia

gelesen hatte. Jetzt ruft er seinen Zuhörerinnen zu: »Who brought women's rights to Fishtown?« Die antworten: »*Medica mondiale!*« Andere Männer sind weniger angetan von dem, was sich da in dem Gebäudekomplex anbahnt, beispielsweise Amtsrichter Paul Brown, der es gar nicht schätzt, dass die Frauen sich zusammenrotten, Demos durch Fishtown veranstalten und womöglich auf die Idee kommen, jetzt »Bossmänner« sein zu wollen. »Die da«, klagt er, »haben es darauf abgesehen, unsere Frauen frech zu machen.« Ein anderer erklärt Mama Monika, die er für die entscheidende Urheberin der »Frauenaufwiegelung« hält, nach ihrer Eröffnungsrede: »Monika, you are a mosquito in my ear!« Was frei übersetzt so viel heißt wie: »Du nervst!«

Als Monika Hauser und Sybille Fezer von ihrer zweiwöchigen Liberia-Reise zurückkehren, sind sie sichtlich beflügelt und beseelt von dem, was sie gesehen, gehört und gespürt haben, vom Aufbruch, der sich dort anbahnt. Die rund 20 *Medica-mondiale*-Mitarbeiterinnen, die sich im Kölner Konferenzraum einfinden, um ihren Reisebericht zu hören, erleben amüsiert eine Miniatur-Wiederauflage des Marsches der Frauen durch Fishtown: Hauser und Fezer ziehen singend und tanzend in den Raum ein, bekleidet in leuchtend bunten afrikanischen Gewändern, auf dem Kopf einen weißen Papierhut mit der Aufschrift: »Stop raping Baby Girls«.

Nachdem sich das erste Gelächter gelegt hat und die Anekdoten von Sonnenstichen und in Matschlöchern festgefahrenen Jeeps erzählt sind, berichten Monika Hauser und Sybille Fezer von den Fortschritten des Projekts. Zum Beispiel von den 20 Palaver Huts, die Projektleiterin Chipo Muponisi für weitere Dörfer im Distrikt plant. Oder von den Schulungen, die sie für die Kollegen von der Deutschen Welthungerhilfe organisiert, die als Kooperationspartner mit im Boot sind. Die Leiterin des

21 | Liberia
Projektmitarbeiterin von *medica mondiale Liberia* bei einem Training
zu Trauma und sekundärer Traumatisierung

Frauenzentrums »gendert« den Blick der Ingenieure, die mit konventionellen Projekten wie Brunnenbau ihr Scherflein zur Entwicklung der Region beitragen, zum Beispiel, indem sie ihnen erklärt, dass Wasserholen traditionell Frauensache ist und die Wege zu den Brunnen deshalb nicht zu weit entfernt und nicht zu sehr im Dunkeln liegen dürfen. Und sie erzählen von den Schulungen durch die imposante Expolizistin Angeline Swen auf den Polizeistationen, wo bis dato eine Anzeige wegen Vergewaltigung mit einem müden Grinsen zur Kenntnis, aber nicht zu Protokoll genommen wurde. Denn inzwischen hat Liberia – dank seiner Präsidentin Ellen Johnson Sirleaf, die bei ihrer Antrittsrede mutig davon sprach, beinahe selbst Opfer einer Vergewaltigung geworden zu sein – eines der strengsten Vergewaltigungsgesetze der Welt: Das Vergehen kann mit bis zu lebenslanger Haft bestraft werden. Angeline sorgt im Auftrag von *medica mondiale Liberia* dafür, dass diese Kunde bis nach Fishtown dringt.

Sie berichten auch von der Truth and Reconciliation Commission (TRC). Diese Kommission ist kein Gericht wie die internationalen Strafgerichtshöfe in Den Haag oder Arusha, sondern eine Art Wahrheitskommission, wie Südafrika sie eingerichtet hat, um die während der Apartheid begangenen Verbrechen aufzuarbeiten. Obwohl so vielen Liberianerinnen Gewalt angetan wurde, sind unter denen, die vor der Kommission ausgesagt haben, bisher nur sieben Prozent Frauen. Daran ändert auch die Tatsache nichts, dass die UN-Frauenorganisation UNIFEM auf geduldigem Papier ein »gender policy draft« über die Belange weiblicher Zeugen verfasst und die Kommission eine Gender-Beauftragte hat beziehungsweise haben sollte, deren Aufgabe es ist, Frauen und Mädchen zu einer Aussage zu motivieren. Die Stelle ist allerdings noch nicht besetzt. Bei ihrem Besuch werden Monika Hauser und Sybille Fezer deshalb auch beim TRC-Chef in Monrovia vorstellig. Sie sehen auf den ersten Blick, dass etwas an der Struktur nicht stimmt. »Bezeichnenderweise gab es in dem ganzen Team dort keine einzige Frau − außer der Empfangsdame«, konstatiert Hauser, woraufhin sie dem Kommissionsleiter eine Kooperation vorschlägt, von der er »sehr angetan« ist; immerhin sind ihm die sieben Prozent doch etwas peinlich. In Fishtown arbeitet Chipo Muponisi daran, die Zahl der weiblichen Zeugen zu erhöhen, damit die Geschichten der Frauen gehört werden. Sie drängt niemanden, sie versucht nur behutsam, »ihre« Frauen auf die Möglichkeit aufmerksam zu machen, ihre Erlebnisse zu erzählen. Damit die Welt es erfährt.

Fishtown ist nicht der einzige Ort, an dem *medica mondiale* nach Zenica, Gjakova, Tirana und Afghanistan aktiv ist. »*Medica mondiale* dehnt sich innerhalb der nächsten zwei Jahre auf zwei

weitere Kontinente aus.« So steht es im Strategiepapier vom September 2004. Ein Jahr zuvor hat die Organisation ihren Projektefonds eingerichtet, mit je 5000 Euro fördert *medica mondiale* daraus Projekte in aller Welt. »Der internationale Gedanke war ja schon sehr früh da«, resümiert Monika Hauser. »Dieser Fonds ermöglicht es, Organisationen, die in unserem Sinn arbeiten, schnell und unbürokratisch zu unterstützen.«

Zu den ersten, die gefördert werden, gehört Flower Aceh in Indonesien. Die Frauenrechtsorganisation leistet medizinische und psychosoziale Hilfe in der Provinz Aceh, die 1991 von Präsident Suharto zum »besonderen militärischen Einsatzgebiet« erklärt und hermetisch abgeriegelt worden war. Dort tobten die Kämpfe zwischen Militärs und Rebellengruppen unter Ausschluss der Öffentlichkeit ebenso wie die damit verbundene exzessive Gewalt gegen die weibliche Zivilbevölkerung. Nur wenige Monate nachdem Flower Aceh in den *Medica*-Fonds aufgenommen wird, passiert die Katastrophe: Am 26. Dezember

2004 bricht der Tsunami über die Region herein und tötet 230 000 Menschen, davon 170 000 allein in Aceh. Die Mitarbeiterinnen von Flower Aceh überleben alle, aber ihr Zentrum wird von der Flutwelle zerstört. Schon bald berichten sie und andere aus den Flüchtlingslagern von Ungeheuerlichkeiten, die nur selten einen Weg in die von Tsunami-Berichten überfluteten Medien finden: Der Kinderhandel blüht in den asiatischen Pädophilen-Paradiesen, denn die Händler entführen Flut-Waisen ohne Angehörige und verkaufen sie in die Prostitution. Und: Die Frauen und Mädchen müssen nicht nur die Machenschaften der verbrecherischen Menschenhändler fürchten, sondern auch die Übergriffe der vermeintlich freundlichen Helfer, die sie eigentlich schützen sollen. So berichtet die Coalition for Assisting Tsunami Affected Women, ein Tsunami-Hilfsbündnis von

23 | Indonesien
Sumatra, nach dem Tsunami: Teilnehmerin eines Trainings zu Trauma und sekundärer Traumatisierung bei der Organisation Flower Aceh

Frauenorganisationen in Sri Lanka, dass ausgerechnet Helfer in den Flüchtlingslagern im Schutz der Dunkelheit schlafende Frauen belästigen und vergewaltigen. Auch im Lageralltag seien die Frauen ständig Grenzverletzungen ausgesetzt. Binden, Unterwäsche und BHs würden von den – meist ausschließlich männlichen – Helfern oftmals öffentlich und mit anzüglichen Bemerkungen verteilt. Es fehlt an den grundlegendsten Dingen, zum Beispiel getrennten Toiletten und Waschmöglichkeiten, bei der Zusammenstellung der Ärzteteams werden Gynäkologinnen und Hebammen schlicht vergessen.

Dabei stellt sich dieses Problem der Geschlechterblindheit bei der Tsunami-Katastrophe nicht zum ersten Mal. Die Gefahr, der Frauen und Mädchen in Flüchtlingslagern ausgesetzt sind, ist aus anderen Krisengebieten seit Jahren bekannt. Deshalb haben die Vereinten Nationen schon im Oktober 2000 die Resolution 1325 verabschiedet, in der die Einbindung von Frauen in das Krisenmanagement gefordert wird: auf verantwortlichen politischen Positionen und als Helferinnen in den Flüchtlingslagern. Aber wie so oft besteht auch in Indonesien eine eklatante Diskrepanz zwischen Theorie und Praxis. Es ist an *medica mondiale,* die klaffende Lücke in den deutschen Medien und Ministerien anzuprangern. Bei einem Treffen mit Entwicklungsministerin Heidemarie Wieczorek-Zeul in Berlin fordern Monika Hauser und Menschenrechtslobby-Fachfrau Selmin Çalişkan, dass diese ihren Einfluss nutzt, um bei den Hilfsorganisationen die von der UNO geforderten Standards durchzusetzen.

20 Projekte haben seither die kleine, aber manchmal überlebensnotwendige Finanzspritze über den Kölner Fonds bekommen – von der Frauenorganisation Olakh in Indien bis zum Girl Child Network in Simbabwe. Und manchmal passiert es, dass aus der kleinen Förderung Großes entsteht. Wie in Kalehe, in der

kongolesischen Provinz Südkivu, wo es weitab der Städte die Organisation Promotion et appui aux initiatives féminines (PAIF) gibt. PAIF und *medica mondiale* könnten Schwestern sein, so groß ist ihre Ähnlichkeit. Auch die Kolleginnen im Kongo bieten medizinische Hilfe an, die bei den grauenvoll vaginal und anal verletzten Frauen lebensrettend sein kann. Psychologinnen und Sozialarbeiterinnen helfen den Traumatisierten, wieder ins Leben zurückzufinden. Weil die vergewaltigten Frauen und Mädchen häufig von ihren Familien verstoßen werden, finanziert PAIF ihnen über Mikrokredite eine neue Existenzgrundlage. »An eine solche NGO können wir andocken und müssen keine eigenen Strukturen aufbauen«, erläutert Monika Hauser. Im Fall von PAIF hat sie die Aufgabe von *medica mondiale* darin gesehen, das Projekt bei der Erschließung weiterer, größerer Finanzquellen zu unterstützen. Nachdem der Weltgebetstag der Frauen im Jahr 2007 rund 15 000 Euro beisteuerte, wird ein neues Projekt nun mit 300 000 Euro aus dem Entwicklungsministerium entstehen: der Aufbau eines Zentrums gegen Gewalt an Frauen und Mädchen.

Nur wenn in einem Land die Gewalt gegen Frauen groß, aber die vorhandenen Strukturen winzig oder gar nicht erst vorhanden sind wie in und um Fishtown, »müssen wir selbst welche schaffen«. Inzwischen muss die *Medica-mondiale*-Gründerin allerdings nicht mehr persönlich in Augenschein nehmen, was es vor Ort braucht; heutzutage führt *medica mondiale* ein »Assessment« durch: Sie schickt eine erfahrene professionelle Gutachterin ins Land, die die Lage sondiert und mit einer Empfehlung zurückkehrt. Im Februar 2008 ist eine Kollegin nach Kenia abgereist. Als in dem ostafrikanischen Land nach den Wahlen am 27. Dezember Unruhen ausgebrochen waren, weil die Opposition Präsident Kibaki des Wahlbetrugs bezichtigte, hatten sich innerhalb kürzester Zeit rund 290 000 Menschen auf die Flucht begeben. Von ihrer Berichterstatterin in Kenia erfährt *medica mondiale* in Köln, was die Kolleginnen nach ihrer jahrelangen Erfahrung befürchtet hatten und den Medien, wenn überhaupt, allenfalls eine Randnotiz wert ist: Die Krankenhäuser registrieren eine steigende Zahl von vergewaltigten Patientinnen, die kenianische Kriminalbehörde meldet 1200 Opfer von Gruppenvergewaltigungen, Frauenorganisationen klagen über sexuelle Übergriffe durch Mitarbeiter von Hilfsorganisationen und Sicherheitspersonal in den Flüchtlingslagern. Bevorzugte Opfer in den Lagern sind junge Mädchen, die durch die Fluchtwirren von ihren Familien getrennt wurden und jetzt ohne Schutz sind. »Es ist immer dasselbe!«, seufzt Monika Hauser, als sie die Nachrichten aus Kenia hört. Ein klarer Fall für den Projektefonds.

13 | »Zeit zu sprechen« – 60 Jahre Kriegsende in Deutschland

Im September 2007 sitzt Monika Hauser in den Katakomben eines Brauhauses in Köln-Kalk und schaut auf den Monitor einer Filmkamera. Auf dem Bildschirm: ein Luftschutzkeller, in dem sich bleich geschminkte Schauspielerinnen und Schauspieler in abgerissener Kleidung auf die nächste Szene vorbereiten; der Keller wird gleich von »russischen Soldaten« gestürmt werden. In dem Bestseller »Anonyma«, der die Vorlage für den gerade entstehenden Kinofilm bildet, schildert die Autorin diese Szene so: »Im Keller. Die Petroleumlampe brennt nicht mehr, der Stoff ging wohl aus. Beim Flackerschein eines Kerzenflämmchens auf einem mit Talg gefüllten Pappdeckel erkenne ich das Kalkgesicht der Bäckerin, den zuckenden Mund … Drei Russen stehen neben ihr. Mal zerrt der eine am Arm der im Liegestuhl daliegenden Frau, mal stößt der andere sie, die hoch will, wieder auf den Sitz zurück. Es ist, als sei sie eine Puppe, ein Ding.« Die Ich-Erzählerin hastet auf die Straße und holt einen Offizier dazu. »Der Offizier mischt sich ein in das Gespräch, ohne Befehlston, von gleich zu gleich. Ich verstehe mehrmals den Ausdruck ›Ukas Stalina‹ – Stalins Erlass. Dieser Erlass scheint davon zu handeln, dass ›so was‹ nicht vorkommen darf. Kommt aber natürlich doch vor, wie mir der Offizier nun achselzuckend zu verstehen gibt. Einer der beiden Ermahnten widerspricht. Sein Gesicht ist zornig verzerrt: ›Was denn? Wie haben's denn die Deutschen mit unseren Frauen gemacht?‹ Er schreit: ›Meine Schwester haben sie …‹, und so fort, ich verstehe nicht alle Worte, jedoch den Sinn. Wieder redet der Offizier eine Weile ganz ruhig auf den Mann ein. Dabei entfernt er sich langsam in Richtung Kellertür, hat die beiden auch schon draußen. Die Bäckerin fragt heiser: ›Sind sie weg?‹ Ich nicke, gehe aber vorsichtshalber noch mal hinaus in den dunklen Gang. Da haben sie mich. Die beiden haben hier gelauert.«[18]

Der Filmstart von »Anonyma – eine Frau in Berlin« im Oktober 2008 wird im doppelten Sinne eine Premiere sein. Zum ersten Mal werden sich deutsche Kinozuschauer in einem Spielfilm mit einem bisher weitgehend ausgeblendeten Teil ihrer Kriegs- und Nachkriegsgeschichte beschäftigen: den Vergewaltigungen deutscher Frauen, sehr vieler deutscher Frauen, durch die »Befreier«; vor allem durch russische Soldaten, aber auch durch die amerikanischen, französischen und britischen Sieger. Bis es so weit war, hat es 63 Jahre und unzählige Kriegs- und Antikriegs- filme über Männer in Schützengräben und Bombenhagel – von »Die Brücke« bis »Das Boot« – gedauert.

Anonyma, das ist, wie man inzwischen weiß, die Berliner Journalistin und Fotografin Martha Hiller, die in ihren Tagebuchaufzeichnungen vom 20. April bis 22. Juni 1945 die Geschehnisse nach dem Einmarsch der Roten Armee in der Reichshauptstadt schildert: klug, lakonisch, ohne jedes Selbstmitleid und deshalb umso berührender. 1954 erschien das Buch zunächst in New York. Es folgten Übersetzungen in neun Sprachen, bis die Autorin, ermutigt durch die einfühlsamen Reaktionen, schließlich 1959 einer Veröffentlichung in Deutschland zustimmte. Offenbar empfand man ihre Schilderungen im Wirtschaftswunderland als unliebsame Störung; erst 2003, als der Eichborn-Verlag das Buch zwei Jahre nach Hillers Tod noch einmal herausbrachte, schnellte es auf die Bestsellerlisten.

Monika Hauser und ihre Kolleginnen wissen, dass diese Verfilmung, die zudem nicht von einem kleinen Nischenverleih, sondern in großem Stil vom Branchenriesen Constantin mit Nina Hoss in der Hauptrolle produziert wird, »eine enorme Chance darstellt, dass dieses Thema in Deutschland noch einmal eine große Öffentlichkeit erhält«. Die Frage ist nur: Wie wird Drehbuchautor und Regisseur Max Färberböck, der in »Aimée und Jaguar« die Liebesgeschichte zwischen der Jüdin Felice Schragenheim und der »Arierin« Lilly Wust ebenso mainstreamgerecht wie sensibel umgesetzt hat, nun diese Geschichte erzählen? Denn Anonyma ist nicht nur mehrfach Opfer brutaler Vergewaltigungen, sondern beschließt, nachdem sie innerhalb weniger Tage von mehreren Soldaten überfallen wird, die Sache von nun an selbst in die Hand zu nehmen. »Als ich aufstand, Schwindel, Brechreiz. Die Lumpen fielen mir auf die Füße. Ich torkelte durch den Flur, an der schluchzenden Witwe vorüber ins Bad. Erbrechen. Das grüne Gesicht im Spiegel, die Brocken im Becken. Ich hockte auf der Wannenkante, wagte nicht nachzuspülen, da immer wieder Würgen und das Wasser im Spüleimer so knapp. Sagte dann laut: Verdammt! und fasste einen Entschluss. Ganz klar: Hier muss ein Wolf her, der mir die Wölfe vom Leib hält. Offizier, so hoch es geht, Kommandant, General, was ich kriegen kann. Wozu hab ich meinen Grips und mein bisschen Kenntnis der Feindsprache? Sobald ich wieder gehen konnte, nahm ich einen Eimer und verzog mich hinunter auf die Straße. Schlenderte auf und ab, spähte in die Höfe, äugte umher, kehrte wieder ins Treppenhaus zurück, gab Obacht. Ich legte mir Sätze zurecht, mit denen ich einen Offizier ansprechen könnte; überlegte, ob ich nicht zu grün und elend aussähe, um zu gefallen. Fühlte mich körperlich wieder besser, nun, da ich etwas tat, plante und wollte, nicht mehr nur stumme Beute war.«[19] Die Gepeinigte sucht sich, wie es viele Frauen in jenen Tagen tun, einen »Beschützer«; auch im Leiden und der Entmenschlichung bestehen graduelle Unterschiede. Deshalb entscheidet auch Anonyma: besser ein kultivierter und kalkulierbarer Mann im Bett als marodierende und willkürlich vergewaltigende Horden im Luftschutzkeller.

Allerdings: Die filmische Umsetzung ist eine Gratwanderung. Zumal, wenn cineastische Gepflogenheiten wenig Raum für Differenziertheit lassen und das Publikum – tatsächlich oder angeblich – die übliche Liebesgeschichte zu sehen verlangt. Monika Hauser jedenfalls hat Bedenken. Sie schreibt an Max Färberböck: »Als Frauenärztin und Gründerin einer Menschenrechtsorganisation, die seit 15 Jahren explizit kriegsvergewaltigte Frauen unterstützt, weiß ich, wie extrem tabuisiert dieses Thema auch hierzulande ist. Bei ›Aimée und Jaguar‹ fand ich es sehr gelungen, wie Sie das Thema lesbischer Liebe in Verbindung mit der Holocaust-Thematik filmisch umgesetzt haben. Sehr gespannt bin ich, wie Sie das schwierige Thema der Vergewaltigungen Berliner Frauen durch Sowjet-Soldaten in Bilder setzen werden. Gern möchte ich Ihnen einige Hintergrund-Informationen zur Verfügung stellen, in der Hoffnung, dass sie für Ihre Arbeit dienlich sind. Mein Hauptinteresse besteht in einer angemessenen, seriösen Darstellung einer Problematik, für die ich seit Jahren versuche, öffentliche Räume herzustellen. Es ist endlich an der Zeit, dass diese Form der Gewalt gegen Frauen und Mädchen in den Mittelpunkt des Bewusstseins der bundesdeutschen Nachkriegsgesellschaft rückt.«[20]

Als Monika Hauser, die aus der Zeitung von der geplanten Verfilmung des Anonyma-Buches erfahren hat, diesen Brief abschickt, beginnt der Regisseur bereits mit den Dreharbeiten in Polen. Er gibt den Brief an den Produzenten (»Das Boot« bis »Schtonk«) des Films weiter: Günter Rohrbach, einer der Großen im deutschen Filmgeschäft. Rohrbach lädt Hauser zu einem Gespräch und zu den Dreharbeiten ein; mit ihm sitzt sie nun im simulierten Luftschutzkeller in Köln-Kalk und schaut sich an, was die Menschen in den Kinosälen zu sehen bekommen werden. Obwohl in den Katakomben eine sachliche Arbeitsatmosphäre herrscht und die Szenen zunächst nur angespielt werden, geht Monika Hauser das, was sie sieht, »unter die Haut«. Dennoch, die Frage bleibt: Wird das, was ein Gewaltverhältnis ist und bleibt, auch als solches dargestellt? Oder wird das Verhältnis zwischen der Frau, die sich schützen will, und dem Mann, der »schon so lange keine Frau mehr gehabt hat«, als Tribut an Männerfantasien und Publikumsverträglichkeit zur Liebesbeziehung weichgespült? Produzent Rohrbach verneint Letzteres. »Es geht um das Ringen dieser beiden Menschen.« Der Pressetext allerdings kommt ohne das Wort »Liebe« nicht aus: »Und es geschieht, worauf sie am wenigsten gefasst war. Es entsteht eine Beziehung zu dem Offizier Andrej, die sich wie Liebe anfühlt, wäre da nicht die Barriere, die sie bis zum Ende Feinde bleiben lässt.« Produzent Rohrbach selbst schreibt, der Film erzähle eine »dramatische Liebesgeschichte«.

Monika Hausers Skepsis scheint sich zu bestätigen. »Es ist sicher legitim, so eine Beziehung schauspielerisch auszuloten. Aber das auch nur in die Nähe einer Liebesgeschichte zu stellen ist eine fatale Botschaft.« In der Tat ist bei »Anonyma« von Liebe keine Rede. »Dies ist eine neue Sachlage. Es lässt sich keinesfalls behaupten, dass der Major mich vergewaltigt. Ich glaube, dass ein einziges kaltes Wort von mir genügt, und er geht und kommt nicht mehr. Also bin ich ihm freiwillig zu Diensten. Tue ich es aus Sympathie, aus Liebesbedürfnis? Da sei Gott vor. Einstweilen hängen mir sämtliche Mannsbilder mitsamt ihren männlichen Wünschen zum Hals heraus, kann mir überhaupt nicht vorstellen, dass ich mich noch einmal nach diesen Dingen sehnen könnte. Tue ich es für Speck, Butter, Zucker, Kerzen, Büchsenfleisch? Ein wenig bestimmt. Andererseits mag ich den Major, mag ihn umso mehr als Menschen, je weniger er als Mann von mir will.«[21]

Um noch Einfluss auf das Drehbuch zu nehmen, ist es natürlich zu spät. Monika Hauser redet lange mit Günter Rohrbach, versucht, »ihm zu erklären, dass von Erotik in einer solchen Situation keine Rede sein kann«. Schon rein körperlich, erläutert die Ärztin, sei das nicht möglich: »Die Hypophyse ist durch das Trauma so beeinträchtigt, dass das Hormon-Zusammenspiel extrem durcheinandergerät. Da gibt es einen physiologischen Zusammenhang. Der ist nicht sehr erforscht, weil das niemanden interessiert. So viel kann man allerdings sagen: In einem solchen Fall besteht Alibidinie – also die Abwesenheit von Libido.« Schon allein die Tatsache, dass es sich um eine aus Todesangst geborene Beziehung mit einem unüberbrückbaren Machtgefälle handelt, schließt Gefühle wie Liebe und Erotik aus: »Die Frau friert sich psychisch ein.« Genauso formuliert es auch der Schriftsteller Kurt W. Marek, der 1954 das »Anonyma«-Manuskript an einen befreundeten amerikanischen Verleger weitergibt, in seinem Nachwort: »Am erschreckendsten erscheint die Kälte, mit der sie aufzeichnet; bis man erschüttert bemerkt, dass hier keine künstliche Objektivierung stattgefunden hat, sondern Kälte sich ausbreiten muss, weil die Empfindungen erfroren waren – erfroren vor Entsetzen.«

Das Phänomen der »Beschützersuche« als Überlebensstrategie ist universell: Bosnische Frauen beschreiben es – wie die *Medica*-Klientin Leila in ihrem gleichnamigen autobiografischen Buch – ebenso wie Kindersoldatinnen aus Uganda. Und auch die bekannte kroatische Autorin Slavenka Drakulić macht in ihrem Roman »Als gäbe es mich nicht« – in dem ihre Protagonistin im

Lager regelmäßig von einem serbischen Offizier »angefordert« wird und so den Vergewaltigungen durch die anderen Soldaten entgeht – deutlich, dass für eine Frau gerade die Verbindung aus der Benutzbarkeit als Sexualobjekt und der Verpflichtung zur Dankbarkeit aufgrund der vergleichsweise »freundlichen« Behandlung eine besonders perfide Mischung ist.

Monika Hauser ist irritiert darüber, dass der Produzent nicht um diese Zusammenhänge weiß, sich also offenbar »just in dieser Kernfrage keine Fachberatung geholt hat«. Günter Rohrbach verspricht der *Medica-mondiale*-Gründerin, sie, sobald die Medienmaschinerie anläuft, bei Presseanfragen künftig als Ansprechpartnerin für Fragen nach den Kriegsvergewaltigungen in Deutschland zu nennen.

Trotz aller Internationalisierung von *medica mondiale* sind die deutschen Frauen und das, was ihnen bei und nach Kriegsende geschehen ist, für Monika Hauser und ihr Team »immer Thema gewesen«. Schon während ihrer Arbeit als Gynäkologin im Ruhrgebiet ist sie mancher älteren Patientin begegnet, die ihr direkt oder durch ihr Verhalten von dem erzählt hat, was zwar Jahrzehnte zurückliegt, aber immer noch unter der Oberfläche schwelt. Außerdem haben der Mut der bosnischen Frauen, über die Vergewaltigungen zu sprechen, und die Bereitschaft der Weltöffentlichkeit, ihnen zuzuhören, auch ihre Leidensgenossinnen in Deutschland mobilisiert. »Seit 1993 tritt bei fast jeder Veranstaltung eine ältere deutsche Frau an mich heran und sagt: ›Ich weiß genau, wovon Sie reden!‹ Einmal kam eine Rentnerin zu mir, drückte mir 20 Mark in die Hand und sagte: ›Bitte machen Sie weiter mit Ihrer Arbeit, damit nicht auch die bosnischen Frauen später sagen müssen, dass sie nie darüber sprechen konnten!‹«

Medica mondiales Berichte über die sexualisierte Kriegsgewalt gegen Mädchen und Frauen in Bosnien, Liberia und Afghanistan legen die verschütteten Erinnerungen so mancher deutschen Frau wieder frei. Oft finden sich in der *Medica*-Post Schilderungen wie diese: »Liebe Frauen, ich lese euren Brief und muss laut und heftig weinen. Die Tatsache, dass auch kleine Mädchen vergewaltigt werden und dass ihr das druckt und benennt, hat die Schleusen geöffnet. Gleichzeitig bin ich euch dafür sehr dankbar. Im Dezember 1941 geboren, war ich drei Jahre alt, als meine Heimatstadt 1945 zu 80 Prozent zerstört wurde und auch mein Elternhaus. Meine Schwestern – 9, 7 und 1,5 Jahre alt – überlebten das Inferno nicht. Wir lebten nach dem Bombenangriff im heil gebliebenen Großelternhaus. Vier Wochen nach dem Angriff, am 3. April 1945, besetzte die französische Armee einen Teil des Hauses. In der Folgezeit wurde ich von einem Franzosen (Nordafrikaner) mit einer Pistole anal penetriert. Diese Erinnerung hat sich in einem jahrelangen Prozess ins Bewusstsein gehoben – in Schüben haben sich immer wieder Einzelheiten wie Puzzleteile zu einem Bild zusammengesetzt.« Häufig folgt dem Trauma der Gewalt das Trauma des Verschweigenmüssens. Eine Frau berichtet: Als sie als 16-Jährige den Aufsatz-Wettbewerb »Mein schrecklichstes Kriegserlebnis« mit der Schilderung ihrer Vergewaltigung als Zwölfjährige gewonnen hatte, nahm eine Lehrerin das Mädchen beiseite und bedeutete ihr, ab jetzt nie wieder von diesem Ereignis zu sprechen.

Auch Töchter und, seltener, Söhne schreiben. Sie schicken »Muttis Tagebuch« aus Posen, geschrieben im April 1945: »Wir hatten uns in einer Scheune versteckt bis zum nächsten Tag, und dann ging das los, wo ich mich schon lange vor gefürchtet hatte.« Oder eine »Telefonmitschrift mit meiner Mutter über die damaligen dramatischen Ereignisse«: »Weil ich das Schreckliche auch jetzt noch nicht verarbeitet habe, sind mir immer noch diese schlimmen Sachen allgegenwärtig.«

Schon länger treibt Monika Hauser der Wunsch um, mit einer Kampagne auch die so oft verschwiegenen Traumata der deutschen Frauen durch die Kriegsvergewaltigungen endlich stärker an die Öffentlichkeit zu bringen. Denn von ihnen ist selten oder gar nicht die Rede, wenn die Nation an Volkstrauer- oder Jahrestagen der Kriegsopfer gedenkt. Aber die Arbeit an den Auslandsprojekten frisst viel Energie, Zeit ist bei *medica mondiale* Mangelware. Doch als im Jahr 2005 der 60. Jahrestag des Kriegsendes begangen werden soll, ist Monika Hauser und ihren Kolleginnen klar: »Wenn nicht jetzt – wann dann?« Sie beschließen: Es ist »Zeit zu sprechen«. Denn, so Monika Hauser: »Diesen Frauen galt noch nie die Rede eines Kanzlers oder Bundespräsidenten, niemand widmete ihnen ein Mahnmal, niemand unternahm je ernsthafte Anstrengungen in Richtung Entschädigung. Es ist höchste Zeit, ihnen in unserer Erinnerung den angemessenen Raum zu geben, der ihnen zusteht.«

Die gleichnamige Kampagne beginnt im Juni mit einer Fachtagung in Bonn. »Was haben der frühere Stettiner Bahnhof in Berlin und das frühere Hotel Sonja in Vogošća nahe Sarajevo miteinander gemein?«, eröffnet Monika Hauser die Veranstaltung. Die Antwort liefert sie gleich selbst: »Beide wurden zu Orten des Martyriums von Frauen und Mädchen in Kriegen. Im Berliner Bahnhof hatten Hunderte von Frauen und Kindern Zuflucht gesucht, hier wüteten im Mai 1945 Sowjet-Soldaten, trunken vom Alkohol und vom Hass auf alles Deutsche, das ihr eigenes Leben und das ihrer Lieben zerstört hatte. In Vogošća wüteten serbische Soldaten, denen gesagt wurde, dass von heute auf morgen ihre muslimischen Nachbarn ihre Feinde seien und sie deren Frauen und Mädchen deshalb ungestraft vergewaltigen dürften. Eine weitere Gemeinsamkeit ist, dass weder der Bahnhof in Berlin noch das Hotel in Bosnien zu Mahnmalen gegen sexualisierte Gewalt gegen Frauen geworden sind.« Wie immer geht es ihr nicht um das Trennende zwischen Nationen, Völkern und Ethnien, sondern um die universelle Gemeinsamkeit des Prinzips patriarchaler Gewalt, das allerorten einhergeht mit der Marginalisierung und der Scham der Opfer. Und so sprechen an diesem Tag in Bonn auf derselben Bühne die bosnische Psychologin Marijana Senjak und die deutsche Filmemacherin Helke Sander.

Mit ihrem Film »BeFreier und Befreite« war Sander zwar nicht die Erste gewesen, die die Existenz der Massenvergewaltigungen deutscher Frauen durch die »Befreier« öffentlich benannt hatte. Das hatte 1975 bereits die amerikanische Autorin Susan Brownmiller in ihrem feministischen Grundlagenwerk »Gegen unseren Willen« getan, das drei Jahre später im Zuge der Frauenbewegung auch in Deutschland erschien. Aber anders als Brownmiller, die Zeitzeuginnen als Beleg für ihre These der Massenvergewaltigungen zitiert, lieferte Helke Sander in harter Pionierarbeit Zahlen. Denn die gab es auch fast ein halbes Jahrhundert nach Kriegsende nicht: »Ich nahm an, dass die Recherche vielleicht etwas langwieriger und umfangreicher sein würde als bei anderen Themen, aber ich vermutete damals nicht, dass die Nachforschungen fast bei null anfangen mussten.« Gemeinsam mit der Wissenschaftlerin Barbara Johr wertete Helke Sander die vollständig erhaltenen Krankenakten der Berliner Charité aus sowie weitere Dokumente aus einer Kinderklinik. Die Angaben, die sie dort fanden, rechneten die beiden Rechercheurinnen hoch und kamen zu folgendem Ergebnis: In Berlin wurden mindestens 100 000 Frauen und Mädchen vergewaltigt; in ganz Deutschland, vor allem in den Ostgebieten, waren von Dezember 1944 bis zum Winter 1945 etwa zwei Millionen Frauen betroffen. »Das heißt«, folgert Sander, »circa zehn Prozent der deutschen Frauenbevölkerung wurde innerhalb eines Jahres einmal oder mehrfach vergewaltigt.«[22]

Die körperlichen und seelischen Folgen, die diese systematische Demütigung für die Frauen hatte, sind »so viele, dass sie nur angerissen werden können«, sagt die Filmemacherin. »Ich sprach mit vielen, die damals 13, 14 Jahre alt waren und keine Ahnung hatten, was mit ihnen geschah. Oft führte das dazu, dass sie später nie mehr mit einem Mann schlafen konnten und ›Abscheu gegen den sexuellen Akt überhaupt‹ entwickelten. Normalerweise haben diese Mädchen mit niemandem darüber sprechen können. Viele begingen Selbstmord oder wurden dazugezwungen. Die damals schon erwachsenen Frauen berichten von den Schwierigkeiten mit ihren Verlobten oder Ehemännern oder auch Vätern nach Vergewaltigungen. Gerade von den nächsten Angehörigen wurde den Frauen Mitgefühl oft verweigert. Eine Vergewaltigung galt als Makel, auch wenn eingesehen wurde, dass die Frauen dem nicht entgehen konnten.«[23] Am allergrößten war die Schande, wenn der Übergriff in einer der rund 300 000 belegten Schwangerschaften endete. Diese wurden, so ergeben die Recherchen von Sander und Johr, zu 90 Prozent abgebrochen, wozu sich die Krankenhäuser in der Regel bereit erklärten. Auf dem Land oder auf der Flucht jedoch war eine Abtreibung so gut wie unmöglich. Und auch in den Berliner Krankenakten bleibt bei jedem zehnten Kind, das Ende 1945 geboren wird, die Frage nach der Vaterschaft unbeantwortet, bei den Kindern des Jahrgangs 1946 sogar in jedem siebten Fall. In Deutschland leben also – mit oder ohne ihr Wissen – Zehntausende Menschen, deren Zeugung für ihre Mütter eines der furchtbarsten Erlebnisse ihres Lebens gewesen sein dürfte.

Die Zahlen und die Konsequenzen, die für die Frauen, aber auch für die gesamte Nachkriegsgesellschaft bis heute resultieren, sind immens. Umso erstaunlicher, dass es immer noch Usus ist, sie in der öffentlichen Debatte zu vergessen oder sie als »quantité négligeable« zu behandeln: als zu vernachlässigende Größe. Auch im Falle der Ausstellung »Flucht, Vertreibung, Integration«, die im Dezember 2005 im Bonner Haus der Geschichte eröffnet wurde, musste *medica mondiale* an sie erinnern.

Schon eineinhalb Jahre vor Ausstellungsbeginn hatte sich Monika Hauser beim Kurator gemeldet und Unterstützung dabei angeboten, das Thema angemessen darzustellen. In der Publikation »Zeit zu sprechen«, die *Medica* anlässlich ihrer Kampagne herausgebracht hatte, gab es viele Berichte von Zeitzeuginnen, außerdem hatten sich zwei Kinder von Vergewaltigungsopfern schon früh gemeldet und die Tagebücher ihrer Mütter zur Veröffentlichung angeboten: Rainer Kaps und Karin Schüler, die AWO-Frauenreferentin, die seinerzeit für die Anschubfinanzierung von *medica mondiale* gesorgt hatte. Bei einem Gang durch das Haus der Geschichte muss Monika Hauser feststellen: Ein bedeutender Teil der Geschichte von Flucht und Vertreibung wird in diesem Haus nicht erzählt. »Das Thema Kriegsvergewaltigungen tauchte zwar auf, aber man musste es mit der Lupe suchen.« »Was außerdem völlig fehlte, war die Dimension der Vergewaltigungen und die gigantischen, lebenslangen Folgen, die das für eine Frau hat.« Wieder bekommt *Medica* Briefe. »Die Frauen schrieben uns, was für eine große Überwindung es sie gekostet hatte, in die Ausstellung zu gehen und sich nach so vielen Jahren mit dem Thema Vergewaltigung zu konfrontieren. Noch größer aber waren ihr Schock und ihre Verletzung, als sie feststellen mussten: Sie tauchen praktisch nicht auf.«

Daraufhin startet *medica mondiale* eine Kampagne in der Kampagne. Immerhin soll diese Ausstellung nach ihrer Wanderschaft durch Bonn, Berlin und Leipzig das Herzstück einer Dauerschau im Deutschen Historischen Museum in Berlin werden. Monika Hauser und ihre Kolleginnen mobilisieren prominente Persönlichkeiten wie die Politikerinnen Rita Süssmuth und Sabine Leutheusser-Schnarrenberger und die Psychoanalytiker Margarete Mitscherlich und Horst Eberhard Richter, die gegen das erneute Verschweigen protestieren. Auch Schauspielerin Maria Furtwängler, die im ZDF-Zweiteiler »Die Flucht« die Hauptrolle spielte, kritisiert in Presseinterviews die Ausstellungsmacher heftig: »Bei allem dokumentarischen Eifer werden das Elend, die Gewalt und die Vergewaltigungen, die gerade die Frauen während ihrer Flucht und Vertreibung ertragen mussten, nicht thematisiert.« Der Protest zeitigt Erfolg, wenngleich es nun für eine konzeptionelle Änderung zu spät ist. Immerhin wird, als die Ausstellung ihre zweite Station Berlin erreicht, eine neue Vitrine aufgestellt. Sie enthält die beiden Tagebücher und zwei Bücher: »Be-Freier und Befreite«, das Buch zum Film von Helke Sander, und »Frau in Bernstein« von Agate Nesaule, die ihre Flucht aus Lettland beschreibt und ihre Erinnerungen – wie in Bernstein – in sich eingeschlossen hatte. Bei Station Nummer drei, Leipzig, organisiert das Museum eine Begleitdiskussion mit Monika Hauser auf dem Podium: »Das ewige Tabu – sexualisierte Gewalt als Kriegserfahrung von Frauen damals und heute«. Auch bei dieser Veranstaltung passiert, was so oft geschieht, wenn Monika Hauser die »Zeit zu sprechen« ankündigt. Eine alte Frau erhebt sich und erzählt vor den rund 100 Zuschauern von ihrer Vergewaltigung als Achtjährige. Eine Entschädigungszahlung, berichtet sie, habe man ihr später verweigert. Die Begründung: Sie konnte die zwei erforderlichen Zeugen für das Verbrechen nicht beibringen.

Der September des Kampagnenjahres steht im Zeichen der »Aktion Kriegsbeute«. Die Gesichter der Aktion: Frauen und

24 | Deutschland
»Aktion Kriegsbeute«
anlässlich der Kampagne
»Zeit zu sprechen« im
September 2005 in Köln
– eine Unterstützerin
neben einem Kampag-
nenaufsteller

Mädchen jeden Alters und jeder Hautfarbe, die ein blaues T-Shirt tragen mit dem Aufdruck »Kriegsbeute«. Ernst und würdig blicken sie von Litfaßsäulen, Plakaten und Postkarten und erinnern daran, dass die weibliche Zivilbevölkerung qua Geschlecht stets als Teil der Eroberungsmasse betrachtet wird. Und wieder versucht *medica mondiale,* den Bogen zu spannen: von den heute alten Frauen des Zweiten Weltkriegs bis zum jungen Mädchen im Kongo. Schauspielerinnen wie Nina Hoger oder Mariele Millowitsch geben ihr Gesicht für die Aktion, ebenso wie TV-Moderatorin Bettina Böttinger, die seit der ersten Sendung mit Monika Hauser im Februar 1994 die rührigste prominente Unterstützerin der Organisation geworden ist. Pünktlich am 1. September, dem Antikriegstag, starten die *Medica-mondiale*-Ortsgruppen, nun selbst bekleidet mit dem »Kriegsbeute«-T-

Shirt, Aktionen in den Fußgängerzonen von sechs Städten. Lebensgroß steht die »Kriegsbeute« nun als Pappfiguren vor den Schaufenstern und sorgt bei den Passanten für Irritation und Betroffenheit, manchmal auch ganz persönliche: »Ich weiß genau, wovon Sie reden!«, sagt so manche ältere Frau zu Monika Hauser, die sich für die Aktion in Köln selbst in die Schildergasse gestellt hat. Die deutsche Presse berichtet anerkennend; lediglich die »taz« kritisiert, dass die »Aktion Kriegsbeute« Frauen und Mädchen »viktimisiere«, also auf ihre Rolle als Opfer reduziere. »Es ist ein Fakt, dass Frauen Kriegsbeute sind«, hält Monika Hauser dagegen. »Mit dieser Aussage wollen wir nicht viktimisieren, sondern provozieren. Ohne einen solchen Hingucker können wir die Leute schon lange nicht mehr erreichen.«

Langsam, aber sicher beginnt nun auch die Forschung, sich mit den Folgen der Kriegstraumatisierungen in Deutschland zu beschäftigen. Spät, für viele Betroffene zu spät. Dabei sind nicht nur diejenigen betroffen, die selbst als Erwachsene, Jugendliche oder Kinder Opfer von sexualisierter und anders motivierter Gewalt geworden sind, sondern auch deren Kinder. Längst ist aus der Holocaust-Forschung bekannt, dass Traumata an die nächsten Generationen weitergegeben werden können, und das insbesondere, wenn die schrecklichen Erlebnisse unausgesprochen bleiben. »Kinder erahnen vieles, übernehmen emotionale Zustände der Eltern, Ängste oder Schuldgefühle zum Beispiel. Immer wieder erleben wir auch, dass die Kinder das Trauma der Eltern zu wiederholen versuchen«, erklärt die Hamburger Psychoanalytikerin Mercedes Dohrn-van Rossum. Sie ist Leiterin einer Forschungsgruppe der Deutschen Psychoanalytischen Gesellschaft, die sich zum ersten Mal mit der Frage befasst, inwieweit die Leiden der Kriegskinder durch die sogenannte transgenerationale Weitergabe übertragen werden. Bis heute gibt es in Deutschland keinen speziellen Therapieansatz für die traumatisierten Opfer und ihre Kinder. Ein Grund für den Jahrzehnte währenden blinden Fleck in der Forschung ist zweifellos, dass diejenigen, die die Verbrechen der Besatzer thematisieren, unter dem Generalverdacht des Revanchismus stehen. Angesichts der Verbrechen, die von deutschen Wehrmachtssoldaten und SS-Männern in den überfallenen Ländern begangen wurden, war es lange Zeit schwierig, das Leid von Angehörigen des Tätervolks zu benennen. So schlug Helke Sander, deren Film zunächst internationale Preise gewann, in Feuilletons, auf Tagungen und bei Demonstrationen vor den Kinos eine Welle der Kritik bis zur Feindseligkeit entgegen. Die Vorwürfe: Revisionismus, Revanchismus, Antisemitismus; »BeFreier und Befreite« aktiviere alten Hass. »Ich glaube, das Gegenteil ist der Fall«, entgegnet Sander. »Wenn Hass ausbricht, dann glaube ich, liegt das daran, dass die einmal berechtigte Fremdenangst niemals ausgesprochen werden durfte. Die Befreier durften keine Vergewaltiger sein. Dennoch war es so.«

Hinzu kommt, dass die Generation der Älteren dem Konzept Therapie eher skeptisch gegenübersteht, körperliche Beschwerden eher selten mit unverarbeitetem seelischem Leid in Verbindung bringt und hohe innere Hürden überwinden muss, bevor sie sich in die Hände eines Therapeuten begibt. Für die kriegsvergewaltigten Frauen, die zusätzlich mit Scham und Stigmatisierung zu kämpfen haben, gestaltet sich dieser Schritt umso schwerer. Vor allem aber haben sich die zuständigen Disziplinen von Psychologie bis Psychiatrie bisher schlicht nicht für die alten Frauen interessiert. Sie sind in einer Art wissenschaftlichem Bermuda-Dreieck verschwunden: Während sich die Traumaforschung auf jüngere Menschen und Traumaopfer aus ausländischen Kriegsgebieten konzentriert hat, setzte die Gerontopsychiatrie auf rein biologische Erklärungsmuster und Forschungssettings. Wenn es also zum Beispiel gilt, die Ursachen für Altersdepressionen herauszufinden, ist die Fahndung nach den auslösenden Hormonen erheblich beliebter als die Suche nach den Geschichten, die sich um 1945 zugetragen haben.

Einer der wenigen deutschen Wissenschaftler, die sich des Themas angenommen haben, ist der Psychoanalytiker Hartmut Radebold. Nicht zufällig ist der 1935 Geborene auf besonderen Wegen zu seinem Thema gekommen. Als der Analytiker in den 1980er Jahren mehrere über 50-jährige Klienten parallel behandelte, verschlechterte sich sein eigener Zustand. »Bei bestimmten Erzählungen fing ich an, traurig zu werden, zu weinen. Ich

25 | Deutschland
Monika Hauser bei der »Aktion Kriegsbeute« anlässlich der Kampagne »Zeit zu sprechen« im September 2005 in Köln im Gespräch mit einer Journalistin

träumte wieder Träume meiner Kindheit: einsame Wanderungen auf endlosen Schotterstraßen.« Radebold begreift: Hier geht es um seine eigenen, nicht betrauerten Traumata als Kriegskind, die nun durch die Geschichten seiner Patienten an die Oberfläche kommen. Bei den meisten Menschen sind die Auslöser andere: Der Ruhestand, der keine Ablenkung durch Arbeit mehr zulässt und Räume für Erinnerungen öffnet; der Tod eines Elternteils; Berichte über den Irakkrieg im Fernsehen. Die Symptome, die dann aufbrechen können, reichen von Albträumen bis Vermeidungsverhalten und von Depression bis Übererregtheit, häufig verbunden mit dem Gefühl der gleichzeitigen inneren Betäubung. Im Jahr 2002 gründet Radebold die Forschungsgruppe »Kindheiten im 2. Weltkrieg«. Auch er berichtet von »starken Vorbehalten. Wir werden gefragt, warum wir darüber forschen, wir werden restaurativer Absichten verdächtigt. Das wollen wir natürlich nicht. Wir wollen die Geschichtssicht über den Einfluss dieser zeitgeschichtlich leidvollen Erfahrungen ergänzen«.

Selbst wenn Radebold beginnt, den blinden Fleck in der Kriegskinder-Forschung zu füllen, so bleibt doch auch er zunächst auf dem Geschlechterauge blind. Als er im Juni 2004 im »Deutschen Ärzteblatt« über »Kriegskinder im Alter« schreibt und an seine Kollegen und Kolleginnen appelliert, bei ihren Diagnosen die Lebensgeschichte ihrer Patienten zu berücksichtigen, ist von Ausbombungen und abwesenden Vätern die Rede. Die Traumata der Mütter? Schweigen. Monika Hauser schreibt einen erbosten Leserbrief: »Ärgerlich ist an Ihrem Artikel, dass Herr Radebold die spezifische Situation der Frauen völlig ausgeklammert hat. Hier ist die Frage, welche Auswirkungen diese Erfahrungen der zigtausendfachen Vergewaltigungen bei den weiblichen Überlebenden (und ihren Töchtern, in anderer Weise auch Söhnen) hatten. Auf jeden Fall völlig andere als auf ihre Männer. Darauf hinzuweisen wäre das Mindeste, was ich mir von einem Grundsatzartikel zum Thema erwarte.« Der Brief löst bei den Lesern eine heftige Debatte und erschrockene Zustimmung bei Analytiker Radebold aus.

»Wir müssen es immer und immer wieder sagen«, seufzt Monika Hauser. »Das ist manchmal sehr erschöpfend.« Dennoch muss es sein, denn hier geht es nicht um feministische Prinzipienreiterei, sondern um die Frauen, die ihr ihre Geschichten erzählen. »Liebe Monika Hauser, gestern habe ich Sie beim WDR-›Tischgespräch‹ zum Thema ›60 Jahre Kriegsende in Deutschland‹ gehört. Beide meiner Eltern sind im Zweiten Weltkrieg durch Gewalt traumatisiert worden, mein Vater als junger Soldat (17 Jahre alt) in Russland und meine Mutter durch sexualisierte Gewalt. Die Geschichte meines Vaters kenne ich relativ gut, da er uns, als wir klein waren, immer wieder detailreich erzählte, was er in Russland und später in der Gefangenschaft in Frankreich erlebt hatte. Die Geschichte meiner Mutter kann ich retrospektiv nur erahnen. Ihre und meine Traumageschichte hat sich für mich erst durch meine eigenen Erlebnisse an die Oberfläche bewegt, und zwar während und nach der Geburt meiner Tochter.« Als die Verfasserin dieses Briefes an Monika Hauser selbst Mutter wird, reagiert die Tochter der Traumatisierten mit starkem Gewichtsverlust und Wahrnehmungsstörungen. »Ich habe aber überhaupt nicht verstanden, was passierte, und die Symptome weitgehend verborgen gehalten oder zu ignorieren versucht. Fast zwei Jahrzehnte habe ich mich mit schlechten Gefühlen durch mein Leben gehangelt, bis ich in den letzten Jahren eine Therapie gemacht habe, in der es mir endlich gelang, bis zu dieser sekundären Traumatisierung durch meine Mutter – sie hat wohl auch versucht, mich als Säugling sterben zu lassen, und so noch ein ganz eigenes Trauma produziert – vorzudringen. Ich war viele Jahre völlig gelähmt. Zudem ist mir heute sehr schmerzhaft bewusst, dass meine beiden Kinder wiederum durch das Verhalten und den Bewusstseinszustand ihrer Mutter geprägt sind. Ob der Zweite Weltkrieg jemals endet?«

14 | »Nachts kommen wilde Tiere in mein Bett« – der Krieg in deutschen Altersheimen

Die Patientin hat plötzlich Halluzinationen, von einem Tag auf den anderen. Bisher war die alte Frau dem Pflegepersonal nicht durch geistige Verwirrtheit aufgefallen, doch nun sieht sie plötzlich wilde Tiere auf ihrem Bett und die Wände hochkrabbeln – sie hat Angst, panische Angst. Die Krankenschwestern melden das an die Stationsärztin; deren Anordnung lautet, Haldol zu verabreichen, ein starkes Psychopharmakon, auf dessen Nebenwirkungsliste Hirnleistungsstörungen, Krämpfe und Zittern stehen. Doch die Tropfen nutzen nichts, die Tiere bleiben. Die Patientin ist verstört, will wissen, was mit ihr los ist; endlich setzt sich eine Pflegerin zu ihr, nimmt sich die Zeit nachzufragen. Die alte Dame erzählt ihr schließlich, dass sie nach Kriegsende von amerikanischen Soldaten vergewaltigt wurde. Da begreift die Pflegerin: Die Bettnachbarin hat einen amerikanischen Ehemann; wenn er zu Besuch ist, sprechen die beiden Englisch miteinander. Der Mann, die Sprache und die Tatsache, dass die alte Patientin nur einen Meter entfernt im Nachthemd danebenliegt, haben das lang verdrängte Trauma wieder aufbrechen lassen. Als die Frau in ein anderes Zimmer verlegt wird, sind die wilden Tiere einige Tage später verschwunden.

Martina Böhmer erzählt diese Geschichte den rund 200 Teilnehmerinnen und Teilnehmern der Fachtagung »Zeit zu sprechen«. Sie ist jene Altenpflegerin, die die verstörte Patientin vor einer weiteren chemischen »Ruhigstellung« bewahrte, indem sie sie sich nahm: die Zeit zu sprechen. Und das erkannte, was eigentlich alle erkennen sollten, die alte Frauen pflegerisch versorgen: Für viele von ihnen ist der Zweite Weltkrieg tatsächlich immer noch nicht zu Ende. Im Gegenteil: Auf den Pflegestationen, in Krankenhäusern und Gerontopsychiatrien beginnt er wieder. Wenn mit dem Alter die kognitive Kontrolle nachlässt, die das Verdrängte unter Verschluss gehalten hatte; wenn das Gefühl der Hilflosigkeit und des Ausgeliefertseins aufs Neue hochkommt; wenn die Patientin von männlichen Pflegern an intimen Stellen gewaschen wird, man ihr Zäpfchen und Katheter einführt und nachts im Dunkeln Schritte über den Flur hallen. Dann ist das Grauen wieder da. Und die Traumatisierte reagiert: Die eine gerät in Panik, wehrt sich, schreit, schlägt um sich, die andere wird apathisch, zieht sich in sich selbst zurück, flüchtet in ein inneres Exil. Typische Posttraumatische Belastungssyndrome (PTBS). »Jede und jeder, der in der Altenpflege arbeitet, kennt solche Geschichten«, weiß Böhmer nach 20 Jahren Berufserfahrung. Auch die Pflegenden, die Hartmut Radebold, Psychoanalytiker und Altersforscher, für sein Buch »Die dunklen Schatten unserer Vergangenheit« befragt hat, schildern solche »typischen Szenen«. Zwei jüngere Zivildienstleistende kommen früh noch im Dunkeln in das Zimmer einer alten Frau und beginnen sie nackt auszuziehen, um sie zu waschen. Sie schreit laut um Hilfe, wehrt sich mit Händen und Füßen, schlägt um sich, beißt und kratzt. Niemand versteht das Verhalten dieser sonst eher ruhigen und zurückgezogen lebenden Frau. Eine andere über 80-jährige Bewohnerin eines Pflegeheims wird auf dem Flur von hinten von einem jüngeren Mann angefasst. Sie versucht sich loszureißen und schreit: »Ich will kein Kind mehr!« Eine weitere brüllt, als ein verwirrter Heiminsasse nachts auf dem Flur randaliert: »Hau ab, du Russenschwein!«

Wenn diese Frauen Glück haben, treffen sie auf sensibles Pflegepersonal, das sich ihren verzweifelten Widerstand oder den inneren Rückzug erklären kann und entsprechend sensibel reagiert. Das Gros der Patientinnen hat Pech, meist ist das Gegenteil der Fall. Die Widerspenstige ist in den Augen ungeschulter Pflegerinnen und Pfleger eben kein retraumatisiertes Gewaltopfer mit der Diagnose PTBS, sondern eine nervende Oma, die aus unerfindlichen Gründen spinnt und den ohnehin knapp kalkulierten Zeitplan durcheinanderbringt. Dann wird sie von kräftigen Armen festgehalten und ein Zäpfchen halt mit Gewalt eingeführt. Und wenn das nichts hilft, wird die Patientin eben fixiert.

Rund drei Millionen Frauen über 75 Jahre – also jene, die bei Kriegsende zwölf Jahre und älter waren, leben in Deutschland, fast 400 000 davon in einer Pflegeeinrichtung. Viele müssen sich aufgrund ihres fortgeschrittenen Alters und der damit einhergehenden Krankheiten in Krankenhäusern behandeln lassen. Obwohl es sich hier also keineswegs um eine Randerscheinung handelt, ist das Wissen um die speziellen Traumata der Heimbewohnerinnen und Patientinnen und das Phänomen der Posttraumatischen Belastungsstörung äußerst dürftig. »Es gibt kaum eine Kollegin im Altenpflegebereich, die diese Diagnose überhaupt kennt«, führt Martina Böhmer aus, die daran arbeitet, das zu ändern. Sie hat das Buch »Erfahrungen sexualisierter Gewalt in der Lebensgeschichte alter Frauen« geschrieben – das einzige zum Thema im deutschsprachigen Raum. Als Lektorin für das Buch gekämpft hat Karin Griese, die im Jahr 2000 vom Mabuse-Verlag als Traumaexpertin zu *medica mondiale* wechselt.

Die Wissenslücken sind groß. So überschneiden sich die Zeichen des PTBS häufig mit denen der Demenz. »Es gibt Symptome wie zum Beispiel Desorientierung, Angst und Panikzustände, Fluchtverhalten, Apathie, Depressionen, Wahrnehmungsstörungen, Teilnahmslosigkeit, Nahrungsverweigerung oder Zwangshandlungen, die einer Demenz zugeschrieben werden, aber auch Folgen von Gewalterfahrungen sein können«, erklärt Altenpflegerin Böhmer. Und so werde das scheinbar unerklärlich verwirrte Verhalten der Patientin allzu häufig auf einen organischen Abbau des Gehirns geschoben. Dabei ist gerade die Flucht in eine andere, erträgliche, innere Welt in der Traumaforschung mittlerweile als klassisches Symptom bekannt. Aber: Was inzwischen bei jüngeren Frauen und Mädchen als Abspaltung oder Dissoziation erkannt und diagnostiziert würde, wird bei alten Frauen in den meisten Fällen als dementielles Symptom betrachtet. Was nicht nur, aber auch mit der Tatsache zusammenhängt, dass alte Frauen in unserer Gesellschaft »als Omas gelten, die keine Sexualität haben«. So erlebte Böhmer in einer großen Traumaklinik, dass die Diagnose PTBS nur bei Patientinnen bis 59 Jahre gestellt wurde. »Die älteren kamen auf die gerontopsychiatrische Station, und da existierte diese Diagnose ganz einfach nicht.« Dabei gab es dort etliche Frauen, die mehr oder weniger offene Andeutungen machten; nicht nur über Vergewaltigungen durch Russen oder Amerikaner, sondern auch über »allzu strenge Väter oder männliche Verwandte, die in den Krieg gezogen waren und von ihnen nicht vermisst wurden«. Über Ehemänner, die ihrerseits traumatisiert und brutalisiert aus dem Krieg zurückgekehrt waren und mit denen es für sie »sehr schwierig« war. Eine ihrer Patientinnen schrie bei der Verabreichung von Abführzäpfchen wie am Spieß: »Vati, Vati!«

Die einfachsten und häufigsten »Lösungen« in solchen Fällen heißen Haldol, Truxal oder Dipiperon. Die Nebenwirkungen dieser Medikamente, mit denen die widerspenstige Patientin »ruhiggestellt« werden soll, sind immens. Häufig gleichen sie typischen Parkinson-Symptomen: trippelnder Gang, starre Mimik, starker Speichelfluss, Kreislaufschwäche, Schluckbeschwerden und Wahrnehmungsstörungen; einige dieser Mittel führen gar in die »Pseudodemenz«.

»Wir haben hier ein riesiges gesellschaftliches Problem«, bestätigt Christine Sowinski vom Kuratorium Deutsche Altershilfe (KDA). »In dem Maße, wie die alten Frauen ihren körperlichen Abbau erleben und sich als abhängig erfahren, brechen die Erlebnisse explosionsartig wieder auf«, weiß die ehemalige Altenpflegerin und Psychologin. Sie selbst kann sich noch gut an Fälle aus ihrer aktiven Pflegezeit erinnern. Zum Beispiel an die Bewohnerin, die immer schrie, sobald man ihr einen Pullover über den Kopf zog. Sowinski fragte vorsichtig nach, konnte aber die Ursache nicht herausfinden. Schließlich einigte sie sich mit den Verwandten darauf, dass die Frau von nun an nur noch Blusen, Strickjacken oder Pullover mit Klettverschlüssen bekam. »Oft werden die Signale der Frauen vom Pflegepersonal falsch gedeutet.« Oder sie finden im hektischen Heimalltag schlicht keinen Platz.

Immerhin hat das KDA seit 2003 das Thema Sexualgewalt in seinen Ausbildungsrichtlinien verankert. Die Diagnose »Posttraumatische Reaktion« soll seither in den Pflegeschulen ebenso behandelt werden wie »Näheprobleme aufgrund von Gewalterfahrungen«. Dass dies erst über ein halbes Jahrhundert nach Kriegsende geschehen ist, hat seinen Grund sicher nicht nur in der bürokratischen Schwierigkeit, dass die Lehrpläne bis dato Ländersache waren und schließlich erstmals bundesweit vereinheitlicht wurden. Vor allem, sagt Sowinski, die beim Kuratorium für die Ausbildung zuständig ist, ist »das Klima offener geworden, und die Bereitschaft steigt, darüber zu sprechen«. Dazu hat Filmemacherin Helke Sander – »eine richtige Eisbrecherin« – ihr Scherflein beigetragen, wie auch Martina Böhmer und Karin Griese, die durch Fortbildungen und Beiträge in den Fachpublikationen der Altenpflege versuchen, das ebenso wichtige wie tabuisierte Thema in die Köpfe und damit auch in die Pflegeeinrichtungen zu bringen. Bei diesem Transfer hilft möglicherweise auch, dass das Bundesgesundheitsministerium im Jahr 2006 erstmalig das Konzept der »Validation« in seine Rahmenempfehlungen aufgenommen hat: Das »herausfordernde Verhalten« der Heiminsassen, wie es auf gut Bürokratisch heißt, soll angenommen und wertgeschätzt werden. »Das bedeutet auch eine Akzeptanz ihres Leides und ihres Kummers«, betont Christine Sowinski, die in ihrer Ausbildung noch gelernt hat, dass es »schlecht ist, wenn die Patienten weinen«, und die Aufgabe des Personals darin besteht, sie abzulenken und »wieder fröhlich zu machen«.

Noch ist dies alles jedoch graue Theorie. »Das theoretische Wissen um das Thema wird besser, aber die Praxis bleibt schwierig«, befürchtet Sowinski. Aus Untersuchungen ist bekannt, dass sich das junge Pflegepersonal, das von den Schulen in die Altersheime strömt, in seinem Pflegeverhalten stärker am Betriebsklima und den älteren Kolleginnen orientiert als am Lernstoff. So bedarf es also in der jeweiligen Einrichtung einer Unternehmensphilosophie, die einen sensiblen Blick auf die Biografie der Bewohnerin wirft und Behutsamkeit im pflegerischen Umgang nicht nur honoriert, sondern einfordert. Fehlt die, können diejenigen, die die Missstände anprangern, leicht unter die Räder kommen. Wie Querulantin Martina Böhmer, die in ihrem Pflegeheim entlassen wurde, weil sie protestierte, als eine Patientin gewaltsam »digital ausgeräumt« wurde – ein Euphemismus für das Leeren des Darms mit dem Finger.

Wenn sich nicht nur theoretisch, sondern auch praktisch etwas bewegt, dann geschieht das weniger in den Strukturen der Altenpflege als in den feministischen: Frauenberatungsstellen und

-notrufe entdecken, dass auch die 80-Jährigen zu ihrer Klientel gehören und sie sich deshalb in die Debatte einmischen müssen. Wie der Frauennotruf München, der inzwischen mit am städtischen »Pflegestammtisch« sitzt. Oder Wildwasser, die Beratungsstelle bei sexuellem Missbrauch in Bielefeld, die eine neue Stelle für die Beratung alter Frauen einrichten möchte.

»Ein Unding« sei es, dass es solche Beratungsstellen bisher nicht gibt, empört sich Christine Sowinski. Ihre Vision von einer optimalen Versorgungskette lautet so: »Die alten Frauen müssen in der Apothekenzeitschrift darüber lesen, dass es das Phänomen gibt, dass ihre alten Ängste wieder aufbrechen können. Auch ihr Hausarzt muss das wissen. Und wenn sie dann mit ihren Albträumen oder Depressionen zu ihm kommen, verschreibt der nicht einfach Valium, sondern gibt ihr die Adresse eines Gesprächskreises für ältere Frauen, die den Krieg erlebt haben.«

Martina Böhmers Hoffnung ist – zumindest mit einem kleinen Mosaikstein – in Erfüllung gegangen. Bei einem Vortrag, den sie kürzlich in Detmold hielt, kam anschließend die sehr berührte Leiterin eines Altersheims auf sie zu. Nun wird die Altenpflegerin die Einrichtung in ein Heim mit traumasensiblem Pflegekonzept verwandeln. Es wird das erste in Deutschland sein.

15 | Der Krieg geht weiter –
in den eigenen vier Wänden

Sie tragen Jogginganzüge, sind extrem dünn und rauchen Kette, während sie auf der kleinen Betonterrasse zusammen in der Sonne sitzen und bei Kaffee und Zigaretten miteinander plaudern. Ab und zu dringt Gelächter unter dem Sonnenschirm hervor.

Wer vom lärmenden Stadtzentrum Zenicas aus die schmale, rumpelige Straße an der Autowerkstatt vorbei nimmt und sich steil bergauf tastet, kommt am Ende des Bergeinschnitts schließlich an einen Ort der Ruhe; hier steht *Medica 2*. Die 20 Meter zwischen der Straße und dem zweistöckigen, naturfarbenen Haus mit seinen Holzbalkonen puffert ein Rosengarten ab, auf der Obstwiese nebenan pflanzt der Nachbar Gemüse an. Der Blick talabwärts landet auf den angeschwärzten Plattenbauten, die aus Zenica aufragen, talaufwärts ruht er auf grünen Weiden. Hier, zwischen Hortensienbüschen und Hauswand, treffen sich am Terrassentisch die Bewohnerinnen des Hauses. Eine zweite Gruppe Frauen macht gerade Pause vor dem Betonwürfel an der Straße, der die Schneidereiwerkstatt und den Frisiersalon beherbergt. In vier Tagen wird es so weit sein: Dann haben sie ihre Ausbildung abgeschlossen und bekommen ihr Diplom ausgehändigt.

Smilja hat ihr Zertifikat schon vor einem halben Jahr bekommen, aber die 34-Jährige lebt immer noch in *Medica 2*. Zusammen mit ihren beiden Kindern, 10 und 13 Jahre alt, bewohnt sie seit einem Jahr eins der vier Zimmer mit Holzschrank und Etagenbetten. Sie hätte eigentlich nur drei Monate bleiben dürfen,

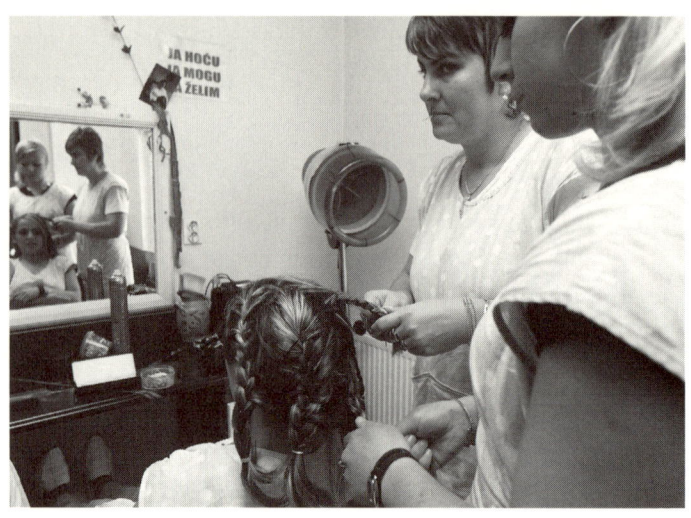

26 | Bosnien
Neben der therapeutischen Begleitung stärkt eine Ausbildung durch
Medica Zenica das Selbstbewusstsein der Frauen

so sehen es die Richtlinien von *Medica Zenica* vor, aber die Kinder sollen das Schuljahr noch beenden können. Außerdem, und das dürfte der Hauptgrund sein, bricht die streichholzschmale Frau in Panik aus, wenn sie daran denkt, in ihr Dorf zurückzugehen, dort lebt ihr Ehemann. Er hat sie verprügelt, jahrelang, aber sie hat es ausgehalten und nicht gewagt, ihn anzuzeigen. »Ich hatte Angst vor ihm, außerdem habe ich befürchtet, dass die Polizei überhaupt nicht reagiert.« Doch eines Tages schnappte sie sich die Kinder, verließ in einer Nacht-und-Nebel-Aktion das Dorf und suchte bei *Medica Zenica* Schutz. Das Team informiert die Polizei in Smiljas Heimatort und geht gemeinsam mit ihr zu den Behörden, um die Scheidung in die Wege zu leiten. In den wöchentlichen Therapiestunden bestärkt Marijana Senjak ihre Klientin darin, dass sie das alles schaffen kann, in den

Gruppentherapiestunden sieht Smilja, »dass die anderen Frauen in der gleichen schwierigen Situation sind«.

Schon bald nach Kriegsende ist *Medica 2* zum Frauenhaus geworden. Jetzt leben dort nicht mehr die Frauen, die Monika Hauser und das Team aus den Flüchtlingslagern geholt haben und die von den Angehörigen der feindlichen Truppen geschlagen, gefoltert und vergewaltigt wurden; jetzt sind es die Einheimischen, die eigenen Männer, die sie fürchten und vor denen sie fliehen. Es ist inzwischen ein bekanntes Phänomen: In Nachkriegsgesellschaften steigt die häusliche Gewalt. Denn es ist eine explosive Mischung, die entsteht, wenn die im Krieg brutalisierten und traumatisierten Männer zurückkehren in Familien, in denen die Frauen in ihrer Abwesenheit ihren Part des Haushaltsvorstands übernommen haben; wenn es so gut wie unmöglich ist, die gewohnte Rolle des Familienernährers wieder zu übernehmen, weil es keine Arbeit gibt. In Bosnien liegt die Arbeitslosenquote bei 40 Prozent. Darin ist allerdings die Schwarzarbeit in Gelegenheitsjobs schon eingerechnet, offiziell liegt die Zahl bei 63 Prozent. Das Stahlwerk in Zenica zum Beispiel, das vor dem Krieg 25 000 Beschäftigte zählte und damit quasi die Stadt ernährte, wurde von indischen Investoren übernommen, die mit nur noch 4000 Arbeitern und Arbeiterinnen auskommen. Eigentlich hatte man gehofft, dass die ausländischen Investoren die Zahl sukzessive erhöhen würden, aber das Gegenteil ist der Fall: Sie haben angekündigt, noch weitere 2000 Angestellte zu entlassen.

Die Rückkehrer, die selbst Grauenvolles erlebt – oder getan – haben, kommen in eine Gesellschaft, in der sie ihren angestammten Platz verloren haben. Und das, nachdem gerade der Krieg ihnen scheinbar gezeigt hat, wo der Platz der Männer und

27 | Bosnien

wo der der Frauen ist. Es gibt inzwischen Studien darüber, wie sehr kriegerische Konflikte traditionelle Rollenbilder (wieder) verstärken: hier der starke wehrhafte Mann an der Front – dort die hilflose, schutzbedürftige Frau im Haus.

Monika Hauser hat sie noch deutlich vor Augen, die heimkehrenden Soldaten und die Männer, die aus den Konzentrationslagern zu ihren Familien zurückkehrten. Dem *Medica*-Team ist rasch klargeworden, dass auch sie dringend psychosoziale Hilfe benötigt hätten. »Aber die Regierung hatte kein Interesse daran, die Männer zu unterstützen«, klagt sie. »Unsere Psychiaterin Kadrija Sabić wollte eine Ambulanz für Soldaten eröffnen, die um Hilfe ersuchen. Die Stadt Zenica hat gesagt: ›Das brauchen unsere Soldaten nicht!‹ Wir sahen aber: Die Männer sind ihrerseits traumatisiert und tragen neue Gewalt in ihre Familien. Doch es war überhaupt kein Bewusstsein dafür da, dass es die Gewalt gegen die Frauen verringert hätte, wenn die Männer Unterstützung bekommen hätten.« Bis heute hat sich dieser Gedanke nicht durchgesetzt. Seit Jahren mahnt Hauser deshalb an, dass »andere Organisationen Komplementärarbeit zu uns leisten und mit den traumatisierten Männern arbeiten. Ich sehe in Bosnien immer noch sehr viele Männer, die nächtliche Albträume und keine Arbeitsperspektive haben und die den Ausweg in neuerlicher Gewalt und Drogen suchen«.

Dass es in den Familien schlimmer ist als vor dem Krieg, dass die Zahl der Männer steigt, die ihre Sprachlosigkeit über das Grauen und die Frustration über die demütigende Perspektivlosigkeit im Nachkriegsland in Alkohol ertränken und in Gewaltausbrüchen gegen ihre Frauen und Kinder entladen, dafür »hatten wir keine zahlenmäßigen Beweise, denn es gab weder vor dem Krieg noch danach Untersuchungen darüber«, berichtet Monika Hauser. »Aber unsere Mitarbeiterinnen lebten ja nicht im luftleeren Raum. Jede hatte eine Nachbarin, eine Cousine, eine alte Arbeitskollegin, die von ihrem Mann geschlagen wurde.« 1998 setzt *Medica Zenica* den Spekulationen über das Ausmaß der häuslichen Gewalt ein Ende. In der ersten repräsentativen Studie des Landes, für das eigens geschulte Interviewerinnen 542 Frauen aus Zenica, seinen Vororten und den umliegenden Dörfern befragen, stellt die Organisation fest: Ein Viertel der Frauen wird von ihren Ehemännern und Partnern misshandelt. 80 Prozent davon »über einen langen Zeitraum«. Im selben Jahr gründet *Medica Zenica* die SOS-Hotline, die von Hilfe suchenden Frauen seither über 1500-mal gewählt wurde.

Zwei Jahre später bestätigt die UNIFEM im Kosovo die Zahlen aus Bosnien. Auch hier berichtet jede vierte Befragte über Schläge von Ehemann oder anderen Familienmitgliedern, jede fünfte wurde von ihr bekannten Männern vergewaltigt. Fast die Hälfte der Frauen gibt an, »zum ersten Mal« solche Gewalt von ihren Männern erlebt zu haben.

In Sarajevo erklärt Madeleine Rees, die Beauftragte der UN-Hochkommissarin für Menschenrechte, häusliche Gewalt zum »dominierenden Problem« für Frauen in Bosnien, dessen Bekämpfung »ein Hauptanliegen internationaler und nationaler Akteure« sein sollte.[24] 1998 gibt es in ganz Bosnien-Herzegowina mit seinen 4,5 Millionen Einwohnern und also rund zwei Millionen Einwohnerinnen gerade einmal zwei Frauenhäuser: eines in Tuzla und *Medica Zenica;* im Lauf des Jahres eröffnet ein weiteres in Sarajevo. 2000 und 2001 folgen zwei Schutzhäuser in Mostar und Bijelina, die sich aus gegebenem Anlass auf eine neue Gruppe Frauen spezialisiert haben: die Opfer von Frauenhandel.

16 | Freier für den Frieden – UN-Blauhelme in Bordellen

An manchen Tagen musste Monika Hauser schon sehr früh den Hügel, auf dem das *Medica-3*-Haus in Visoko lag, in die Stadt hinuntergehen. Auf diesen Fußmärschen im Morgengrauen konnte sie sie beobachten: die jungen Frauen, die nach getaner Arbeit ihren Heimweg von den Gebäuden, in denen die kanadischen UNPROFOR-Soldaten stationiert waren, antraten. In einer Zeit, in der kaum noch Konvois in die unter Dauerbeschuss liegende Stadt durchdringen, bieten manche Bewohnerinnen von Visoko den vergleichsweise wohlhabenden Soldaten das zum Tausch an, was sie noch haben: ihren Körper. »Und je größer die Hungersnot im Lauf des Jahres 1993 wurde«, so Monika Hauser, »desto mehr Mädchen standen dort.«

Auch Kirsten Wienberg ist fassungslos, als sie im UNPRO-FOR-Hauptquartier, das sie regelmäßig zu Koordinationstreffen besucht, einen Blick aufs Schwarze Brett wirft. Zwischen den Meldungen über sichere und weniger sichere Strecken für die Konvoi-Fahrer hängt eine weitere Nachricht, die für das UN-Personal von großem Interesse scheint: »The best tits are in Mostar!« Diese Botschaft ist Teil des »Weekly Girly Report«, den die Fahrer analog zum »Weekly Security Report« Woche für Woche aktualisiert an die Infowand pinnen; direkt neben die Poster der halb- oder auch ganz nackten Frauen in Playboy-Position. Wenn die Konvoi-Fahrer ihre LKWs durch das Kriegsgebiet lenken, »gab es – besonders da, wo es bergauf ging und die Fahrzeuge langsam fahren mussten – immer wieder Stellen, an denen die Frauen standen und sich anboten. Junge Frauen, alte Frauen, egal«, erzählt Kirsten Wienberg. »Die Fahrer haben sich dann gegenseitig gesteckt, wo »es« am besten und billigsten ist. Und das war keine Flüsterpropaganda – das haben sie ausgehängt, sodass jeder es sehen konnte.« Die *Medica*-Mitarbeiterin protestiert bei der Einsatzleitung, die etwas von »Lassen Sie die Jungs sich doch amüsieren« murrt, den wöchentlichen Mädchenreport schließlich dennoch entfernen lässt.

Ein paar Monate später hat Kirsten Wienberg ihr »Schlüsselerlebnis« in Tuzla, wo sie an einer UNHCR-Sitzung teilnimmt. Nach Ende der Debatte, in der es auch um die Lage der kriegsvergewaltigten Frauen in Zenica geht, will sich Wienberg am Abend noch etwas zu trinken organisieren und landet in der Bar des Hotel Tuzla. Die Szenerie, die sich ihr darbietet: »Da tanzten Frauen, die offensichtlich keine Bosnierinnen waren, an Stangen. Und wer waren die Kunden dort? Genau die Leute, mit denen ich tagsüber im UNHCR-Meeting gesessen hatte! Die männlichen Kollegen der Hilfsorganisationen.« Es sind die ersten Erlebnisse dieser Art, die *medica mondiale* mit Blauhelmen und zivilen Helfern im Rotlichtmilieu machen muss. Aber es werden nicht die letzten sein.

Zu diesem Zeitpunkt ist das Problem gerade zum ersten Mal in seinem vollen Ausmaß an die Öffentlichkeit gedrungen: Als die Vereinten Nationen 1992 ihre Blauhelme nach Kambodscha schickten, vervielfachte sich die Zahl der Prostituierten innerhalb kürzester Zeit von 6000 auf 25 000. Die UN-Mitarbeiter – Militärs wie Zivilisten – brachten zwei bis dato unbekannte Probleme ins Land: Frauenhandel und Aids. Erste Proteste werden laut, aber noch herrscht Verständnis: Schließlich sind die Jungs fernab der Heimat, ohne Frau, da müssen sie doch mal Dampf ablassen. »Boys will be boys«, lautet der lapidare Kommentar des UN-Missionsverantwortlichen Yasushi Akashi.

Kurze Zeit später ein weiterer Skandal: UN-Blauhelme fliegen in Mosambik als Freier von minderjährigen Mädchen auf. Und jetzt Bosnien. Was Monika Hauser bei den kanadischen UN-Soldaten beobachtet, berichtet im August 1993 auch der britische »Guardian« über die Kasernen französischer und ukrainischer Blauhelme, und eine interne Untersuchung der UNO bestätigt die Erfahrungen, die Medien und Hilfsorganisationen wie *Medica Zenica* vor Ort machen: Ausgerechnet die humanitären Helfer, die gekommen sind, um das Land zu befrieden – und für deren Einsatz die Massenvergewaltigungen oft als schlagkräftiges Argument bemüht wurden –, sind nun die besten Kunden der Mädchen und Frauen, die sich für Hungerlöhne und manchmal tatsächlich für Lebensmittel prostituieren. Da die Nachfrage das Angebot bestimmt, fördern die Freier für den Frieden damit die explosionsartige Entstehung eines der wenigen immens lukrativen Wirtschaftszweige der Kriegs- und Nachkriegsgesellschaft. Die Frauenhändler in Bosnien hatten keine Zeit verloren. »Die haben schon mitten im Krieg mafiöse Strukturen aufgebaut«, sagt Kirsten Wienberg. »Trafficking came with the peacekeepers«, weiß Marijana Senjak.

Dieses Wissen dringt langsam, aber sicher auch in die Entscheidungszentralen der UNO vor. »Vergewaltigung ist ein Kriegsverbrechen, das nicht aufhört, wenn die Friedensverträge unterzeichnet sind«, erklärt Madeleine Rees. Die Vertreterin der UN-Hochkommissarin für Menschenrechte in Sarajevo ist eine der Ersten in der UNO, die sich für die Verfolgung des Verhaltens einsetzt, das gemeinhin als Kavaliersdelikt gilt und für das sich der erstaunlich verharmlosende Begriff »rest and recreation« eingebürgert hat. Bald äußert sich auch der UN-Generalsekretär. Er muss, denn inzwischen sorgt ein neuer Skandal für Schlagzeilen: Es ist an die Öffentlichkeit gedrungen, dass im Kongo

»eine schockierend große Anzahl« der dort stationierten Blauhelme nicht nur die lokalen Bordelle besuchte, sondern auch minderjährige Mädchen in den Dörfern und Städten nahe den Kasernen für Sex bezahlte: mit 5 Dollar, zwei Eiern oder einem Liter Milch. Unter ihren »Sexpartnerinnen« waren viele Kriegswaisen und Mädchen, die bei den Überfällen von Paramilitärs auf ihre Dörfer vergewaltigt wurden. »Es ist okay, zu den UN-Soldaten zu gehen«, meint lakonisch eines davon. »Sie halten uns keine Waffe an den Kopf, wie die Soldaten früher.« Bei der anschließenden Untersuchung werden 179 Angehörige der Mission aus dem Kongo abberufen.

Im Oktober 2003 verkündet Kofi Annan die »zero tolerance«-Richtlinie, die künftig als Grundlage für die Auslandseinsätze der UNO gelten soll: null Toleranz gegenüber »sexueller Ausbeutung«. Er sei »empört und zutiefst schockiert« über die Vorfälle, erklärt der Generalsekretär. Und sein erster Beauftragter zur Untersuchung von sexueller Ausbeutung und Missbrauch, der Jordanier Prinz Zeid al-Hussein, fügt hinzu: »Wenn ein Peacekeeper die Bedürftigkeit und Verletzlichkeit einer verwundeten Bevölkerung ausnutzt, die bereits Opfer eines grausamen Krieges geworden ist, dann ist das in etwa so, als ob ein Rettungsschwimmer denjenigen ertränkt, den er vor dem Ertrinken retten soll.«

In New York werden deutliche Worte gesprochen. In Berlin ebenfalls, wenn auch im gegenteiligen Sinn. Schon kurz nach Beginn ihres Einsatzes im Kosovo ist *medica mondiale* bei Verteidigungsminister Rudolf Scharping vorstellig geworden. Denn während der UNPROFOR-Einsatz in Bosnien, wo seit Kriegsende etwa 500 Bordelle eröffnet haben und *Medica Zenica* längst die ersten Frauenhandelsopfer aufgenommen hat, zunächst ohne deutschen militärischen Beitrag stattfand, sind an der 45 000-köpfigen Truppe der KFOR, die unter dem Mandat der NATO steht, von Anfang an auch deutsche Soldaten beteiligt. Und die sorgen schon bald für Schlagzeilen.

Im Dezember 2000 berichtet der ARD-»Weltspiegel« über ein Bordell im mazedonischen Tetovo, in dem minderjährige Mädchen aufgegriffen und wie Sklavinnen gehalten wurden; dorthin fahren die KFOR-Soldaten zur »Entspannung«. Eine 16-jährige Bulgarin gibt zu Protokoll, dass unter ihren »Kunden« Hunderte deutsche Soldaten gewesen seien. Einer dieser Soldaten bestätigt, dass er das fragliche Etablissement besucht habe und dass er wisse, dass auch andere Kameraden regelmäßig Bordelle aufsuchten, in denen Minderjährige arbeiteten. Seiner Meinung nach hätten auch die Vorgesetzten Kenntnis davon. Trotz dieser Zeugenaussagen bestreitet das Verteidigungsministerium die Vorwürfe: »Die Sachverhalte in Bezug auf Bordelle mit minderjährigen und versklavten Frauen im Raum Tetovo sowie den Besuch der Bordelle durch deutsche Soldaten können nicht bestätigt werden.« Dies werden Scharping und seine Nachfolger in den kommenden Jahren gebetsmühlenartig wiederholen. Ebenso hartnäckig wird *medica mondiale* immer wieder auf die erdrückenden Beweise und die dringende Notwendigkeit einer offensiven »zero tolerance«-Politik hinweisen. »Sehr geehrter Herr Minister Scharping, *medica mondiale* hat mit großer Besorgnis die Meldungen über die Beteiligung deutscher KFOR-Soldaten an der in den Ländern des ehemaligen Jugoslawien zunehmend verbreiteten (Zwangs-)Prostitution zur Kenntnis genommen«, schreibt Monika Hauser am Tag nach der erschütternden TV-Reportage. »Nach dem, was wir aus der Region wissen, haben wir allen Grund anzunehmen, dass die im ›Weltspiegel‹ gemachten Angaben stimmen. Wir sind sehr daran interessiert zu erfahren, ob Sie die angesprochenen Bordellbesuche deutscher KFOR-Soldaten nur nicht bestätigen, oder ob Sie sie auch dementieren können. Als Organisation, die traumatisierte Frauen in Kriegs- und Krisengebieten unterstützt, ist es für uns eine bittere Erkenntnis, dass es durch die Männer, die die Frauen vor den früheren Gewalttätern schützen sollen, zu neuen Übergriffen und damit zu Retraumatisierungen kommt. Wir halten es für eine Selbstverständlichkeit, dass die Armee eines demokratischen Staates, die sich zudem bald auch weiblichen Soldaten öffnen wird, ihre Streitkräfte so auf Auslandseinsätze vorbereitet, dass die Soldaten der Bevölkerung – und zwar dem männlichen und dem weiblichen Teil – mit Respekt begegnen.«

Verteidigungsminister Scharping scheint sich hingegen weniger um die minderjährigen versklavten Frauen zu sorgen als um den Ruf seiner Truppe. »Aus möglichem Fehlverhalten Einzelner ein falsches Bild in der Öffentlichkeit über das Verhalten der deutschen Soldaten im Einsatz zu konstruieren wäre unverantwortlich gegenüber Tausenden von Ehefrauen, Müttern, Verlobten und Freundinnen der im Einsatz dienenden Soldaten, die an der langfristigen Abwesenheit ihrer Männer / Söhne / Verlobten / Freunde schwer genug zu tragen haben und nun noch zusätzlich verunsichert werden«, lässt der Minister auf Monika Hausers Anfrage nach Gegenmaßnahmen antworten. »Er hat uns also de facto mitgeteilt, wir sollten die Sache nicht breittreten.« Über Scharpings Hinweis, seine Soldaten könnten schon deshalb keine Bordelle besuchen, weil sie immer nur zu dritt das Gelände verlassen dürften und von diesen drei einer Unteroffizier sein müsste, kann Hauser nur müde lächeln. »Ich weiß, dass die Soldaten in ganzen Busladungen in die Bordelle gefahren sind.« Ein Militärpfarrer hat es ihr erzählt; auch dort, wo der Soldaten-Seelsorger im Kosovo stationiert war, gab es ein Schwarzes Brett mit Nachrichten über die nächsten »Ausflüge« in die umliegenden Etablissements. »Und wenn ein Sternchen am jeweiligen »Ausflug« stand, dann hieß das, dass es in diesen Bordellen besonders junge Frauen gab.« Die *Medica-mondiale*-Gründerin hört diese Geschichte während eines Seminars, das ein Militärdekan initiiert hat: Immer öfter hatte er von den ihm unterstehenden Militärpfarrern im Kosovo-Einsatz Berichte über die seltsame Auffassung von humanitärer Hilfe gehört, die deutsche Bundeswehrsoldaten an den Tag legten. »Da habe ich doch auch eine Verantwortung, Frau Hauser«, klagt der Mann gegenüber der Ärztin. »Aber er ist ständig an undurchdringliche Mauern gestoßen, sobald er das Thema an höherer Stelle angesprochen hat.«

Medica mondiale versucht weiterhin, die Mauern des Schweigens einzureißen. Monika Hauser und die Referentin für politische Lobbyarbeit, Selmin Çalışkan, suchen Bündnispartner; sie mobilisieren Bundestagsabgeordnete, die das Verteidigungsministerium mit der Bitte um Stellungnahme und den Bundestag mit Kleinen Anfragen löchern. Und sie holen den Deutschen Gewerkschaftsbund und die Europäische Frauenlobby mit ins Boot und schicken Kopien ihrer Briefe an alle, die die Frage etwas angeht – von der UN-Hochkommissarin für Menschenrechte bis Amnesty International, die schließlich in einer Untersuchung das Ausmaß des Frauenhandels und die Verwicklung der Peacekeeper darin anprangern: »Die Präsenz internationaler Truppen und Organisationen im Kosovo hat zu einer Blüte des menschenverachtenden Frauenhandels und der illegalen Sexindustrie in der Region geführt. Aus den Reihen der internationalen Kräfte kommen etwa 20 Prozent der Freier, die für 80 Prozent des Umsatzes sorgen.«

Der Dienstherr der Bundeswehr ist jedoch nach wie vor der Ansicht, dass zwar Tschechen, Portugiesen oder wer auch immer an den unschönen Vorfällen beteiligt sein mögen, nicht aber deutsche Soldaten. Auch Peter Struck, der dem geschassten Rudolf Scharping 2002 als Verteidigungsminister nachfolgt, erklärt der »sehr verehrten Frau Dr. Hauser«, dass »Ihrem Vorwurf, dass Soldaten an Übergriffen gegen einheimische Frauen in den Einsatzländern beteiligt waren, entschieden widersprochen werden muss. Dem Bundesministerium der Verteidigung sind bis heute keine Vorkommnisse dieser Art in der Bundeswehr bekannt«.

Das Mauern geht auch dann noch weiter, als im Jahr 2004 die Staatsanwaltschaft schließlich gegen zwei Bundeswehrsoldaten ermittelt; wieder geht es um Frauenhandel im Kosovo. Die Ermittlungen sind nicht etwa deshalb eingeleitet worden, weil die Bundeswehr selbst ihre bordellbesuchenden Mitglieder hätte disziplinieren wollen. Diesmal deckt die Journalistin Inge Bell mit einem TV-Beitrag für »Panorama« und in der Zeitschrift »EMMA« auf, dass in Mazedonien erneut deutsche KFOR-Angehörige in einem Haus verkehrten, in dem Frauen als Prostituierte regelrecht versklavt wurden. Die Journalistin und Aktivistin Bell hat zwei von ihnen getroffen und nach Deutschland gebracht. Eine Rumänin und eine Moldawierin, die in ihren Heimatländern auf die üblichen Anzeigen nach Kellnerjobs geantwortet hatten, fanden sich plötzlich auf einer Art modernem Sklavenmarkt wieder, auf dem Zuhälter aus dem gesamten Balkan Frauen aus ganz Osteuropa begutachteten, die sich in ihrer Unterwäsche aufstellen mussten. Ein mazedonischer Frauenhändler schleppte die beiden in das besagte Bordell. Das Gebäude war übermannshoch eingezäunt, im Hof wachte ein Schäferhund, die Fenster der »Arbeitszimmer« waren vergittert. Hierher kamen die »Kunden«, die gemeinsam mit den Frauen im Raum eingeschlossen wurden. Immer wieder baten die beiden Frauen die Soldaten um Hilfe. »Ich habe ausdrücklich gesagt: Help! Help me! Das muss man doch verstehen!«

In Deutschland erstattet Solwodi (Solidarity with women in distress) – eine von der Ordensschwester Lea Ackermann gegründete Organisation, die Opfer von Frauenhandel betreut – Anzeige gegen zwei Soldaten wegen »Beihilfe zum Menschenhandel«. Die beiden Männer hatten den Zwangsprostituierten ihre Namen hinterlassen. Der eine behauptet, ihm seien in dem Bordell »weder besondere Sicherheitsvorkehrungen noch Gitter an den Fenstern aufgefallen«. Im zweiten Fall konstatiert die Staatsanwaltschaft zwar, dass dem Soldaten »offenbar bekannt war«, dass die Prostituierten sich »nicht freiwillig in dem Bordell aufhielten«. Dennoch stellt sie das Verfahren ein: Zwar sei sein Verhalten »moralisch und ethisch zu missbilligen«, aber: »Der Besuch eines Freiers bei einer unfreiwillig der Prostitution nachgehenden Prostituierten wird rechtlich nicht als strafbare Beihilfe zum Menschenhandel gefasst.«

Den Brief, in dem *medica mondiale* noch einmal darauf aufmerksam macht, dass der Besuch deutscher Soldaten in Bordellen, in denen ihnen Zwangsprostituierte zu Diensten sein mussten, doch spätestens jetzt einwandfrei nachgewiesen sei, und nach den Gegenmaßnahmen fragt, beantwortet das Verteidigungsministerium wie folgt: »Die eingeleiteten Ermittlungen gegen zwei ehemalige KFOR-Angehörige sind zwischenzeitlich eingestellt worden. Es kann daher nur bekräftigt werden, dass Vorwürfe hinsichtlich eines Fehlverhaltens deutscher Soldaten nicht bestätigt werden können.«

Wo kein Wille ist, ist auch kein Weg. Immer wieder erlebt Monika Hauser, dass das »Boys will be boys«-Argument trotz zahlreicher Skandale nach wie vor zählt. 1996 ist sie zu Gast bei der Hamburger Führungsakademie der Bundeswehr und referiert vor rund 100 internationalen NATO-Offiziersanwärtern über das Problem. »Aber warum sollen wir die Frauen im Ausland nicht benutzen?«, fragt ein kanadischer Offizier. »Hier in Hamburg gehe ich doch auch auf die Reeperbahn.« Das seien die Momente, in denen sie kurz davor stehe, die Contenance zu verlieren, sagt Monika Hauser. »In solchen nonchalanten Bemerkungen – wie auch das ›Boys will be boys‹ von Akashi eine ist – sprechen sie von 14-Jährigen, deren Leben zerstört ist. Diese Frauenverachtung ist der Nährboden für Gewalt gegen Frauen – im Krieg und im Frieden.« An jenem Tag in Hamburg erklärt Referentin Hauser der Truppe, dass sie den Vortrag abbrechen werde, sofern sich der Ton im Raum nicht ändere.

Im Sommer 2007 hat sie sich mit dem Leiter einer Organisation für Entwicklungszusammenarbeit angelegt. Sie wies ihn darauf hin, dass seine Mitarbeiter offenbar regelmäßig einen einschlägigen Puff im afrikanischen Monrovia besuchten. Ihre Jeeps mit dem Logo parkten für alle deutlich sichtbar vor dem fraglichen Gebäude. Seine Antwort: »Ja, stimmt. Ich sage den Jungs auch immer, sie sollen die Wagen lieber um die Ecke abstellen.« Auch dass der örtliche Leiter der Mission, dessen asiatische Ehefrau nicht mit im Land lebt, seinen Hausstand gerade mit einer etwa 18-jährigen Liberianerin teilt, fand der Mann nicht weiter problematisch. Das Mädchen sei schließlich volljährig. Er könne seinen »Männern doch nicht unter die Bettdecke schauen«.

»Es gibt kein Problembewusstsein für das Machtgefälle, das in solchen ›Beziehungen‹ herrscht«, beschreibt Monika Hauser das Grundproblem. Auch nicht bei der NATO, die im Juni 2004 mit der UNO und ihrer Null-Toleranz-Richtlinie gleichzog. Zwar verkündete das Bündnis auf seinem Istanbuler Gipfel eine Richtlinie zur »Bekämpfung des Menschenhandels« und beschloss, dass Soldaten für Auslandseinsätze entsprechend geschult werden sollen. Allerdings betrachteten die Militärs das Problem eher als eine

Sicherheitsfrage: Menschenhandel sei ein »Nährboden für Korruption und organisierte Kriminalität« und könne letztlich zu einer »Destabilisierung schwacher Regierungen« führen. Folgerichtig ist die »freiwillige« Prostitution einheimischer Frauen, die sich in den von wirtschaftlicher Not geprägten Nachkriegsgebieten den Soldaten zur Verfügung stellen, nicht Gegenstand der Richtlinie.

Medica Zenica hat die erste Frau – eine Ukrainerin –, die in die Fänge der bosnischen Frauenhändler-Mafia geraten ist, 1998 aufgenommen. Bald schon kamen die nächsten Frauen, die ihnen von der Polizei gebracht wurden, weil die inzwischen begriffen hatte, dass diese »Illegalen« vor allem Opfer sind, die eine sichere und einfühlsame Unterbringung brauchen. Das Team musste feststellen, dass die Betreuung dieser Frauen im Vergleich zu den geschlagenen Ehefrauen eine noch viel größere Herausforderung darstellt. Nicht nur, weil Letztere zunächst ihre eigenen Vorurteile gegenüber »so einer« überwinden mussten, sondern auch, weil diejenigen, die ein halbes Jahr oder länger durch die Bordell-Hölle gegangen waren, »oft besonders schwere Persönlichkeitsstörungen bis hin zu psychotischen Zuständen aufweisen«, erläutert Marijana Senjak. Dennoch werden diese Ausländerinnen so schnell wie möglich ausgewiesen. »Ihr Aufenthalt bei uns ist natürlich viel zu kurz, um mit einer therapeutischen Arbeit zu beginnen. Dabei bräuchten diese Frauen dringend therapeutische Unterstützung.« Unter drei Jahren seelischer Rekonvaleszenz, verdeutlicht die Psychologin, brauche man eigentlich gar nicht erst anzufangen. Oft benutze die Polizei *Medica Zenica,* die einen Vertrag mit dem bosnischen Innenministerium über die Betreuung von Frauenhandelsopfern hat, nur als Kurzzeit-Parkplatz für die Frauen. Im Jahr 2003 hat *Medica Zenica* eine Wohnung in der Pionirska Straße, die inzwischen Mokusnice

Straße heißt, speziell für die Frauen eingerichtet, die aus den Händen der Zuhälter befreit werden konnten.

Viele der rund 500 bosnischen Bordelle befinden sich in der Nähe der Kasernen der Peacekeeper, einige davon in zerbombten Gebäuden und solchen, in denen im Krieg die Militärs residierten. Wie das Hotel Tisovač in der Nähe von Zenica, das als Hauptquartier einer kroatischen Einheit diente, die durch Massaker und Vergewaltigungen von sich reden machte. Nach dem Abkommen von Dayton eröffnete ein Kamerad des Kommandeurs in dem Haus ein Bordell. Der traurige Razzia-Rekord: In einem der Häuser fand die Polizei auf einen Schlag 54 Opfer von Frauenhandel.

Seit im Jahr 2000 Gesetze und Grenzkontrollen verschärft wurden, greifen die Zuhälter wieder stärker auf inländische Frauen zurück. »Oft suchen sie sich geistig zurückgebliebene Mädchen oder Straßenkinder, die sind leichte Beute«, empört sich Marijana Senjak. Zwei solcher Mädchen waren bei *Medica Zenica* untergebracht. »Die anderen Klientinnen haben sich rührend um sie gekümmert und nahmen sie mit, wenn sie mit ihren eigenen Kindern in die Stadt gingen.«

Auch in Gjakova hat man mit dem Thema zu tun, obwohl die aus den Bordellen befreiten Frauen nicht bei *Medica Kosova,* sondern im örtlichen Frauenhaus untergebracht werden. Oft werden sie in Dr. Minire Zunas gynäkologische Praxis gebracht. Als Monika Hauser im Herbst 2007 zu Besuch bei *Medica Kosova* war, nahm Mina sie beiseite, um sie einer jungen, ganz besonderen Patientin vorzustellen. Sie hatte aus einem Bordell fliehen können und war so mutig gewesen, bei der Polizei auszusagen. Mit ihrer Hilfe konnten weitere Frauen aus dem Haus befreit werden; im darauffolgenden Prozess hatte das Gericht mehrere Menschenhändler zu hohen Haftstrafen verurteilt. Am Tag von

Monika Hausers Besuch feierte die junge, inzwischen genesene Frau ihre Verlobung und war zu einer letzten Kontrolluntersuchung gekommen. Auf die Frage, welche Nationalflaggen sie an den Uniformärmeln ihrer »Kunden« gesehen hätte, antwortet die ehemalige Zwangsprostituierte: »Alle.«

Vier »Frauen für Europa« – Monika Hauser, Inge Bell, Lea Ackermann und Kathrin Schauer von der Organisation KARO, die sich an der deutsch-tschechischen Grenze für Frauenhandelsopfer engagiert – haben Ende 2007 gemeinsam an Angela Merkel geschrieben. »Weil es so nicht weitergeht.«

Die Antwort steht bis heute aus.

17 | Honig made in Kosova – zum ersten Mal ein eigenes Einkommen

Morgens um sieben Uhr ist Xhyle Hyseni auf den Bock ihres Traktors geklettert, hat den Schlüssel im Zündschloss gedreht, das tiefe Bopbopbop des Motors gehört und das Vibrieren der Maschine unter sich gespürt. Dann ist sie auf die Felder getuckert. Drei Hektar Wiese hat sie seitdem zu Heu verarbeitet, einen weiteren Hektar will sie heute noch schaffen. Es ist nicht ihr eigenes Land, das die kosovarische Bäuerin beackert, sondern es sind zwei Wiesenstücke ihrer Nachbarinnen, die nicht nur Nachbarinnen, sondern auch Mitglieder eines achtköpfigen Frauenkollektivs sind. So wie auch der Traktor nicht nur ein landwirtschaftliches Gerät ist, sondern ein Symbol.

Knallrot leuchtet der Trecker auf dem Hof, umkreist von den Frauen, die vorwiegend schwarze Röcke, Blusen und Westen tragen. Manchmal ist ein braunes oder dunkelgraues Kleidungsstück darunter; helle oder gar bunte Farben würden ihnen böse Blicke und vielleicht auch Handgreiflichkeiten eintragen, denn Xhyle und die anderen sind Witwen und deshalb zu schwarzer Kleidung verdammt.

Ihr Dorf Mulliq liegt an der »Straße des Todes«. Hier, zwischen Prizren und Peja, zogen die serbischen Truppen durch. Von dem, was sie taten, künden heute die Dorffriedhöfe mit den Fotos der ermordeten Männer und die Massengräber, die mit Plastikblumen in schreienden Farben geschmückt die gesamte Strecke säumen. An dieser Frontlinie gingen 1999 auch Bomben der NATO nieder – und taten ihr Übriges. Was man nicht sieht, ist der Schmerz in den Seelen der Frauen.

28 | Kosovo
Eine verwitwete Bäuerin, Teilnehmerin an einem Landwirtschaftsprojekt
von *Medica Kosova*, auf ihrem Traktor

Entlang dieser Straße gibt es Dörfer, in denen nur noch die
weibliche Hälfte der Einwohner lebt. In Mulliq sind von rund
600 Einwohnern 61 Witwen und 100 Waisenkinder. Und das ist
hier, wo die zutiefst patriarchalen Gesetze des Kanun gelten,
für die Betroffenen eine Katastrophe. Denn diese Frauen haben
nicht nur einen – im besten Fall – geliebten Menschen verloren
und nicht nur den Familienernährer, sondern denjenigen, der
ihnen in den Augen ihrer Gesellschaft überhaupt erst ihren Wert
verlieh. Deshalb erzählt man sich Geschichten über Frauen, die
von der Familie ihres ermordeten Mannes nicht mehr ins Haus
gelassen wurden. Frauen, deren Schwiegerväter oder Schwäger
nach dem Tod des Sohnes oder Bruders dessen Land beanspruch-
ten. Frauen, die sich und ihre Kinder von 60 Euro Witwenrente
ernähren sollen.

29 | Kosovo
Im Rahmen eines Landwirtschaftsprojekts von *Medica Kosova* verdienen
Witwen erstmals eigenes Geld; eine Teilnehmerin des Projekts bei der
Kürbisernte

In dieser Gegend, gerade einmal 30 Kilometer von Gjakova
entfernt, ist die Arbeitsteilung zwischen Männern und Frauen
so tief in die ländliche Gesellschaft eingegraben wie die Acker-
furchen in die Felder. Zwischen Gjakova und Mulliq liegen Welten. Während in den städtischen Straßencafés junge Frauen und

Männer selbstverständlich zusammen ihre Cola schlürfen, muss so manche Frau auf dem Dorf um Erlaubnis fragen, wenn sie das Haus verlassen möchte. So gilt auch die Grenze zwischen »Männerarbeit« und »Frauenarbeit« als nahezu unüberwindlich. Frauen, die die Felder bestellen, Zäune ausbessern oder den Bewässerungsschlauch flicken, sägen am Stuhl der Geschlechterordnung und dürfen folglich nicht geduldet werden. Ein existenzielles Dilemma für die Witwen, die darauf angewiesen sind, ihre Höfe zu bewirtschaften. »Witwe sein in Mulliq«, sagt Xhyle, »ist das Schlimmste.« Man kann sich unschwer vorstellen, was eine Traktor fahrende Frau in Mulliq bedeutet.

Den roten Traktor haben Xhyle und ihre Nachbarinnen von *Medica Kosova* bekommen. Im Nachbardorf Shishmon produziert eine Frauengruppe den ersten Honig mit von *Medica Kosova* bereitgestellten Bienenstöcken, und wiederum ein paar Kilometer weiter besitzt die Witwengruppe von Korenica seit neuestem fünf Kühe der Rasse Simmenthaler, die für ihre über-

30 | Kosovo

durchschnittliche Milchquote bekannt ist. In insgesamt acht Dörfern, die alle an der »Straße des Todes« liegen, hat *Medica* im Oktober 2005 ein Projekt gestartet, das unter dem inoffiziellen Namen ABC firmiert: Agriculture, Bees, Cows.

An diesem Junitag 2006 ist Monika Hauser zum ersten Mal seit der Übergabe von Traktor, Bienen und Kühen vor Ort, um zu sehen, wie sich das Projekt entwickelt. Sie hat Besuch mitgebracht: Maria Kuenzer, ihres Zeichens Landesbäuerin der Südtiroler Bäuerinnenorganisation, und drei ihrer Kolleginnen begleiten die Ärztin auf ihrer Rundreise durch die Dörfer. Die Südtirolerin Hauser hat das Interesse der Landwirtinnen aus ihrer Heimatregion für die kosovarischen Kolleginnen geweckt und hofft auf finanzielle wie fachliche Unterstützung durch den 14 000-köpfigen Bäuerinnenverband. Bei Tee und Gebäck auf Kissen in Xhyle Hysenis Wohnzimmer lassen sie sich erzählen, wie es angefangen hat mit dem ABC-Projekt und wie es kommt, dass auf ihrem Hof jetzt ein Traktor steht.

Nach Ausbruch des Krieges im Frühjahr 1999 war Xhyle mit ihren beiden Söhnen nach Albanien geflüchtet. Ihr Mann hatte sich der Kosovarischen Befreiungsarmee UCK angeschlossen und verließ die Familie, um »sein Leben für die Freiheit zu geben«. Das tat er, nicht ohne seiner Frau vorher ihr Ehrenwort abgenommen zu haben, dass sie im Falle seines Todes nie wieder heiraten würde. Das Hochzeitsfoto der beiden hängt an der Wand des kahlen Betonraums, und auf drei weiteren Bildern ist der Mann mit seinen Söhnen und älteren Verwandten mit kräftigen Schnurrbärten zu sehen. Xhyles Mann starb kurz nach seinem Aufbruch, bezeichnenderweise durch die Bomben der NATO. Er gehört also zu den »collateral damages«, die der damalige Präsident Bill Clinton bedauerlich, aber leider unvermeidlich fand.

Zwei Monate blieb Xhyle in Albanien. Als sie mit ihren Kindern nach Mulliq zurückkehrt, spricht sie nicht mehr. »Ich habe nur noch geschlafen und geweint«, erzählt sie ihren Zuhörerinnen. Monika Hauser kennt solche Symptome aus Bosnien nur zu gut. »Ich habe oft Frauen erlebt, die nach schrecklichen Erlebnissen regelrecht bewegungsunfähig sind; die nur noch im Bett liegen, nicht mehr sprechen und nicht mehr essen.«

Aber bei Bäuerin Xhyle regt sich ein starker Überlebenswille. »Eines Tages habe ich mir gesagt: So geht es nicht weiter! Und ich habe meine Tasche genommen und bin mit dem Bus nach Gjakova gefahren.« Dort sieht sie an einem Gebäude das Schild von *Medica Kosova*. Xhyle klingelt; es ist der Jahresanfang 2000 und die Bäuerin aus Mulliq die erste Klientin des Therapiezentrums.

»Xhyle hat geweint, geweint und geweint«, erinnert sich Beraterin Femiye Luhza. Etwas anderes kann sie nicht. Die Beraterinnen wissen um die schwierige Situation der Witwen in den Dörfern. Was sie nicht wissen, ist, was ihrer Klientin auf der Flucht passiert ist. Doch sie ahnen es: Es ist bekannt, dass Frauen von serbischen Soldaten aus den Flüchtlingstrecks herausgezogen und manchmal vor den Augen ihrer Angehörigen vergewaltigt wurden. Femiye und ihre Kollegin Nderime warten geduldig, bis Xhyle Worte findet. »Am Anfang habe ich überhaupt nicht gesprochen. Meine Tränen waren meine Worte«, erzählt Xhyle. »Bei *Medica* habe ich angefangen zu sprechen.«

Zwei Jahre nach der Eröffnung von *Medica Kosova* beginnen die Beraterinnen, die bis dato an die Türen einzelner Dorfbewohnerinnen geklopft und in Einzelgesprächen peu à peu deren Vertrauen gewonnen hatten, in den Dörfern Frauengruppen zu gründen. »Die Frauen in diesen Dörfern waren so furchtbar isoliert«, weiß Femiye Luhza. »Sie hatten oft nur Kontakt innerhalb des eigenen Clans.« Und da, kontrolliert von Onkeln, Schwiegervätern und Schwägern, denen die Verteidigung der »Familienehre« stärker am Herzen liegt als das Wohl ihrer weiblichen Familienmitglieder, bleibt so manches Geheimnis wohlgehütet. Femiye und ihre Kolleginnen wollen die Frauen, insbesondere die verwitweten, zusammenbringen. Auch in Mulliq entsteht eine solche Gruppe.

Im Jahr 2004 läuft die anfangs so schnell und anstandslos gewährte Finanzierung des Projekts durch das deutsche Entwicklungsministerium (BMZ) aus. Nachdem drei Viertel des benötigten Geldes aus dem Ministerium Wieczorek-Zeul für zwei Drei-Jahres-Etappen geflossen sind, kündigen die Verantwortlichen an, nun den Geldhahn zuzudrehen, weil *Medica Kosova* wegen der bestehenden Budget-Richtlinien nicht mehr gefördert werden könne. *Medica mondiale,* die in Köln die Verhandlungen mit Berlin führt, wendet ein, dass der psychische Wiederaufbau der traumatisierten Frauen nicht vergleichbar sei mit dem Aufbau der zerstörten Häuser, der in einer begrenzten Zeit abgeschlossen ist. »Nach einer gewissen Zeit läuft die sogenannte Nothilfe immer aus«, bedauert Monika Hauser. »Die Region war aus unserer Sicht aber immer noch eine Notregion.«

Nun kommen zwei Dinge zusammen. Erstens: Die Witwen in den Dörfern stabilisieren sich langsam und können sich durch die gemeinsamen Gespräche in den wöchentlichen Gruppensitzungen vorstellen, ihre Existenzsicherung in die eigenen Hände zu nehmen – auch gegen den Widerstand der Schwiegerfamilie und trotz des Dorfklatsches. Zweitens: Das Entwicklungsministerium signalisiert, dass Projekte zur Armutsbekämpfung in der Region Aussicht auf Förderung hätten. Und so suchen die *Medica-Kosova*-Beraterinnen aus den 33 Dörfern, die sie betreuen, diejenigen aus, in denen der Zusammenhalt der Frauengruppen besonders groß und die Chancen auf ein gemeinsames Landwirtschaftsprojekt besonders vielversprechend sind. Schließlich steht fest: In acht Dörfern wird das ABC-Projekt, teilfinanziert vom BMZ, starten, insgesamt 90 Witwen nehmen teil. Daraufhin beginnen die Schulungen mit den von *medica mondiale* organisierten Expertinnen: Wie behandelt man Bienen ordnungsgemäß? Welches Marketing erfordert der Milchverkauf, und wie überprüft man den Bakteriengehalt der gesammelten Milch? Wem gehört denn nun eigentlich das Land, das die Schwiegerfamilie für sich beansprucht? Und nicht zuletzt: Wie fährt man einen Traktor?

Letzteres sorgt für Aufruhr. Diejenigen, die den Trecker fahren wollen, brauchen einen Führerschein. Auf die Frage, wer ihn machen möchte, melden sich zunächst 25 Frauen. Doch deren Familien rebellieren, es werden gar Morddrohungen ausgesprochen. »Ich wollte den Führerschein zusammen mit einer Nachbarin aus unserer Frauengruppe machen«, erzählt eine Bäuerin in der Runde. »Aber mein Schwager hat gesagt: wenn ihr euch mit einem fremden Mann in ein Auto setzt, dann erschieße ich euch.« Allen Anwesenden ist klar, dass solche Drohungen ernst zu nehmen sind. »Vor ein paar Tagen hat eine Witwe einen Freund ihres verstorbenen Mannes angesprochen«, berichtet eine andere Dorfbewohnerin. »Ihr Schwager ist daraufhin mit einem Beil auf sie losgegangen. Sie liegt jetzt im Krankenhaus.«

Als sich herausstellt, dass es für den Führerschein erwartungsgemäß nur männliche Fahrlehrer gibt, schrumpft die Zahl der Freiwilligen auf eine: Xhyle. Auch die Brüder ihres toten Mannes sind außer sich, als sie von den ungeheuerlichen Plänen ihrer Schwägerin erfahren. In Rollenspielen übt Beraterin Femiye mit ihr, wie sie die Männer überzeugen kann. Am Ende setzt Xhyle sich durch. »Als sie mir den Traktor-Führerschein verboten haben, habe ich zu ihnen gesagt: ›Gut, dann bestellt ihr meine Felder!‹ Sie: ›Nein, das machen wir nicht.‹ Daraufhin sagte ich: ›Gut, dann gehe ich meinen eigenen Weg!‹« Als sie die Fahrerlaubnis in der Tasche hat, fährt die stolze Traktorführerin laut hupend ins Dorf ein. Die Schwäger haben Türen und Fenster verrammelt. »Aber ich weiß«, grinst Xhyle, »dass sie durch die Ritzen geguckt haben.«

»Und was sagen die anderen Leute im Dorf, dass die Frauengruppe jetzt den Traktor hat und die Felder bestellt?«, möchte Monika Hauser wissen. »Sie behaupten, dass ich keine gute Frau bin, weil ich den ganzen Tag draußen herumlaufe und weil ich angeblich die anderen Frauen aufwiegle. Einige schauen an mir vorbei und grüßen mich nicht mehr. Aber die Leute haben mich sechs Jahre lang nicht gefragt, ob ich etwas zu essen oder ob meine Kinder etwas zum Anziehen haben. Also lebe ich mein Leben, wie ich will. Ich bin jetzt Mutter und Vater.« Als die Gäste schließlich aufbrechen, bietet die Gastgeberin ihnen an, sich die Hände zu waschen; doch aus dem Hahn tröpfelt es bloß: Xhyles Schwager hat ihr und ihrem suspekten Besuch das Wasser abgedreht.

Einige Stunden später und ein paar Kilometer weiter debattieren das Frauenkollektiv von Shishmon, die Südtiroler Bäuerinnen und Monika Hauser über Honig-Vermarktung. »Ihr müsst ihn noch mindestens einmal durchsieben, wenn ihr ihn ins Ausland verkaufen wollt, sonst ist er nicht Handelsklasse eins«, erklärt Maria Kuenzer. Nicken in der Bäuerinnenrunde. Monika Hauser denkt laut darüber nach, wie ein Vertriebsweg nach Deutschland funktionieren könnte: »Vielleicht könnte man sich an Bioketten wie Demeter oder Bioland oder Fair-Trade-Läden wenden.« Das ist schwierig, denn der ungeklärte Status des Kosovo einerseits als Teil Serbiens und andererseits als UN-Protektorat in einer Art Warteschleife macht den Export von einheimischen Produkten unmöglich. Schließlich fällt die wichtige Frage: Was soll auf den Etiketten der Honiggläser stehen? »Made in Kosova«, so viel ist klar. Aber das Etikett muss darüber hinaus »die Besonderheit dieses Honigs hervorheben«, findet Bäuerin Kuenzer. Und besonders ist dieser Honig nicht nur, weil er aus allen Frühlingsblumen der grünen Hügel zwischen Shishmon und der albanischen Grenze gewonnen wird, sondern vor allem, weil er von diesen Frauen hergestellt wurde. Etwas von Würde müsse auf dem Honigglas stehen und dass die Frauen, die ihn produzieren, den Kampf ums Überleben aufgenommen haben, beschließt die Runde. »Es muss ein attraktives Etikett sein«, sagt Monika Hauser, die im Laufe der Jahre mühsam gelernt hat, dass man Frauenprojekte irgendwie auch verkaufen muss und dass das mit Frauenpower und professionellem Design besser funktioniert als mit Larmoyanz.

Auch in diesem Raum, dem Versammlungsraum im Haus der Gruppenleiterin Shpresa, sind alle Anwesenden verwitwet. Drei Fotos von Männern dreier Generationen hängen in roten Rahmen, verziert mit Plastikblumensträußen, an der Wand. Ein schnauzbärtiger Alter, ein junger Lockenkopf und ein vielleicht 15-jähriger Junge. Eine alte Frau mit zahnlosem Lächeln und unzähligen Runzeln, die auf ihrem Sitzkissen unter den Fotos hockt, blickt hoch zu den Bildern und zuckt mit den Schultern: Ehemann, Sohn und Enkel leben nicht mehr.

Wiederum ein Dorf weiter präsentieren die schwarz gekleideten Witwen von Korenica stolz ihre Kühe und denken laut über eine Milchsammelstelle nach, die es ermöglichen würde, die Milch nicht nur für den Hausgebrauch zu verwenden, sondern die überschüssigen Liter der nahe gelegenen Molkerei in guter Qualität abzuliefern.

Köln, Hülchrather Straße, eineinhalb Jahre später. Soeben ist Dr. Sybille Manneschmidt aus dem Kosovo zurückgekehrt. Sie ist, in der Sprache der Entwicklungszusammenarbeit, die früher einmal politisch unkorrekt Entwicklungshilfe hieß, eine »Evaluatorin«, sprich: Sie besucht im Auftrag der Geldgeber, in diesem Fall des Ministeriums, das finanzierte Projekt und prüft, ob es so funktioniert, wie es von den Antragstellerinnen, in diesem Fall *medica mondiale,* geplant war. Sybille Manneschmidt bringt für diesen Job eine interessante Qualifikationskombination mit: Sie ist Psychotherapeutin mit Trauma-Spezialisierung, außerdem betreibt die robuste Norddeutsche eine Rinderfarm in Kanada, wohin sie ausgewandert ist. So konnte Sybille Manneschmidt in Mulliq, Shishmon, Korenica und den anderen fünf Dörfern des ABC-Projekts mit den Witwen wunderbar fachsimpeln über Bodenqualität, Deckbullen und den optimalen Kastrationszeitpunkt für jene Tiere, die möglichst schnell möglichst viel Fett ansetzen sollen. Als die Psychologin und Landwirtin der Kölner *Medica-mondiale-*Runde berichtet, dass sie den Kosovarinnen versprochen hat, ihnen aus Kanada eine Kastrationszange zu schicken, damit sie die kostspielige Prozedur demnächst selbst durchführen können, brechen die Zuhörerinnen am Konferenztisch unisono in schallendes Gelächter aus: Galgenhumor, den man offenbar entwickelt, wenn man jahrelang mit den Folgen der Überhöhung männlicher Potenz zu tun und zu kämpfen hat.

Noch interessanter als Kastrationsproblematiken ist allerdings das, was Sybille Manneschmidt über die Witwen selbst berichtet. Die Bäuerinnen in einigen Dörfern haben ihren Umsatz vervielfacht wie die Imkerinnen in Shishmon, die ihre Honig-Einnahmen von 1000 Euro im Jahr 2006 auf 7235 Euro steigern konnten. Das ist im Kosovo, wo das monatliche Durchschnittseinkommen bei 200 Euro liegt, beachtlich viel Geld. Von diesem Geld, so hat die Evaluatorin ermittelt, profitieren nicht nur die dortigen 90 Witwen, sondern auch deren 287 Kinder. Auch in diesem Projekt zeigt sich das Phänomen, das überall auf der Welt dazu geführt hat, dass Geld für Hilfsprojekte zunehmend in Frauenhände gegeben wird: Sie investieren es in ihre Familien – und ändern damit langfristig die Strukturen. Auch die ABC-Witwen steckten ihr Geld in besseres Essen, Kleidung für die Kinder, Schulbücher und Busfahrten zur weiterführenden Schule. Auf die Frage, was sie mit ihrem neuen Einkommen – dem ersten eigenen ihres Lebens – möglicherweise für sich selbst getan haben, antworteten einige wenige: »Ich habe mir einen Pullover gekauft«, oder »Ich bin zum Friseur gegangen«.

Am interessantesten allerdings ist für die Zuhörerinnen, unter denen auch Monika Hauser sitzt, dass sich die Notwendigkeit eines langfristigen und interdisziplinären Ansatzes bestätigt hat, weil die schwer traumatisierten Frauen oft erst Jahre nach Kriegsende in der Lage sind, ein solches Projekt zu stemmen. Zumal, wenn für sie die Abwesenheit von Krieg in streng patriarchalen Gesellschaften noch lange keinen Frieden bedeutet. »Direkt nach dem Krieg kamen die Organisationen mit ihren Hilfsangeboten, aber ich hatte kaum die Kraft aufzustehen«, hat eine Witwe Sybille Manneschmidt anvertraut. Ohne die psychosoziale Beratungsarbeit könne es nicht funktionieren, empfahlen die Bäuerinnengruppen der Evaluatorin auf deren Frage, wie es optimalerweise laufen solle. »Das haben sie durchweg bestätigt«, berichtet Sybille Manneschmidt den *Medicas.* »Unterschiede gab es nur in der Zeit, die sie für die psychische Stabilisierung veranschlagt haben. Einige hielten ein Jahr für realistisch, andere sagten: ›Ich habe zwei Jahre gebraucht‹.« – »Es war ein langer Weg«, bestätigt auch Xhyle Hyseni. »Sie haben zuerst meine Seele unterstützt, damit ich ein normaler Mensch werde. Und dann habe ich den Traktor bekommen. Früher wäre es nicht gegangen.«

Im Oktober 2007 ist Monika Hauser wieder im Kosovo. Der SWR möchte ein Fernsehporträt über das Bäuerinnenprojekt drehen, und natürlich soll die *Medica-mondiale*-Gründerin dabei sein. Schon auf dem Flughafen von Priština kann sie einen Erfolg des ABC-Projekts buchstäblich mit Händen greifen: In den Regalen des Duty-free-Shops stehen sie, die Gläser mit Kastanien-, Akazien- und Wiesenhonig. Auf deren leuchtend gelbem Etikett summt die obligatorische Biene, und dem potenziellen Käufer wird auf Albanisch und Englisch die Besonderheit dieses Honigs erklärt:

»This honey is a product of the groups of women widows from the villages of Gjakova and Degani Municipality who were affected from the war in Kosova. This honey production project is supported by the Federal Ministry for Cooperation and Economic Development (BMZ) and the international organization ›medica mondiale‹ from Germany.«[25]

In Korenica steckt Gruppenleiterin Hatixhe Binaku einen Messstab in einen riesigen Stahlbottich und prüft den Bakteriengehalt, bevor die Milch des Witwenkollektivs in die Molkerei des Nachbardorfs abtransportiert werden kann. Kürzlich hat sie einer interessierten internationalen Delegation ihr Projekt vorgestellt – mittels Powerpoint-Präsentation. Mit den Einkünften der Witwen scheint auch ihr Mut zu wachsen. Man munkelt, eine der Witwen habe eine heimliche Beziehung mit einem Mann. Sie lebt gefährlich, aber sie lebt wieder.

In Mulliq hat das Frauenkollektiv 50 Tonnen Esskastanien, die die Frauen früher von einem Händler abholen lassen mussten, jetzt selbst zum Markt gefahren und so den dreifachen Preis erzielt. Die schönste Geschichte jedoch hört Monika Hauser in

Xhyles Wohnzimmer: Das Haus ihres Schwagers war extrem baufällig geworden. Kurzerhand hat die Witwe ihm ein kleines Häuschen bauen lassen. Es steht auf ihrem Hof – neben dem roten Traktor.

7. April 2008. Das Foyer des Gemeindehauses von Schlanders
ist bis auf den letzten Platz besetzt. Die Wände des großen Rau-
mes sind kaum noch zu erkennen, so dicht hängen die 1000 14
mal 20 Zentimeter großen Postkarten: In Schlanders gastiert die
Ausstellung »1000 Frauen für den Friedensnobelpreis«, und jede
Karte zeigt eine Frau, die sich – wie die 999 weiteren Kandida-
tinnen, jede auf ihre Weise – um den Frieden verdient gemacht
hat. Eine dieser Frauen ist Monika Hauser.

Ein knappes Vierteljahrhundert nachdem sich die junge Ärztin im Praktikum im Krankenhaus von Schlanders mit ihrem
Chefarzt angelegt hatte, den Zusammenhang zwischen den »Familienproblemen« und den Krankheiten ihrer Patientinnen begriff und in der Person des gackernden Mädchens ihre ersten
Erfahrungen mit Traumafolgen machte, steht sie nun auf der
Bühne des Foyers und berichtet, während Kameras und Mikrofone der Journalisten auf sie gerichtet sind, über ihre Organisation *medica mondiale.*

Am Ende ihrer Rede kreist die Spendendose in Form einer
liberianischen Palaver Hut, die die Schüler der Schlanders'schen
Mittelschule gebastelt haben. Anschließend bittet Monika Hauser sechs weitere Frauen auf die Bühne: drei Mitarbeiterinnen
von *Medica Kosova* und drei kosovarische Bäuerinnen, die zur-
zeit ebenfalls in Südtirol zu Besuch sind; auf Einladung der Südtiroler Bäuerinnenorganisation werden sie am Tag danach an
einer internationalen Bäuerinnenkonferenz mit Landwirtinnen
aus Südtirol, Österreich, der Schweiz, Deutschland und dem

Kosovo teilnehmen. Auch Monika Hauser wird dort sprechen, Titel ihrer Rede: »Die Macht der Solidarität unter Frauen«.

Als die Kosovarinnen in Schlanders auf der Bühne stehen und der Schulchor »Sag mir, wo die Blumen sind« vorträgt, gibt es Tränen, aber auch Grund zur Freude. »Wie diese Frauen dagestanden sind, die eine solche Reise noch vor Kurzem niemals gewagt hätten«, strahlt Monika Hauser, »in diesem Moment ist für mich etwas rund geworden. Das ist so ein wunderbarer Beweis dafür, dass Frauen ihre Opferrolle ablegen können!«

Auch Monika Hausers Eltern aus dem wenige Kilometer entfernt gelegenen Langen sind gekommen: Mutter Franziska ist eine äußerst umtriebige Fundraiserin für die Organisation ihrer Tochter; sie verteilt Infomaterial und sammelt Spenden, wo sie kann. Überhaupt gehen die Uhren in Langen inzwischen anders. Nicht nur der junge Bürgermeister hat sich die Unterstützung von *medica mondiale* auf die Fahnen geschrieben; auch in der Dorfkirche hat mittlerweile ein Generationenwechsel stattgefunden: Dort, wo früher der Mantel des Schweigens über die dunklen Familiengeheimnisse gebreitet wurde, hat die seinerzeit als Aufrührerin bekannte Ärztin auf Einladung des heutigen Pfarrers selbst auf der Kanzel gestanden und gepredigt: über Vergewaltigungen im Krieg, *medica mondiale* und Frauen, die – in gewissem Sinne – wiederauferstehen. 15 Jahre nachdem im bosnischen Zenica der Grundstein für *medica mondiale* gelegt wurde, hat Monika Hauser eine Reise zu ihren Ursprüngen unternommen – und zu denen ihrer Organisation.

Der erste Teil dieser Reise hatte sie kurz zuvor nach Zenica geführt. Am Tag des 15-Jahre-Jubiläums, dem 3. April, sitzt die *Medica-mondiale*-Gründerin gemeinsam mit Sabiha Huskić, die inzwischen die Geschäftsführung von Marijana Senjak übernommen hat, im Studio von Radio Zenica und erzählt von den Anfängen. Nicht nur der LKW, der damals in die Pionirska Straße rollte und die Ausstattung für das Therapiezentrum brachte, ist Thema in dieser halben Radiostunde, sondern vor allem die aktuelle Lage: die massive häusliche Gewalt; der Transfer der Kriegsverbrecherprozesse nach Bosnien, die Schwierigkeiten mit dem Zeuginnenschutz. Und der Kampf um den Kriegsopferstatus der vergewaltigten Frauen, den *Medica Zenica* gemeinsam mit anderen bosnischen Frauenorganisationen inzwischen gewonnen hat.

Nachdem »Esmas Geheimnis« den Goldenen Bären gewonnen hatte, reagierten die Zenicianerinnen sofort. Ursprünglich sollte der Film in fünf bosnischen Städten laufen, für die Vorführung in Sarajevo war ein Raum für 500 Zuschauer gebucht worden. Doch nach der Preisverleihung in Berlin startete *Medica Zenica,* gemeinsam mit den anderen Frauengruppen, eine Blitzkampagne, denn allen Beteiligten war klar, dass dies eine einmalige Chance ist, die seit Kriegsende erhobene Forderung nach Anerkennung der traumatisierten Frauen als Kriegsopfer nun durchs Parlament zu bekommen. Kurzerhand wird der Vorführraum in Sarajevo gekündigt und durch eine Turnhalle ersetzt, die Platz für 5000 Menschen bietet. Die Aktivistinnen lassen in Windeseile Zettel mit Einladung und Forderung drucken, »ganz einfache und billige, wie in einem Schuhkarton oder einer Keksschachtel«, schmunzelt Marijana Senjak. »Wir sind es schließlich gewohnt zu improvisieren – immer noch.« Am 1. März 2006 läuft »Esmas Geheimnis« in Sarajevo und dann in 22 weiteren bosnischen Städten – und auch in Belgrad, wo er vom serbischen Publikum mit großer Begeisterung aufgenommen wird.

Rund 100 000 Menschen sehen innerhalb von vier Monaten Jasmila Žbanićs Film. An den Kinokassen stehen Frauen des Kriegsopfer-Bündnisses und sammeln 50 000 Unterschriften. »Die Sache wurde zu einer Art Nationalprojekt, und jeder wollte irgendwie etwas dazu beitragen«, berichtet Senjak. Am 1. Juli 2006 ist es so weit: Das bosnische Parlament verabschiedet ein Gesetz, das im Krieg vergewaltigten Frauen den Status als Kriegsopfer zuerkennt. Natürlich ist allein die symbolische Wirkung der weltweit einmaligen Verordnung immens, aber das Gesetz hat auch ganz praktische Auswirkungen: Die als Kriegsopfer Anerkannten bekommen eine Rente von bis zu 250 Euro, nicht wenig im Vergleich zum bosnischen Durchschnittseinkommen von 300 Euro. Voraussetzung für den Anspruch auf die Rente ist ein Nachweis über das Geschehene und dessen gesundheitliche Folgen. Seither klopfen immer wieder ehemalige oder aktuelle Klientinnen an die Tür von *Medica Zenica*, um sich die so dringend benötigten, sorgfältig dokumentierten Fakten aus dem Archiv des Frauentherapiezentrums zu beschaffen. Die Mitarbeiterinnen stellen Patientinnenakten, Polizeiberichte oder medizinische Gutachten zu einem Dossier für die Anerkennungskommission zusammen und nehmen auch die Symptome auf, unter denen die Klientinnen bis heute leiden. Wenn sie es wünscht, formulieren die Mitarbeiterinnen den Bericht mit ihr gemeinsam. »Wir möchten unter keinen Umständen, dass ein Bericht mit Details an die Behörden geht, die die Frau nicht offenbaren will«, betont Marijana Senjak. »Denn das ist ja eins unserer Prinzipien: dass die Frau nie wieder die Kontrolle über das verliert, was mit ihr passiert.« Rund 3000 Frauen haben den Kriegsopferstatus erhalten, seit das Gesetz im Oktober 2006 in Kraft getreten ist. Die Kolleginnen von *Medica Kosova* haben umgehend reagiert und selbst eine Kampagne für die Anerkennung der kosovarischen Frauen gestartet.

Am Abend des 3. April 2008 feiern die *Medica-Zenica*-Frauen gemeinsam mit ihrer Gründerin ihr 15-jähriges Bestehen im großen Esszimmer von *Medica 2*. Auch wenn bisher viel erreicht wurde, ist die Stimmung gedrückt, denn das Geld ist knapp. Seit Januar konnten den Mitarbeiterinnen keine Gehälter ausgezahlt werden; im Haus *Medica 1* sind nur noch der Kindergarten und das Dokumentationszentrum, die Infoteca, unter Leitung von Duška Andrić-Ruzicić in Betrieb. Die anderen Räume hat *Medica Zenica* an die Stadt zurückgegeben. Das *Medica-3*-Haus auf dem Hügel in Visoko wurde bald nach Kriegsende geschlossen, weil die Bewohnerinnen und ihre Kinder wieder in ihre alten Häuser zurückkehrten oder sich anderswo im Land eine neue Existenz aufzubauen versuchten. Lediglich ein bescheidenes Beratungsbüro existiert noch im Herzen von Visoko, das Selena Tufek finanziell allerdings kaum noch über Wasser halten kann. Auch Anfang 2007 hatte es schon ähnlich deprimierend ausgesehen, aber dann sorgten das intensive Fundraising und die vielen Anträge, die Marijana Senjak und ihre Kolleginnen gestellt hatten, doch noch für einen »Sechser im Lotto«: Die norwegische Botschaft bewilligte eine Summe, die das rund 30-köpfige Team noch einmal für ein Jahr finanzierte. Jetzt, ein Jahr später, geht das bange Warten auf die Bewilligung der Projektanträge wieder von vorn los; die Zeiten, in denen ein Fernsehbericht sechsstellige Spendensummen einbrachte wie seinerzeit die »Tagesthemen«, sind vorbei.

1997 war *Medica Zenica* vom Kölner Mutterschiff in die organisatorische Selbstständigkeit entlassen worden. Langfristig, so das Konzept, soll jedes *Medica-mondiale*-Projekt von den einheimischen Fachfrauen übernommen werden. Zunächst funktionierte das – abgesehen vom emotionalen Trennungsschmerz auf beiden Seiten – recht gut. Aber in den letzten Jahren wird es, obwohl die Mitarbeiterinnen von *Medica Zenica* sich nach 15 Jahren nicht nur in Traumatherapie, sondern auch in der Disziplin Fördergeldakquise professionalisiert haben, zusehends schwieriger, die internationalen Geldgeber von der Notwendigkeit längerfristiger Unterstützung zu überzeugen. Die brennenden Krisenherde der Welt scheinen andere: Irak, Darfur, Kongo; der Krieg in Bosnien liegt weit zurück. Ein Trugschluss, für viele ist er jeden Tag gegenwärtig. Zum Beispiel für Belma.

Die junge Frau mit den langen blonden Haaren gibt ihren Gästen die Hand im Sitzen. Die Kraft, von ihrer Couch aufzustehen, hat die 30-Jährige nicht, an Gehen ist nur im Schneckentempo und am Arm ihres Lebensgefährten zu denken. Belma trägt eine Art Jogginghose; eine Jeans oder eine andere Hose aus ähnlich festem Stoff kann sie auf ihrer Haut nicht aushalten; sie schmerzt dann unerträglich. Ein treffenderes Bild hätte ihre Seele, die sich da über den Körper ausdrückt, nicht finden können: Belma kann sich nicht berühren lassen. Damals, als der Krieg tobte, wollte ihre Familie nach Deutschland flüchten. Als der Bus, in dem sie mit ihrer Familie saß, an einem Kontrollposten halten musste, befahlen die Soldaten der 15-Jährigen und anderen Mädchen, auszusteigen. Der Bus fuhr weiter, was Belma und den anderen zustieß, darüber schweigt sie gegenüber den fremden Gästen.

Belma gehört zu jenen, bei denen das Erlebte nicht zur Abkehr von Männern und Sexualität führte. Stattdessen begegnete sie dem Grauen, indem sie sich immer wieder damit konfrontierte; vielleicht, um irgendwann doch noch einen inneren Ausweg aus der Ohnmacht zu finden, vielleicht, weil Sex nach der erzwungenen Abtötung sämtlicher Gefühle die einzige Möglichkeit darstellte, sich überhaupt noch irgendwie zu spüren. Zwei Kinder sind aus diesen vielen Begegnungen mit Männern nach dem Krieg entstanden. Belma hat es nicht geschafft, sich um sie zu kümmern. Sie wollte es gern, aber die Liebe, die sie für das Mädchen und den Jungen spürt, konnte schlicht nicht nach draußen. »Da ist etwas blockiert«, flüstert sie. Vor ein paar Jahren hat man ihr die Kinder weggenommen, weil sie sie vernachlässigt hat; sie leben mittlerweile in einem SOS-Kinderdorf. In dem Moment, in dem Belma nicht mehr funktionieren, das letzte bisschen Fassade nicht mehr aufrechterhalten musste, brach die Krankheit aus, von der bis heute kein Arzt sagen kann, worum genau es sich handelt. Vielleicht etwas mit den Nerven? Ihr Psychiater verschreibt ihr Medikamente, aber er fragt weder sie noch sich selbst, was die hypersensible Haut und der kollabierende Bewegungsapparat mit dem zu tun haben könnten, was Belma als Mädchen passiert ist. Darüber spricht sie nur mit der Therapeutin von *Medica Zenica,* die einmal pro Woche einen Hausbesuch macht, weil Belma ihre Wohnung nicht ohne fremde Hilfe verlassen kann.

40 Kilometer weiter in Visoko. Visoko ist der Ort, an dem die Gen-Analysen der Leichen durchgeführt werden, die man bis heute in den Massengräbern findet. Noch immer warten in Bosnien zahllose Menschen, überwiegend Frauen, darauf, dass ihre verschwundenen Angehörigen identifiziert werden, damit sie sie begraben und endlich mit dem Trauern beginnen können. In Čekrekčije, einem Dorf direkt bei Visoko, leben heute viele Srebrenica-Flüchtlinge. Jedes Jahr ziehen sie am 11. Juni in einem Trauerzug von Visoko nach Srebrenica, dem Ort des Massakers; in den Särgen, die sie mit sich tragen, liegen die Überreste ihrer Angehörigen, die man erst jüngst in einem Grab gefunden hat.

Als Selena Tufek, die *Medica 3* in Visoko initiierte, die ehemalige Klientin Vesna besucht, die damals mit ihrer Tochter in der Bauernhof-Oase auf dem Hügel lebte, wird deutlich, wie heutzutage eine normale Konversation in Visoko klingt:

»Wie geht es dir?«

»Ach, es muss ja. Stell dir mal vor, vor ein paar Tagen haben sie drei Rippen vom Mann meiner Nachbarin gefunden. Jetzt weiß sie nicht, ob sie ihn beerdigen soll oder ob sie lieber wartet, falls sie noch mehr Teile finden.«

»Ja, das ist wirklich eine schwere Entscheidung.«

Vesnas eigener Mann ist bis heute verschwunden. Kurz nachdem die korpulente Frau mit den pechschwarz gefärbten Haaren und riesigen Augen hinter ihrer dicken Brille kurz den Raum verlassen hat, um neuen Honigkuchen zu holen, flüstert ihre Tochter: »Wenn sie Überreste von ihm finden würden, würde ich es Mama nicht sagen.«

Wie so viele Menschen im Nachkriegsbosnien klagt Vesna über schwere gesundheitliche Probleme: mit dem Herzen, mit dem Blutdruck, mit den Augen. Auch Selena Tufek ist schwer angeschlagen. Die Lehrerin, die früher Judo als Kampfsport betrieb, leidet unter Polyarthritis; ihre Gelenke sind schmerzhaft geschwollen, an manchen Tagen kann sie kaum laufen. Begonnen hat die Krankheit 1995. »Viele Frauen sind erst nach Kriegsende krank geworden«, beantwortet die Lehrerin die unausgesprochene Frage. »Vorher musste man funktionieren.« In Bosnien pflegt man zu sagen: »Jetzt sterben die, die glaubten, den Krieg überlebt zu haben.«

Schon 1998, drei Jahre nach Kriegsende, hatte die *Medica-Zenica*-Gynäkologin Amira Frljak bei ihren Untersuchungen einen »prägnanten Anstieg an Karzinomerkrankungen« vor allem bei jungen Frauen zwischen 20 und 30 Jahren festgestellt.[26] Eine Analyse, die Minire Zuna in ihrer gynäkologischen Ambulanz im Kosovo vorbehaltlos bestätigt. Vor allem Brustkrebs diagnostiziert die Gynäkologin erschreckend häufig. »Ich habe im Kosovo Brustkrebs in Stadien gesehen«, ergänzt Monika Hauser, die ihrer kosovarischen Kollegin das eine oder andere Mal über die Schulter schaute, »die es in Deutschland praktisch überhaupt nicht mehr gibt, weil sie lange vorher entdeckt werden.« Da die Krebsfrüherkennung im Kosovo erstens an der Kenntnis dieses Konzeptes und zweitens an der fehlenden medizinischen Ausstattung scheitert, hat *medica mondiale* eine spezielle Untersuchungssonde und eine entsprechende Ultraschall-Fortbildung für Minire Zuna finanziert. Die Ambulanz in Gjakova ist nun einer der wenigen Orte im Kosovo, an dem Frauen sich präventiv auf Mammakarzinome untersuchen lassen können.

Für Monika Hauser ist die 15-Jahr-Feier am 3. April in Zenica ein glücklicher und ein deprimierender Anlass zugleich. Es ist hart zu sehen, wie sich die Erschöpfung breitmacht unter den Mitarbeiterinnen, die sich aufreiben im Hamsterrad der Geldbeschaffung. Zu beobachten, wie sich Konkurrenz einschleicht zwischen den einzelnen Bereichen: Wer bekommt ein Stück vom Fördergeld-Kuchen? Sollen die Stunden der SOS-Hotline reduziert werden? Könnte Selena Tufek ihre Beratungen in Visoko nicht von zu Hause aus leisten? »Dass *Medica Zenica* nach 15 Jahren so um Geld kämpfen muss, das kann einfach nicht wahr sein!«, klagt Monika Hauser, unternimmt aber den Versuch, das Glas auch diesmal wieder als halbvoll zu betrachten. »Die Leidenschaft, mit der wir das Projekt gestartet haben, hat schon unglaublich lange angehalten. Eigentlich ist es erstaunlich, dass die Kolleginnen ihr Engagement unter diesen schwierigen Bedingungen so lange durchgehalten haben!«

Natürlich stützt Köln immer wieder, zum Beispiel mit einer deutschen Kampagne zu »Esmas Geheimnis«, die dem Kriegsopferfonds immerhin rund 28 000 Euro an Spendengeldern einbrachte. Oder mit Zwischenfinanzierungen, wenn, wie es in der Entwicklungszusammenarbeit gang und gäbe ist, auf eine Finanzierungszusage ein halbes oder auch schon mal ein ganzes Jahr keine Überweisung folgt. Aber die Kölner Mutterorganisation schwimmt selbst nicht im Geld. Diese Realität ermüdet auch Monika Hauser immer wieder: Das ewige Sich-nach-der-Decke-Strecken; das dauernde Missverhältnis von Energie, die in aufwendige Akquisition und bürokratische Anträge gesteckt werden muss und die man doch viel lieber in die eigentliche Arbeit investieren würde; das ständige Sich-Richten nach den Vorgaben, die UNO, EU oder andere Finanziers gerade en vogue finden und die notgedrungen in Projekte münden, die man in der Branchensprache als »donor driven« bezeichnet: auf die Wünsche der Geldgeber ausgerichtet. Deshalb, so Hauser, sei es so wichtig, dass die Gelder von *medica mondiale* zur Hälfte von privaten Spenderinnen und Spendern stammten – was eine gewisse Unabhängigkeit von den Vorgaben der »donors« gewährleistet.

Monika Hauser weiß aber auch, dass der Kampf ums Geld für Organisationen wie ihre auch gewisse Vorteile mit sich bringen kann: »Man prüft genauer, welche Projekte wirklich Erfolg versprechend sind. Und sicher bewahrt es auch vor dem Trägewerden, weil man gezwungen ist, immer wieder neue Ideen zu entwickeln.« Eine gesicherte Grundfinanzierung plus ein Anteil, der ständig neu erdacht und erarbeitet werden muss – das wäre für sie schon ein halbwegs glücklicher Zustand. »Ich wünsche mir sehr, nicht immer von finanziellen Sorgen geplagt zu sein. Ich bin es einfach leid, Jahr für Jahr wieder in diesen Abhängigkeiten zu stecken und so viel in Sachen Fundraising unterwegs sein zu müssen.«

Dabei hätte die *Medica-mondiale*-Gründerin gern, dass die Organisation weiter wächst. Zumindest noch ein bisschen, »um die Sisyphusarbeit, die wir an so vielen Stellen leisten, auf ein paar Schultern mehr verteilen zu können«. Auf etwa 30 Kölner Mitarbeiterinnen würde Monika Hauser gern aufstocken, mehr nicht, denn die Gefahr zu verbürokratisieren dräut ab einer gewissen Größe am Horizont. Und das, da sind sich die alten Weggefährtinnen sicher, »würde Monika nie zulassen«. Auch wenn die politische Geschäftsführerin inzwischen phasenweise den Verlockungen des anglifizierten und abkürzungslastigen Entwicklungszusammenarbeits-Vokabulars erlegen scheint und häufig in einem Atemzug von SGBV (sexual and gender based violence) und FGM (female genital mutilation), von »lessons learned« und »follow ups« spricht – bei der Gratwanderung zwischen »grassroot«-Initiative und professionellem Organisationsmanagement hält sie offenbar die richtige Spur. »Es ist immer noch genügend Platz für Spontaneität«, findet Karin Griese. »Und da spielt Monika eine entscheidende Rolle. Sie würde sich nie in ein lähmendes Korsett einzwängen lassen.«

Im Laufe der Jahre hat die *Medica-mondiale*-Gründerin aber lernen müssen, sich zurückzuhalten. »Monika ist eine Macherin. Sie zieht los und macht Dinge, die andere nur denken«, sagt Anna Biermann und erläutert die Arbeitsteilung zwischen der politischen und der kaufmännischen Geschäftsführerin wie folgt: »Sie ist diejenige, die rausgeht und mit vollem Herzen und vielen Ideen zurückkommt. Und ich bin erklärtermaßen die, die schon mal bremst und sagen muss: ›Moment, das können wir nicht finanzieren.‹« Erst finanzieren – dann Projekt starten, lautet die Devise, seit mit dem Ende des Kosovokriegs und dem Anfang des neuen Jahrtausends die finanziellen Mittel immer knapper wurden. »Manchmal machen wir es aber immer noch wie früher«, gibt Biermann zu: »Erst machen – dann dafür sorgen, dass das Geld kommt. Denn der Drive und die kreative Kraft, die dahinterstecken, dürfen nicht verlorengehen.«

Den Schwung zu behalten ist nicht immer leicht, weil just der Kern der *Medica-mondiale*-Arbeit meist nicht in den Töpfen potenzieller Geldgeber vorgesehen ist. Aktivitäten, die sich im Gegensatz zu Straßen, Brunnen oder wiederaufgebauten Häusern weder anfassen noch zählen lassen, sind den Menschen in den Ministerien, die häufig noch keinen Fuß in das entsprechende Land gesetzt haben, schwer vermittelbar. »Die Trauma- und Menschenrechtsarbeit fällt oft durch die Maschen«, bedauert Anna Biermann.

Wie schafft man es, über all die Jahre nicht selbst traumatisiert zu werden von all den schrecklichen Geschichten? Die Antwort: gar nicht. »Diese sogenannte Sekundär- oder stellvertretende Traumatisierung lässt sich nicht völlig vermeiden«, sagt Monika Hauser. »Das Gift der Gewalt dringt auf jeden Fall ein.« Die Symptome sind denen des primären Traumas nicht unähnlich. Körperliche Beschwerden von Migräne über Magenprobleme bis zu Herzbeschwerden; die Erzählungen als Endlosschleife im Kopf; Depressionen und Weltverdrossenheit bis hin zur Kontaktsperre mit der Außenwelt. Um die Arbeit mit traumatisierten Frauen dennoch tun zu können, ist es daher unerlässlich, sich Techniken anzueignen, die das Gehörte und Erlebte aushaltbar machen. Deshalb gehört der professionelle Umgang zur Prävention von »Sekundärtraumatisierungen und Burn-out« seit Jahren zum Standard in den *Medica-mondiale*-Trainings für alle, die mit traumatisierten Menschen zu tun haben.

Dazu gehört, »regelmäßig die eigenen Batterien wieder aufzuladen und sich immer wieder seine Motivation ganz unmissverständlich bewusst zu machen«, erläutert Monika Hauser. »Auch Sport ist nahezu unverzichtbar.« Weshalb es vorkommen kann, dass im Sekretariatsbüro von Birgit Groth aus den Kofferbergen, die nach Kabul verschickt werden sollen, Schaumstoffmatten und mehrere Pakete Hanteln hervorlugen. »Damit die Kolleginnen dort trainieren können.« Eine weitere professionelle Technik kann zum Beispiel darin bestehen, sich innerlich an einen geschützten Ort zurückzuziehen und das im Außen möglicherweise verlorengegangene Vertrauen in das, was Judith Herman eine »sinnvolle Ordnung« nennt, dort wieder herzustellen. Wenn Monika Hauser auf Projektreise im Ausland ist, hat sie sich zum Beispiel angewöhnt, sich am Abend auf alle Fälle eine halbe Stunde allein zurückzuziehen, um die Geschehnisse des Tages auf diese Weise zu verarbeiten; eine schwierige Gratwanderung: »Man muss das Erlebte auf Distanz halten und dabei trotzdem berührbar bleiben«, so Monika Hauser. »Wenn ich eines Tages spüren würde, dass die Geschichten der Frauen mich nicht mehr berühren und ich nur noch Verwalterin des Grauens wäre – dann wäre das der Moment aufzuhören.«

Offenbar kann aber aus der Konfrontation mit dem Grauen auch eine große Kraft erwachsen. »In ›Die Narben der Gewalt‹ gibt es ein Kapitel, in dem die Autorin sagt: Menschen, die mit Trauma-Überlebenden arbeiten, ändern selbst ihre Haltung gegenüber der Welt. Für mich persönlich trifft das zu«, bilanziert Marijana Senjak. »Es ist für mich so etwas Wertvolles, seine geistige und seelische Gesundheit zu bewahren. Ich weiß, dass du sie innerhalb von Sekunden verlieren kannst. Einige fangen an, das Leben mehr zu schätzen. Das ist bei mir auch so: Ich liebe jede Form des Lebens, ich liebe das Leben als solches. Man kann das Gottes Willen oder universelle Energie oder höheres Wesen nennen – für mich ist es etwas Wertvolles. Das habe ich von meinen Klientinnen gelernt.« Auch ihre Kollegin Edita Ostojić, die sich nach einigem Zögern bereit erklärt hatte, die Schulung ihrer afghanischen Kolleginnen im Land der Burkas zu übernehmen, berichtet von der Kraft, die von den Frauen dort ausging:

»Diese Motivation und diese Meisterschaft im Überleben haben mich irgendwie geheilt.« Manchmal scherzen die Kolleginnen mit Galgenhumor: »Wir sind auch Kriegsgewinnler. Wir haben kein Geld gewonnen, aber dafür sehr viel Wissen. In the war you get education for free.«

Setzt Monika Hauser sich nach ihren Auslandsreisen ins Flugzeug oder nach einem Tag im Büro in den Vorortzug, nimmt sie die Geschichten aus Bosnien, Afghanistan oder dem Kongo im Herzen mit in das Reihenhaus, wo Klaus-Peter Klauner sie hören möchte, auch wenn seine Frau sich noch in der Phase der Distanzierung von all dem Schweren befindet. »Sie kommt oft nach Hause und sagt: ›Das ist so schrecklich, das kann ich dir gar nicht erzählen!‹ Und ich sage: ›Doch, erzähl es!‹ Für Monika ist es gut, es loszuwerden und zu reflektieren, und für mich ist es eine Möglichkeit, weiter an diesem Projekt teilzuhaben.« Der Mann, der vor 15 Jahren die Wände des WDR mit Spendenaufrufen für die neue Frauenorganisation pflasterte, worauf ihm die Personalabteilung mit einer Abmahnung drohte, der Curetten und Druckerpatronen nach Zenica schickte und die langen Monate des Getrenntseins aushielt, der 1993 mit sechs Frauen *Medica e. V. Köln* gründete, ist seiner Frau ein wertvoller Gesprächspartner in Sachen *medica mondiale* und hält ihr nach wie vor den Rücken frei. Klaus-Peter Klauner macht mit dem elfjährigen Luca Hausaufgaben und backt mit ihm Weihnachtsplätzchen; er absolviert die Spaziergänge mit Hündin Jule und bringt, wenn Besuch da ist, Tee und Schnittchen. Vor Kurzem hat der Tonmann seinen Teilzeitjob von 25 auf 35 Prozent erhöht. Wenn er auf seinen Fernseh-Drehs unterwegs ist, hat Monika Hauser »Luca-Woche«: Dann fährt sie schon am frühen Nachmittag nach Hause, um da zu sein, wenn ihr Sohn von der Schule kommt.

Dieses Lebensmodell birgt einiges Konfliktpotenzial. Wenn die *Medica-mondiale*-Chefin auch zu Hause ständig mit dem Kopf und dem Herzen beim aktuellen Projektkonzept ist oder vom heimischen Computer noch eben rasch eine E-Mail nach Kabul schicken muss und dann für die nächsten zwei Stunden im Arbeitszimmer verschwunden bleibt. Wenn das Wochenende aus kleinen Zeitfenstern besteht, in die Familienaktivitäten gepackt werden müssen. »Dann nervt es manchmal schon«, sagt Klaus-Peter Klauner. Und wenn er sie auf eine Preisverleihung begleitet und sie im Eifer des Gefechts wieder einmal vergisst, ihn vorzustellen, »weil eben die Inhalte im Vordergrund stehen«, dann wird ihm auch die Rolle des »Mannes an ihrer Seite«, die er so souverän ausfüllt, manchmal etwas zu viel. Wobei sie sich, sagt er feixend, »in den letzten Jahren stark gebessert habe«. »Ich habe wirklich lernen müssen, mir Freiräume für mich und meine Familie zu schaffen und meine Batterien aufzuladen«, bestätigt die *Medica-mondiale*-Gründerin. Seit ihrem Zusammenbruch 1995 joggt sie ein paarmal in der Woche, freitags nimmt sie Saxophon-Unterricht. Und da kann es inzwischen schon mal passieren, dass sie einen Termin absagt, weil sie »bis zur nächsten Stunde noch ein Stück üben muss«.

Kürzlich hat ein Freund Klaus-Peter Klauner gefragt, wie es sich denn eigentlich anfühle, dass Monika ihre Projekte habe umsetzen können, während er sich so zurücknehmen musste. Was denn mit seinen Träumen sei? »Es war gar nicht so leicht, ihm das zu erklären: Normalerweise hätte ich natürlich auf einer Arbeitsteilung von 50/50 bestanden. Aber in diesem Moment war das eben nicht möglich, weil Monika sonst dieses historische Projekt nicht hätte stemmen können.«

Es ist auch dieser so selbstverständliche Rückhalt, dem Monika Hauser ihre Stehaufmännchen-Qualitäten verdankt, ihre

Energie, so oft und seit so vielen Jahren immer wieder dasselbe zu erklären: Warum sind Kriegsvergewaltigungen nur die Fortsetzung der Gewaltverhältnisse zwischen den Geschlechtern im Frieden? Wieso ist es so wichtig, neben der individuellen Trauma-Arbeit mit einer Klientin auch per Menschenrechtsarbeit – der sogenannten »advocacy« – auf der politischen Ebene aktiv zu werden? Weshalb ist es ein Problem, wenn Mitarbeiter der UNO die Dienste von Prostituierten in Anspruch nehmen? »Es ermüdet sehr, immer wieder bei Adam und Eva anfangen zu müssen«, seufzt die *Medica-mondiale*-Gründerin. »Wenn ich bei einem Interview auf einen jungen Journalisten treffe, der mich fragt: ›Sagen Sie mal, Frau Hauser, das Thema Kriegsvergewaltigungen – ist das denn wirklich so ein großes?‹ Oder wenn ich bei einem Politiker merke, dass er überhaupt keine Ahnung von Menschenrechtsstandards für Frauen hat, und ich immer wieder die Frage gestellt kriege: ›Ja, ist das denn wirklich so ein Problem?‹ Dann denke ich schon manchmal: Jetzt könnte ich eigentlich besser meinen Stift hinlegen, meine Jacke anziehen und mir einen schönen Waldspaziergang gönnen.« Bisher hat sie meist tief durchgeatmet und eine ihrer Distanzierungstechniken angewandt, um weder zu explodieren noch zu implodieren. Und hat dann dem naiven Fragesteller ausführlich geantwortet. In der Hoffnung, dass es »nach dem Gespräch hoffentlich einer mehr sein wird, der etwas verstanden hat«.

Äußerst strapaziert ist Monika Hauser auch davon, immer wieder in die »Frauenecke« gestellt zu werden: Hier die großen Probleme der Menschheit – dort die speziellen Probleme der Frauen. »Auf Konferenzen bekomme ich oft diese Nische, und dagegen wehre ich mich. Natürlich sind es die speziellen Probleme der Frauen, und ich will sie auch so benannt haben, weil die Belange der Frauen sonst unter den Tisch fallen. Aber Gewalt gegen Frauen ist eigentlich das spezielle Problem der Männer, das dann zu ›reproductive health problems‹ der Frauen oder zu ›Traumafolgen‹ der Frauen wird.« Immer noch sind Frauen und Mädchen häufig die Ausnahme von der männlichen Regel, die nicht selbstverständlich mitgedacht werden. Zum Beispiel weibliche Kindersoldaten, die nicht nur Kämpferinnen, sondern auch Vergewaltigungsopfer sind, die den Bandenchefs sexuell zur Verfügung stehen müssen – und die deshalb andere Wiedereingliederungsprogramme brauchen als die Jungen. Oder die Liberianerinnen, die in dem Assessment, das Weltbank und UNO 2003 gemeinsam durchführten, um eine Aufbaustrategie für das bürgerkriegsgeplagte Land zu entwickeln, schlicht nicht vorkamen. Dabei sollte sich all dies inzwischen herumgesprochen haben. »Es ist unglaublich, wie viel Energie wir da hineinstecken, immer wieder an dieselben Türen zu pochen und immer wieder das Gleiche gebetsmühlenartig zu wiederholen. Mich zermürbt, dass wir in jeder Sekunde kämpfen müssen, damit das Thema auf der Agenda bleibt.« Zwar habe sich in den letzten Jahren viel getan: »Wir haben mittlerweile die Standards auf dem Papier – aber jetzt müssen sie umgesetzt werden. Und das geht mir zu langsam.« Deshalb gehört zu den Zukunftswünschen der Monika Hauser, dass ihre Organisation häufiger beratend tätig sein könnte, zum Beispiel für Ministerien, die Vereinten Nationen oder internationale NGOs. Bevor die in ein neues Land gehen und dort mal wieder unangenehm mit ihrer Ignoranz der weiblichen Lebensverhältnisse auffallen, würde sie sie gern »emm-emmen«, was so viel heißt wie medicamondialisieren, sprich: ihnen jenen Blick auf die Frauen eröffnen, der eigentlich selbstverständlich sein sollte, es aber leider nicht ist. Ihre Vorstellung: »Genauso, wie man bei einem Engagement für politische Gefangene automatisch an Amnesty International denkt, sollten die Leute, wenn es um kriegstraumatisierte Frauen geht, an *medica mondiale* denken.«

Noch immer erzählen Frauen Monika Hauser ihre Geschichten. Manchmal eine Bäuerin aus Liberia, manchmal eine Mitarbeiterin der Vereinten Nationen in Priština. Oft spürt die *Medica-mondiale*-Gründerin die Geschichte hinter der Fassade nur. Bei der Politikerin in Berlin, die »in den ersten 20 Minuten meiner Rede dasaß wie ein Eisblock und dann an bestimmten Passagen mit den Tränen kämpfte«. Wenn eine Gesprächspartnerin radikal abwehrt: »Oh Gott, Frau Hauser, davon will ich gar nichts hören!« Oder wenn sie mit überidentifizierter hoher Stimme flötet: »Frau Hauser, das ist ja sooo toll, was Sie da machen!« Immer wieder sind es, wie früher, völlig fremde Frauen, die sich Monika Hauser aussuchen; sie scheinen intuitiv zu spüren, dass sie auf offene Ohren treffen. Jüngst saß die Gynäkologin nach einem langen Arbeitstag am Bahnhof und studierte ihren Wochenplan in ihrem Organizer. Eine ältere und offensichtlich alkoholisierte Frau ließ sich neben ihr auf der Bank nieder. Nachdem sie eine Zeit lang beobachtet hatte, wie Hauser Termine in die Tabelle eintrug, sagte sie:

»Sieht ja beeindruckend aus. Na, Sie jungen Leute haben so was ja gelernt.«

»Dafür haben Sie sicher was anderes gelernt.«

»Jaja, vergewaltigt ist man worden.«

An diesem Abend hat Monika Hauser ausnahmsweise nicht nachgefragt. Sie war zu müde zum Zuhören. Manchmal passiert das.

In den allermeisten Fällen aber hört sich die Ärztin und Aktivistin auch diese Geschichte an. Selbst wenn es kaum etwas gibt, was Monika Hauser in den letzten 15 Jahren nicht gehört hat. »Trotzdem ist jede Geschichte jeder Frau wieder berührend und nicht business as usual.« Außerdem gibt es ja auch großartige, hoffnungsvolle Geschichten: zum Beispiel die der kosovarischen Bäuerin Xhyle, die ihren despotischen Schwager schließlich zur Dankbarkeit verpflichtet. Oder die der Teilnehmerinnen der Trauma-Schulungsrunde in Kabul, die in Gekicher ausbrechen, weil gerade von unanständigen Dingen die Rede ist, die eigentlich gar nicht an unverheiratete Frauenohren dringen dürften, und eine in der Gruppe nach langem Zögern die Frage stellt: »Heißt das also, dass es auf der Welt Frauen gibt, für die Sexualität etwas Schönes ist?« Und wenn Gynäkologin Hauser diese Frage dann mit Ja beantwortet und sie weiß, dass die Hebammen, Lehrerinnen und Krankenschwestern diese Erkenntnis weitergeben werden. Oder wenn im liberianischen Dschungel ein junges Mädchen zu Monika Hauser sagt: »I want to join your vision.« Dann kann sie nicht aufhören – nicht aufhören anzufangen.

Der Blauhelm, den sie damals in Bosnien tragen musste, wenn sie im Kriegsgebiet mit den UN-Truppen unterwegs war, führt heute auf der großen Glasvitrine im Konferenzraum des *Medica-mondiale*-Büros ein friedliches Dasein. Neben ihm steht ein Papierhut mit der Aufschrift »Stop raping Baby Girls«, den Monika Hauser und Sybille Fezer von der Frauendemo aus Fishtown mitgebracht haben. In der Vitrine selbst wird ebenfalls *Medica-mondiale*-Geschichte geschrieben: ein Tablett, ein Geschenk der indischen Partnerorganisation Olakh; drei Elefanten aus Uganda; ein Wandteller mit Ochsenkopf aus dem Irak. Eine moderne Glasskulptur: der Deutsche Fundraising-Preis, den Monika Hauser 2004 erhielt, eine von vielen Auszeichnungen der letzten 15 Jahre.

Ein besonders wichtiges Utensil befindet sich allerdings auf ihrem Schreibtisch. Auf den Fuß ihres Computerbildschirms

hat Monika Hauser einen kleinen Zettel aus einem chinesi-
schen Glückskeks geklebt. Darauf steht: »Mach dir nicht so viele
Sorgen.«

31 | Deutschland
Das Kölner *Medica-mondiale*-Team im September 2008

Charta *medica mondiale*

Medica mondiale ist eine Organisation von Frauen für Frauen.

Medica mondiale hat ein feministisches Selbstverständnis.

Medica mondiale hat sich aus der Kooperation von *Medica Köln* und *Medica Zenica* entwickelt, einem Projekt gegen Gewalt an Frauen in Bosnien-Herzegowina im Kontext des Krieges.

Medica mondiale unterstützt und fördert – ungeachtet ihrer politischen, ethnischen und religiösen Zugehörigkeit – Frauen und Mädchen in Kriegs- und Krisengebieten, deren physische, psychische, soziale und politische Integrität verletzt wurde. Die Verletzung kann gesellschaftlich, familial oder kriegsbedingt sein. Ziel ist es, die Selbstheilungskräfte der Frauen zu stärken sowie ihr Recht auf emanzipatorische Lebensgestaltung zu unterstützen und einzufordern.

Medica mondiale leistet akute und langfristige Hilfe für traumatisierte Frauen und Mädchen in Kriegs- und Krisengebieten durch:

- Projekte zur medizinischen und psychosozialen Versorgung
- Projekte zur Förderung der öffentlichen Gesundheitsfürsorge
- Projekte zur Ausbildung, Weiterbildung und Schaffung von Erwerbsmöglichkeiten
- Projekte zur Verbesserung der Ernährungs-, Wohn- und Rechtssituation

- Projekte zur Aufklärung der Öffentlichkeit über
  die Situation der Frauen und Mädchen sowie
  über Ursachen und Hintergründe von Gewalt
  gegen Frauen
- Projekte zur Schaffung autonomer Frauenräume

Medica mondiale strebt die langfristige Absicherung dieser Projekte innerhalb autonomer Frauenstrukturen und sozialgesellschaftlicher Infrastrukturen an.

Medica mondiale setzt sich ein für die Aufklärung und Dokumentation der vielfältigen Formen von Gewalt an Frauen und ihres globalen Charakters. *Medica mondiale* arbeitet dabei schwerpunktmäßig mit nationalen und internationalen Frauen- und Menschenrechtsorganisationen zusammen sowie mit weiteren Nichtregierungs- und Regierungsorganisationen.

Medica mondiale setzt sich gegen jede Form von Nationalismus und Fundamentalismus ein und beteiligt sich am Aufbau demokratischer Strukturen und an nationalen und internationalen Versöhnungsprozessen.

Medica mondiale versteht sich als Teil der internationalen Frauenbewegung und setzt sich für die Anerkennung von Frauenrechten als Menschenrechte in der Perspektive eines nicht-hierarchischen Geschlechterverhältnisses ein.

Quelle: www.medicamondiale.org

Das Konzept zur Trauma- und Menschenrechts-arbeit von *medica mondiale*

»*Medica mondiale* ist ein sehr menschenfreundliches Projekt, das zur richtigen Zeit an den richtigen Ort gekommen ist. Es ist eine Arbeit, die einen Platz in unserer Geschichte haben wird. Das ist wie den Blinden Augen zu geben, den Tauben Ohren und den Stummen die Sprache. Ich hoffe, dass dieses Projekt ein langes Leben in unserem Land haben wird.« (eine kosovarische Mitarbeiterin von *medica mondiale*)

Sexualisierte Kriegsgewalt ist ein Angriff auf das intimste Selbst. Faktoren wie Tabuisierung, Ausgrenzung oder Bedrohung durch Familie, Gesellschaft und Presse führen dazu, dass die Frauen ein Leben lang an den seelischen und körperlichen Verletzungen tragen. Hinzu kommen die Zerstörung sozialer und gesellschaftlicher Strukturen, Armut und unzureichende medizinische Versorgung, die die alltägliche Gewalt gegen Frauen noch verschärfen. *Medica mondiale* hat aus jahrelanger Arbeit in Kriegs- und Krisenregionen ein ganzheitliches Konzept entwickelt, das Frauen bei der Bewältigung ihrer traumatischen Erfahrungen unterstützt, die soziale Integration sowie die aktive Teilhabe von Frauen an gesellschaftlichen Veränderungsprozessen fördert und sie darüber hinaus vor erneuter Gewalt schützt.

Langfristige Unterstützung

Die zerstörerischen sozialen und psychischen Folgen von sexualisierter Kriegsgewalt dauern oft jahrelang an. Manchmal treten Traumasymptome auch in der nächsten Generation auf. Zudem finden viele Frauen erst spät Zugang zu Hilfsangeboten. Deshalb fördert *medica mondiale* den Aufbau nachhaltiger lokaler Unterstützungsstrukturen für gewaltbetroffene Frauen. Um deren langfristigen Erfolg – auch nach dem Abzug internationaler Hilfe – sicherzustellen, werden entweder bereits vorhandene Organisationen oder Frauengruppen gefördert, oder *medica mondiale* baut eigene Projekte auf, die dann so früh wie möglich an einheimische Mitarbeiterinnen übergeben werden. Dabei ist es ein Grundprinzip, Frauen weltweit darin zu bestärken, eigene Wege – individuell und in der Gemeinschaft – zur Bewältigung von traumatischen Gewalterfahrungen und zur Verhinderung erneuter Gewalt zu finden.

Ganzheitlicher Ansatz

Vergewaltigungen und andere Formen der Gewalt gegen Frauen haben lebensbeeinträchtigende Folgen auf psychischer, körperlicher, spiritueller, sozialer Ebene. Darüber hinaus tragen Scham, Stigmatisierung und die Gefahr, aus der Familie verstoßen zu werden, dazu bei, dass Frauen nur sehr niedrigschwellige und auf keinen Fall stigmatisierende Hilfsangebote wahrnehmen können. *Medica mondiale* bietet daher breitgefächerte Unterstützung an: medizinische Behandlung und Beratung, psychosoziale oder psychotherapeutische Unterstützung, Ausbildung und einkommensschaffende Maßnahmen sowie Rechtsberatung. Die Hilfe erfolgt sowohl in den *Medica-mondiale*-Beratungszentren als auch direkt in den Gemeinden, zum Beispiel durch Einsatz einer mobilen gynäkologischen Ambulanz.

Anpassung an die Bedingungen vor Ort

Der Kontext für die Trauma- und Menschenrechtsarbeit von *medica mondiale* ist je nach Konfliktregion sehr unterschiedlich. Der regional angepasste Arbeitsansatz von *medica mondiale* hängt maßgeblich davon ab, wie die Situation vor Ort aussieht. Dafür werden Ausmaß, Folgen und die spezifische Wahrnehmung sexualisierter und anderer Formen von Gewalt gegen Frauen und Mädchen sowie bestehende Unterstützungsansätze in der Region vor Projektbeginn mit zentralen Organisationen, Gruppen und Individuen vor Ort diskutiert und systematisch analysiert.

Menschenrechtsarbeit

Das fortgesetzte Fehlen von Sicherheit und permanente neue Gewalt an Frauen (häusliche Gewalt, soziale Ausgrenzung, sexuelle Ausbeutung durch Helfer und Peacekeeping-Soldaten) sind typisch für Konflikt- und Nachkriegsregionen. So ist auch die Verbindung zu politischer Menschenrechtsarbeit von *medica mondiale* zu sehen, die wirkliche Sicherheit für Frauen und Mädchen als Primärbedingung für eine effiziente Trauma-Arbeit fordert. So müssen auch die psychischen und sozialen Folgen von sexualisierter Gewalt immer im Kontext der massiven Menschenrechtsverletzungen gesehen werden, in denen sie entstanden sind. Zur Unterstützung von kriegstraumatisierten Frauen nimmt *medica mondiale* deshalb auch die gesellschaftlichen und politischen Rahmenbedingungen in den Blick, betreibt Öffentlichkeitsarbeit zum Thema Gewalt gegen Frauen und setzt sich politisch für die Rechte von Frauen ein. Individuelle Angebote und gesellschaftliche Aufklärung und Sensibilisierung greifen als sogenannte »Doppelstrategie« abgestimmt ineinander und haben zum Ziel, traumatisierte Frauen optimal zu unterstützen und deren Rechte durchzusetzen.

Gerechtigkeit

Kriegsvergewaltigungen sind schwere Menschenrechtsverletzungen. Trotz des erschreckenden Ausmaßes werden die Verbrechen an Frauen immer wieder als nebensächlich behandelt oder gar teilweise geleugnet, und es herrscht weitgehend Straflosigkeit für Täter. Ohne die offizielle Anerkennung und die Ahndung der an ihnen begangenen Verbrechen kann es für Frauen weltweit keine Wiedergutmachung oder Entschädigung geben – geschweige denn Gerechtigkeit. *Medica mondiale* prangert die Menschenrechtsverletzungen öffentlich an und fordert die strafrechtliche Verfolgung sexualisierter Kriegsgewalt. In den letzten Jahren hat *medica mondiale* insbesondere die Arbeit der internationalen Gerichtshöfe kritisch begleitet und sich beharrlich für den Schutz der traumatisierten Zeuginnen und eine angemessene Prozessführung eingesetzt.

Existenzielle Sicherheit schaffen

Angesichts von wirtschaftlicher Not und der Trauer um Familienangehörige brauchen die meisten Frauen in Nachkriegsländern zunächst vor allem das Gefühl existenzieller Sicherheit. Erst dann können sie mit der Be- und Verarbeitung von Gewalt und Schrecken des Krieges beginnen. Die Unterstützung bei der praktischen Lebensbewältigung steht daher meist am Anfang der psychosozialen Beratung und Begleitung der Frauen. In jedem Projekt wird zunächst die materielle Absicherung der Klientinnen angestrebt – entweder durch *medica mon-*

diale selbst oder durch die Vermittlung an andere Hilfsorganisationen. Die Frauen werden mit Lebensmitteln, Decken oder Kleidung unterstützt, und die *Medica-mondiale*-Mitarbeiterinnen helfen den Frauen bei der Suche nach Arbeit und Wohnraum oder beim Wiederaufbau ihrer Häuser. Wenn Frauen von akuter Gewalt bedroht sind, finden sie vorübergehende Unterbringung in Frauenschutzräumen von *medica mondiale*.

Verständnis und Engagement fördern

Ganz wesentlich für den Erfolg der Arbeit von *medica mondiale* ist die Sensibilisierung in den Familien und Gemeinden, in Gesundheitseinrichtungen und Schulen, bei Polizei, Justiz und religiösen Führern. Ziel ist es, eine Basis zu schaffen für die solidarische und kompetente Unterstützung von gewaltbetroffenen und traumatisierten Frauen und Mädchen sowie für den Aufbau funktionierender Netzwerke zur Vorbeugung von erneuter Gewalt.

Gemeindeorientierter Ansatz

Eines der Ziele von *medica mondiale* ist es, letztlich die Verantwortung für die Unterstützung gewaltbetroffener Frauen und Mädchen auch für Präventionsmaßnahmen in den Gemeinden selbst zu verankern. Deshalb kooperiert *medica mondiale* eng mit Unterstützungsgruppen oder anderen engagierten Gemeindemitgliedern vor Ort. Sie werden so geschult, dass sie als Vertrauenspersonen angesprochen werden können, erste Unterstützung leisten, Frauen weitervermitteln an *medica mondiale* und auch zur Reintegration gewaltbetroffener Frauen in der Gemeinde beitragen.

Training von Fachkräften und Aufbau von Unterstützungsnetzwerken

Für die Verarbeitung von Gewalterfahrungen ist es existenziell, dass die Betroffenen in der Zeit nach dem Trauma angemessene Unterstützungsangebote erhalten. Nicht selten kommt es im Zusammenhang mit medizinischer Versorgung oder im Kontakt mit Behörden und Institutionen zu erneuten Traumatisierungen. *Medica mondiale* sieht es daher als ihre dringende Aufgabe, durch Trainings und den Aufbau von Unterstützungsnetzwerken die Kompetenz von Fachkräften und Berufsgruppen zu erweitern, die in ihrem Arbeitsfeld mit traumatisierten Frauen und Mädchen zu tun haben – wie zum Beispiel Hebammen, Ärzte und Ärztinnen, Polizisten und Polizistinnen, Anwälte und Anwältinnen.

Traumasensible Beratung und Begleitung

Ein psychisches Trauma zerstört das Gefühl von Sicherheit, es greift das Urvertrauen an, persönliche Grenzen werden weit überschritten, die eigene Selbstachtung ausgehöhlt und ein überwältigendes Gefühl von Hilflosigkeit erzeugt. Außer den Therapeutinnen und psychosozialen Beraterinnen müssen alle Mitarbeiterinnen der *Medica-mondiale*-Organisationen vor Ort (Ärztinnen, Hebammen, Anwältinnen) in der Lage sein, Anhaltspunkte bei den Frauen zu erkennen, die auf eine Traumatisierung oder Gewalterfahrung hinweisen, ohne dass die Betroffenen direkt über die Gewalterfahrung sprechen – Scham und die Angst, stigmatisiert zu werden, erschweren dies vielen Frauen beträchtlich. Indem sie sich im jeweiligen Beratungskontext – medizinische Versorgung, Hilfe bei der Job- und Wohnungssuche, Rechtshilfe und Beratung – sensibel und einfühlsam auf die Klientin einlassen, ermöglichen sie den Frauen, sich ihnen anzuvertrauen und darüber hinausgehende Unterstützung bei der Verarbeitung von Traumata zu erhalten, gegebenenfalls dann durch die Vermittlung an die Beraterinnen. Ein erster Erfolg ist es, wenn es den Mitarbeiterinnen gelingt, den Klientinnen inmitten der vielfach widrigen Lebensumstände durch materielle Unterstützung, gesundheitliche Versorgung und achtsame Gespräche ein wenig mehr Sicherheit zu vermitteln und ihre soziale Isolation aufzuheben.

Psychosoziale Trauma-Arbeit bei *medica mondiale*

Medica mondiale arbeitet in ihren Projekten vor Ort ausschließlich mit einheimischen psychosozialen Beraterinnen. In vielen Ländern sind psychosoziale und traumaspezifische Arbeitsansätze weitgehend unbekannt, es gibt nur wenige ausgebildete Fachkräfte vor Ort. Gleichzeitig existieren aber meist auch keine funktionierenden traditionellen »Heilungsrituale« oder andere Verarbeitungsansätze für Frauen. Deshalb bietet *medica mondiale* intensive Fortbildungen für die Mitarbeiterinnen vor Ort an und lädt sie auch zum Erfahrungsaustausch mit Kolleginnen in anderen *Medica-mondiale*-Projekten ein. Letztlich entwickelt *medica mondiale* gemeinsam mit den einheimischen Mitarbeiterinnen geeignete Ansätze zur psychosozialen Begleitung und Trauma-Arbeit. Ziel der psychosozialen Begleitung beziehungsweise von Psychotherapie ist es, die Betroffenen bei der Bewältigung traumatischer Erfahrungen zu unterstützen und ihnen die Chance zu geben, trotz der Erfahrung von entwürdigender und zerstörerischer Gewalt eigenständig und sicher zu leben, in einem sozialen Umfeld, das ihre Leiden, aber auch ihren Überlebenswillen und ihre Stärke anerkennt. Dabei geht es unter anderem um die Wiederherstellung des Selbstwertgefühls, die Reduktion von Traumasymptomen und um die Aufhebung sozialer Isolation. Die Betroffenen sollen sich nicht mehr gänzlich durch die Vergangenheit und die Gewalterfahrung bestimmt fühlen, sondern die Aufmerksamkeit wieder auf Gegenwart und Zukunft richten können.

Psychosoziale Arbeit in Beratungsgruppen

Ein sehr erfolgreicher Ansatz ist die psychosoziale Gruppenarbeit, die gerade dadurch so erfolgreich ist, dass die Teilnehmerinnen sich über ihre Probleme im Kollektiv austauschen und sich gegenseitig unterstützen können. Ganz wesentlich ist dabei ein wachsendes Verständnis für den Zusammenhang zwischen Menschenrechtsverletzungen und Traumasymptomen sowie der Verbindung zwischen körperlichen und psychischen Problemen, die Verringerung von Traumasymptomen, das Erlernen neuer sozialer Kompetenzen und der Aufbau von Freundschaften und informellen Netzwerken. Je nach Ausbildungsschwerpunkt der Beraterinnen werden dabei Ansätze aus der kognitiven oder Verhaltenstherapie, Elemente aus der Hypnotherapie (zum Beispiel stärkende Imaginationen), körperpsychotherapeutische oder kreativtherapeutische Ansätze eingesetzt.

Individuelle psychosoziale Beratung und therapeutische Arbeit

Begleitend zu den Gruppen werden immer auch individuelle Beratungsgespräche angeboten. Für viele Frauen ist es nur in diesem Rahmen möglich, über ihre belastenden Erfahrungen zu sprechen. Bei Frauen, die von akuter Gewalt betroffen sind, geht es dabei zunächst einmal um Kriseninterventionen und psychologische Ersthilfe.

Je nach Krisenkontext, Ausbildungsstand der Beraterin und der jeweiligen Lebenssituation der Betroffenen ist es auch möglich, traumatische Erfahrungen therapeutisch aufzuarbeiten. Die Erfahrung in der Arbeit mit traumatisierten Klientinnen hat gezeigt, dass der Prozess der Aufarbeitung traumatischer Erfahrungen meist in verschiedenen Phasen verläuft. Daran orientieren sich im Wesentlichen auch die Therapieziele im Rahmen der therapeutischen Begleitung. Dabei können verschiedene therapeutische Ansätze – wie zum Beispiel aus der Gestalt- oder Körperpsychotherapie – flexibel eingesetzt werden, je nach Therapiephase und Akzeptanz der Klientin. Theoretisch wird meist von vier unterschiedlichen Phasen in der therapeutischen Begleitung ausgegangen: 1. Wiederherstellung des Sicherheitsgefühls, 2. Erreichung von Stabilität, 3. Auseinandersetzung mit der traumatischen Erfahrung und Trauer um das Verlorene, 4. Integration des Erlebten in die eigene Lebensgeschichte.

Die ersten beiden Phasen sind nach den Erfahrungen der Beraterinnen bei *medica mondiale* fundamental: Sicherheit und Stabilität sind die Basis dafür, dass es einer Klientin überhaupt möglich wird, sich mit ihren traumatischen Erfahrungen bewusst auseinanderzusetzen. Wichtig für die Wiederherstellung von Sicherheit ist unter anderem, dass die Klientin versteht, was mit ihr passiert ist und worin die Ursache ihrer körperlichen und seelischen Leiden liegt. Elementar für die Stabilisierung ist – neben den äußeren Rahmenbedingungen –, dass sie lernt, mit ihren traumatischen Symptomen umzugehen, sie zu kontrollieren und Schritt für Schritt ihre persönlichen Grenzen wieder wahrzunehmen und zu schützen.

Dass ein solcher Weg nicht immer linear verläuft, liegt auf der Hand, wenn die Lebensumstände der Frau in den therapeutischen Prozess hineinwirken und ihn beflügeln oder hemmen.

So können diese beiden letzten Phasen häufig genug vor Ort nicht realisiert werden, da das Lebensumfeld der Frauen nach wie vor instabil, unsicher und von Gewalt geprägt ist.

Die Hauptziele der beiden ersten Phasen – die meist mehrere Monate, manchmal auch Jahre dauern, je nach Lebensumfeld – sind mit der Wiederherstellung von Sicherheit und psychischer Grundstabilität für die Klientin verbunden. Hier sollen Ressourcen, ihre inneren Kräfte reaktiviert und gestärkt werden in einem akzeptierenden Klima, das ihre persönlichen Grenzen respektiert und ihre Würde achtet. Dann erst kann sie im nächsten bedeutsamen Schritt ermutigt werden, ihre traumatischen Erfahrungen bewusst zu erinnern, die schrecklichen Bilder und die schmerzvollen Gefühle im geschützten Raum zuzulassen. Gemeinsam und sehr behutsam werden die furchtbaren Erinnerungen an die Oberfläche des Bewusstseins geholt, rekonstruiert und betrauert. Tiefe emotionale Verluste und Verletzungen werden beweint und beklagt und Schritt für Schritt aufgearbeitet. Hierbei ist es eminent wichtig, die Klientin nicht zu überfordern oder erneut zu traumatisieren. Jeder Schritt zu viel oder zu schnell kann die seelische Wunde erneut aufbrechen oder eine neue entstehen lassen. Zum heilenden Abschluss kann der therapeutische Prozess kommen, wenn es der Klientin in der letzten Phase der Bewältigung gelingt, die traumatischen Erlebnisse als Teil ihrer Lebensgeschichte zu akzeptieren und eine neue eigene Lebensperspektive zu entwickeln. Dabei ist die offizielle Anerkennung und die Ahndung von sexualisierter Gewalt als schwerer Menschenrechtsverletzung ein wichtiger Faktor zur Wiederherstellung von Gerechtigkeit für die Überlebenden.

Hilfe für die Helferinnen

In Kriegs-, Krisen- und Nachkriegsgebieten stehen Menschen, die in helfenden Berufen arbeiten, vor großen Herausforderungen. Sie selbst haben kaum Möglichkeiten, die schrecklichen Erlebnisse zu verarbeiten und eigene Verluste zu betrauern. Der Umgang mit traumatisierten Frauen kann zu großen Verunsicherungen führen. Helferinnen fühlen sich überfordert und können keine angemessene Hilfestellung mehr bieten – oft überschreiten sie ihre persönlichen Grenzen, um den Bedürfnissen der Klientinnen gerecht zu werden. Für die Mitarbeiterinnen der Partnerprojekte vor Ort und auch für anderes Fachpersonal bietet *medica mondiale* daher Kurse an, in denen die Auswirkungen des Umgangs mit Psychotrauma und Gewalt auf die eigene Person und Strategien zur Vorbeugung von Burn-out und stellvertretender Traumatisierung vermittelt werden.

Kontrolle über das eigene Leben und neue Perspektiven schaffen

Neben Stabilisierung und Traumaverarbeitung ist die Schaffung ökonomischer Überlebensperspektiven unerlässlich. Bewährt hat sich dabei die Verschränkung von psychosozialer Beratung und Aus- oder Fortbildung. Das Stigma der Kriegsvergewaltigung und auch der Tod von Angehörigen erschweren Frauen in der Nachkriegszeit die Rückkehr in ein Leben ohne Gewalt und Unterdrückung. Viele Frauen kämpfen nach dem Krieg mit der Armut, manche sehen sich aus purer Existenznot zur Überlebensprostitution gezwungen, werden Opfer von Menschenhandel oder leben in ausbeutenden Abhängigkeitsverhältnissen – ein Schicksal, das für diese Frauen die erschreckende Fortsetzung der im Krieg erlebten sexualisierten Gewalt bedeutet.

Medica mondiale erachtet die Chance auf ein würdiges Weiter-
leben als ein Menschenrecht, das im Sinne der Geschlechter-
gerechtigkeit auch für Frauen gilt. Eine wichtige Säule in der
Projektarbeit von *medica mondiale* ist deshalb die Schaffung von
Erwerbsmöglichkeiten für Frauen. *Medica mondiale* bietet Al-
phabetisierungskurse und berufliche Fortbildungen an und bin-
det Frauen in erwerbsfördernde Maßnahmen ein. Frauen sollen
in der Lage sein, eigenständig ihren Lebensunterhalt zu sichern.
Dabei unterstützt *medica mondiale* Frauen auch in ihrem eman-
zipatorischen Prozess, sich gegen patriarchale Rollenzuschrei-
bungen zu wehren. Dieser Prozess unterstützt die psychische
Heilung, da damit auch verbunden ist, die Kontrolle über das
eigene Leben zu erlangen. Der nachhaltige Erfolg ist gesichert,
wenn – wie im Fall der kosovarischen Bäuerinnen im Projekt
Medica Kosova – die Frauen ein eigenes Einkommen für sich und
ihre Kinder erwirtschaften können und daraus auch eine selbst-
bestimmte Lebensgestaltung folgt.

Frauen als Initiatorinnen für gesellschaftliche Veränderung

Gestärkte Frauen wirken als positives Modell bis tief in ihre
Gesellschaft hinein – beispielgebend und mutmachend für
andere Frauen, eine Herausforderung für Männer. Doch eine
Bewältigung sowohl der individuellen als auch der kollektiven
Kriegstraumata hin zu einer wirklichen Befriedung der Nachkriegsgesellschaft muss auch eine Reflexion des gewalttätigen
Geschlechterverhältnisses beinhalten, eine äußere Demokratisie-
rung ist ohne die innere nicht wirklich nachhaltig. *medica mondiale* sieht Frauen in einer maßgeblichen Rolle bei der zivilen
Konfliktbearbeitung; durch ihre Lebenserfahrungen bringen sie
für Verständigung und Versöhnung prädestinierte Kompeten-

zen mit. Auch weil der systematische Ausschluss von Frauen die Nachhaltigkeit von Friedensabkommen gefährdet, unterstützt *medica mondiale* Frauen beim Einklagen ihres Rechts auf politische Partizipation an Wiederaufbau- und Friedensprozessen.

Quelle: medica mondiale

Anmerkungen

Die Namen einiger Personen in diesem Buch wurden zu deren Schutz geändert.

[1] Ursula Ott: »Krieg gegen Frauen«, in: EMMA 9/1992

[2] Hitler-Deutschland hatte sich damals mit der kroatisch-faschistischen Ustasha gegen die Serben verbündet und Massaker unter der serbischen Zivilbevölkerung angerichtet.

[3] Judith Lewis Herman: Die Narben der Gewalt, S. 11

[4] Phyllis Chesler in: New York Times Book Review vom 23. August 1992

[5] Radioaufruf ab 30. März 1993

[6] Rundbrief Nr. 1 vom 6. April 1993

[7] Karin Schüler: Reisebericht vom 23. Mai – 3. Juni 1993 nach Kroatien und Bosnien, 17. Juni 1993

[8] »Ich flicke die Seelen der Frauen, die Schaden nahmen«, Dokumentation der Rede zur Verleihung des Gustav-Heinemann-Preises in: Frankfurter Rundschau vom 3. Juni 1994

[9] Aus dem Redemanuskript zur Preisverleihung »Frauen für Europa 1995« der Europäischen Bewegung, 3. November 1994

[10] Ellen Bass / Laura Davis: Trotz allem. Wege zur Selbstheilung für sexuell missbrauchte Frauen, S. 19

[11] Bass / Davis, a. a. O., S. 29

[12] Herman, a. a. O., S. 49

[13] Ebenda, S. 50

[14] Ebenda, S. 53

[15] Ebenda, S. 77

[16] Ebenda, S. 106

[17] Gabriela Mischkowski: »Männer von Charakter misshandeln keine Frauen« – Wegweisendes Urteil im Foča-Prozess. In: *medica mondiale* Journal Nr. 1/April 2001, S. 1 f.

[18] Anonyma: Eine Frau in Berlin. Tagebuch-Aufzeichnungen vom 20. April bis 22. Juni 1945, S. 61

[19] Ebenda, S. 75

[20] Brief von Monika Hauser an Max Färberböck, 10. Mai 2007

[21] Anonyma, a. a. O., S. 130

[22] Helke Sander/Barbara Johr: BeFreier und Befreite. Krieg, Vergewaltigungen, Kinder, S. 11 bzw. S. 5

[23] Ebenda, S. 16

[24] Madeleine Rees, »Reconstruction and Development: Social, Economic and Legal Post-Conflict Reconstruction in the Balkans«, Vortrag auf der Konferenz »The Special Needs of Women and Children in and after Conflict: The Situation in the Balkans« vom 3.–8. Dezember 2001 in Sarajevo

[25] »Dieser Honig ist ein Produkt der vom Krieg in Kosovo betroffenen Witwengruppen der Bezirke Gjakova und Degani. Die Honigproduktion wird unterstützt vom Bundesministerium für wirtschaftliche Zusammenarbeit und Entwicklung (BMZ) und der deutschen, international arbeitenden Organisation ›medica mondiale‹.«

[26] Amira Frljak: Ein neuer gynäkologischer Ansatz bei *Medica Zenica*. In: *medica mondiale*/Marlies W. Fröse/Ina Volp-Teuscher (Hrsg.): Krieg, Geschlecht und Traumatisierung, S. 248

Literaturverzeichnis

Anonyma: Eine Frau in Berlin. Tagebuchaufzeichnungen vom
20. April bis 22. Juni 1945. Eichborn, Frankfurt a. M. 2003[5]

Bass, Ellen/Davis, Laura: Trotz allem. Wege zur Selbstheilung
für sexuell missbrauchte Frauen. Orlanda, Berlin 2000[9]

Bell, Inge/Ackermann, Lea/Koelges, Barbara: Verkauft, versklavt, zum Sex gezwungen. Das große Geschäft mit der
Ware Frau. Kösel, München 2005

Böhmer, Martina: Erfahrungen sexualisierter Gewalt in der
Lebensgeschichte alter Frauen. Mabuse, Frankfurt a. M. 2000

Brownmiller, Susan: Gegen unseren Willen. Vergewaltigung
und Männerherrschaft. Fischer Taschenbuch, Frankfurt a. M.
1980

Butollo, Willi/Krüsmann, Marion/Hagl, Maria: Leben nach
dem Trauma. Über den therapeutischen Umgang mit dem
Entsetzen. Pfeiffer, München 1998

Drakulić, Slavenka: Als gäbe es mich nicht. Aufbau, Berlin 1999

Drakulić, Slavenka: Keiner war dabei. Kriegsverbrechen auf
dem Balkan vor Gericht. Zsolnay, Wien 2004

Fischer, Erica: Am Anfang war die Wut. Monika Hauser und
medica mondiale – ein Frauenprojekt im Krieg. Kiepenheuer
& Witsch, Köln 1997

Gutman, Roy: Augenzeuge des Völkermords. Reportagen aus
Bosnien. Steidl, Göttingen 1994

Herman, Judith Lewis: Die Narben der Gewalt. Traumatische
Erfahrungen verstehen und überwinden. Junfermann,
Paderborn 2003

Kaestli, Elisabeth: Frauen in Kosova. Lebensgeschichten aus Krieg und Wiederaufbau. Limmat, Zürich 2001

medica mondiale (Hrsg.): Sexualisierte Kriegsgewalt und ihre Folgen. Handbuch zur Unterstützung traumatisierter Frauen in verschiedenen Arbeitsfeldern. Mabuse, Frankfurt a. M. 2004

medica mondiale e.V., Fröse, Marlies / Volpp-Teuscher, Ina (Hrsg.): Krieg, Geschlecht und Traumatisierung. Erfahrungen und Reflexionen in der Arbeit mit traumatisierten Frauen in Kriegs- und Krisengebieten. IKO-Verlag für interkulturelle Kommunikation, Frankfurt a. M. 1999

Radebold, Hartmut: Die dunklen Schatten unserer Vergangenheit. Ältere Menschen in Beratung, Psychotherapie, Seelsorge und Pflege. Klett-Cotta, Stuttgart 2005^2

Radebold, Hartmut / Heuft, Gereon / Fooken, Insa (Hrsg.): Kindheiten im Zweiten Weltkrieg. Kriegserfahrungen und deren Folgen aus psychohistorischer Perspektive. Juventa, Weinheim und München 2006

Rieff, David: Schlachthaus. Bosnien und das Versagen des Westens. Luchterhand, München 1995

Sander, Helke / Johr, Barbara: BeFreier und Befreite. Krieg, Vergewaltigung, Kinder. Fischer Taschenbuch, Frankfurt a. M. 2006^2

Bildnachweis

01 | Cornelia Gürtler / *medica mondiale*
02 | *medica mondiale*
03 | Cornelia Gürtler / *medica mondiale*
04 | *medica mondiale*
05 | *medica mondiale*
06 | Sabine Fründt / *medica mondiale*
07 | Gurcharan Virdee / *medica mondiale*
08 | Sabine Fründt / *medica mondiale*
09 | Sybille Fezer / *medica mondiale*
10 | *medica mondiale*
11 | Sabine Fründt / *medica mondiale*
12 | Ursula Meissner
13 | *medica mondiale*
14 | Ursula Meissner
15 | Ursula Meissner
16 | *medica mondiale*
17 | Sybille Fezer / *medica mondiale*
18 | Sybille Fezer / *medica mondiale*
19 | Sybille Fezer / *medica mondiale*
20 | Sybille Fezer / *medica mondiale*
21 | Gerhilt Haak / *medica mondiale*
22 | http://de.fotolia.com
23 | Gerhilt Haak / *medica mondiale*
24 | Rendel Freude / *medica mondiale*
25 | Rendel Freude / *medica mondiale*
26 | Ursula Meissner

27 | http://de.fotolia.com

28 | 2007 Sybille Fezer / *medica mondiale*

29 | Sybille Fezer / *medica mondiale*

30 | Sybille Fezer / *medica mondiale*

31 | Jürgen Siegmann / *medica mondiale*

Dank

Ich möchte mich bei allen *Medica-mondiale*-Mitstreiterinnen und Mitstreitern (Letzteres gilt Klaus-Peter Klauner, der nicht einfach »mitgemeint« sein soll) im In- und Ausland herzlich für ihre Zeit bedanken, die sie diesem Buch gewidmet haben. Vor allem danke ich jenen Frauen, die mir, der Fremden aus Deutschland, ihre Gastfreundschaft gewährt, mir vertraut und ihre Geschichte erzählt haben.

Vielen lieben Dank an meine Lebensgefährtin Valerie und meine Mutter Annelie für die Lektüre des Manuskripts, viele hilfreiche Anmerkungen und vor allem ihre in regelmäßigen Abständen wiederholte Ansicht, dass dies ein gutes Buch werden könnte.

Und schließlich danke an mein soziales Umfeld, sprich: meine Freundinnen und Freunde, meine Familie und meine Kolleginnen, die mich über Monate im Ausnahmezustand erlebt und ertragen haben.

Meiner Großmutter Edeltraut, die wahnsinnig stolz ist, dass ihre Enkelin ein Buch schreibt, und die sich mich ebenfalls ausgesucht hat, um mir ihre Geschichten zu erzählen, danke ich für alles.

■DUMONT TASCHENBÜCHER